Basiswissen für Softwarearchitekten

Mahbouba Gharbi ist Geschäftsführerin der ITech Progress GmbH und berät als Software- und Unternehmensarchitektin seit 1999 namhafte Großkunden bei der Planung und Realisierung anspruchsvoller IT-Projekte. Sie ist Gründungsmitglied und Vorstandsvorsitzende des iSAQB.

Prof. Dr. Arne Koschel ist Dozent an der Hochschule Hannover mit Schwerpunkt verteilte (Informations-)Systeme. Er ist nebenberuflich Berater zu Themen wie SOA, Integration, Middleware, EDA und Cloud Computing.

Prof. Dr. Andreas Rausch leitet den Lehrstuhl für Software Systems Engineering an der Technischen Universität Clausthal. Er war und ist in der industriellen Praxis als Berater und leitender Softwarearchitekt bei einer Reihe von großen verteilten Softwaresystemen tätig.

Dr. Gernot Starke, innoQ Fellow, arbeitet als Berater für methodische Softwarearchitektur, Technologiemanagement und Projektorganisation. Seit mehr als 15 Jahren gestaltet er die Architektur von Softwaresystemen unterschiedlicher Größe.

Mahbouba Gharbi · Arne Koschel · Andreas Rausch · Gernot Starke

Basiswissen für Softwarearchitekten

Aus- und Weiterbildung nach iSAQB-Standard zum Certified Professional for Software Architecture – Foundation Level

dpunkt.verlag

Mahbouba Gharbi · m.gharbi@itech-progress.com

Arne Koschel · akoschel@acm.org

Andreas Rausch · andreas.rausch@tu-clausthal.de

Gernot Starke · gs@gernotstarke.de

Lektorat: Christa Preisendanz
Copy-Editing: Alexander Reischert, www.aluan.de
Herstellung: Birgit Bäuerlein
Umschlaggestaltung: Helmut Kraus, www.exclam.de
Druck und Bindung: M.P. Media-Print Informationstechnologie GmbH, 33100 Paderborn

Bibliografische Information der Deutschen Nationalbibliothek
Die Deutsche Nationalbibliothek verzeichnet diese Publikation in der Deutschen Nationalbibliografie; detaillierte bibliografische Daten sind im Internet über http://dnb.d-nb.de abrufbar.

ISBN 978-3-89864-791-5

1. Auflage 2013

Ringstraße 19 B
69115 Heidelberg

5 4 3 2 1 0

Vorwort

Softwarearchitektur bildet – neben motivierten Teams und gutem Management – einen wichtigen Erfolgsfaktor von Softwareprojekten. Sie stellt im Sinne einer systematischen Konstruktion sicher, dass Qualitätsanforderungen wie beispielsweise Erweiterbarkeit, Flexibilität, Performance oder Time-to-Market erfüllt werden können.

Softwarearchitekten bringen die Kundenwünsche in Einklang mit den technischen Möglichkeiten und Randbedingungen. Sie sorgen für eine passende Struktur und das Zusammenspiel aller Systemkomponenten. Als Teamplayer arbeiten sie eng mit Softwareentwicklern sowie anderen Projektbeteiligten zusammen.

Unser Buch »Basiswissen für Softwarearchitekten« orientiert sich am Lehrplan zum »Certified Professional for Software Architecture – Foundation Level« (CPSA-F) des International Software Architecture Qualification Board (iSAQB). Der iSAQB e.V. legt als internationales und offenes Gremium Standards für die Ausbildung, Prüfung und Zertifizierung von Softwarearchitekten fest.

Mit der Zertifizierung zum CPSA-F weisen Softwarearchitekten einen fundierten Wissens- und Kenntnisstand für die Konstruktion kleiner und mittlerer Systeme nach. Ausgehend von einer hinreichend detailliert beschriebenen Anforderungsspezifikation können sie eine angemessene Softwarearchitektur entwerfen und dokumentieren. CPSA-F-Absolventen besitzen damit das Rüstzeug, um problembezogene Entwurfsentscheidungen auf der Basis ihrer vorab erworbenen Praxiserfahrung zu treffen.

Das Selbststudium des vorliegenden Buchs ermöglicht die Vorbereitung auf diese Zertifizierungsprüfung – praktische Erfahrung in Entwurf und Entwicklung von Softwaresystemen, das Beherrschen einer höheren Programmiersprache sowie der Grundlagen von UML vorausgesetzt. Darüber hinaus empfehlen wir als Autoren grundsätzlich den Besuch entsprechender Präsenzveranstaltungen, weil die Interaktion mit anderen Softwarearchitekten nicht durch Lektüre zu ersetzen ist.

Wir als Autoren arbeiten, lehren und forschen seit vielen Jahren im Bereich des Software & Systems Engineering sowie zur Konstruktion mittlerer und großer IT-Systeme. Wir hoffen, einen Teil unserer Erfahrungen in diesem Buch für Sie als Leser angemessen aufbereitet zu haben.

Wir wünschen Ihnen viel Spaß beim Lesen sowie viel Erfolg bei Ihrer Schulungsmaßnahme und Prüfung zum CPSA-F.

Mahbouba Gharbi, Arne Koschel, Andreas Rausch, Gernot Starke
Ludwigshafen, Hannover, Clausthal-Zellerfeld, Köln, im August 2012

Inhaltsverzeichnis

Anhang

1 Einleitung

Software ist allgegenwärtig. Dies gilt sowohl für kommerzielle Unternehmenssoftware als auch für nahezu alle anderen Bereiche des beruflichen, öffentlichen und privaten Alltags: Fliegen, Telefonieren, Überweisen, Autofahren – all das wäre ohne Software kaum noch möglich. In jedem Haushalt und in vielen Alltagsgegenständen, von der Waschmaschine bis zum Auto, werden softwaregesteuerte Bestandteile verwendet [BJ+06]. Software steht in der Regel nicht autark für sich, sondern ist in Geräte mit Hardware und Elektronik oder in Geschäftsprozesse, mit denen Unternehmen ihre Wertschöpfung erzielen, eingebettet [TT+00].

Der Nutzen und wirtschaftliche Erfolg von Unternehmen und Produkten wird zunehmend von Software und deren Qualität bestimmt (siehe [BM00], [SV99], [TT+00]). Als Folge stehen Softwareingenieure und damit die Disziplin Software Engineering vor der Herausforderung, immer komplexere Anforderungen immer schneller und kostengünstiger bei gleichzeitig hoher Softwarequalität umzusetzen.

Die kontinuierliche Steigerung der Größe und Komplexität von softwareintensiven Systemen hat inzwischen dazu geführt, dass sie zu den komplexesten, von Menschen geschaffenen künstlichen Systemen überhaupt zählen. Bestes Beispiel ist das Internet: ein auf Software basierendes weltumspannendes System. Inzwischen ist das Internet sogar auf der internationalen Raumstation ISS verfügbar und hat damit die Grenzen der Erde überschritten.

Nur ein strukturiertes und systematisches Herangehen kann dabei gesichert zum Erfolg führen. Trotz Anwendung etablierter Softwareentwicklungsmethoden bleibt die Anzahl der fehlgeschlagenen Softwareprojekte seit Jahren erschreckend hoch. Um dem entgegenzuwirken, versucht man in den frühen Phasen des Software Engineering bereits möglichst viele Fehler zu vermeiden bzw. dort zu identifizieren und auszumerzen. Zu diesen Phasen zählen insbesondere das Requirements Engineering sowie die Softwarearchitektur. Getreu den Worten von Ernst Denert, einem der Väter der methodischen Softwareentwicklung, wollen wir uns hier mit Softwarearchitektur beschäftigen, der »Königsdisziplin des Software Engineering« (zitiert aus dem Geleitwort von Ernst Denert in [Sie04]).

1.1 Softwarearchitektur als Disziplin im Software Engineering

Bereits in den 60er-Jahren wurden die Probleme mit Softwareprojekten unter dem Stichwort Softwarekrise bekannt. Vom 7. bis 11. Oktober 1968 fand im oberbayerischen Garmisch eine kleine Konferenz statt: Das Wissenschaftskomitee der NATO hatte 62 hochrangige Forscher und Praktiker von internationalem Ruf eingeladen, um unter dem Titel »Software Engineering« über die Zukunft der Softwareentwicklung nachzudenken. Heute gilt diese Konferenz als Geburtsstunde des Software Engineering [Dij72].

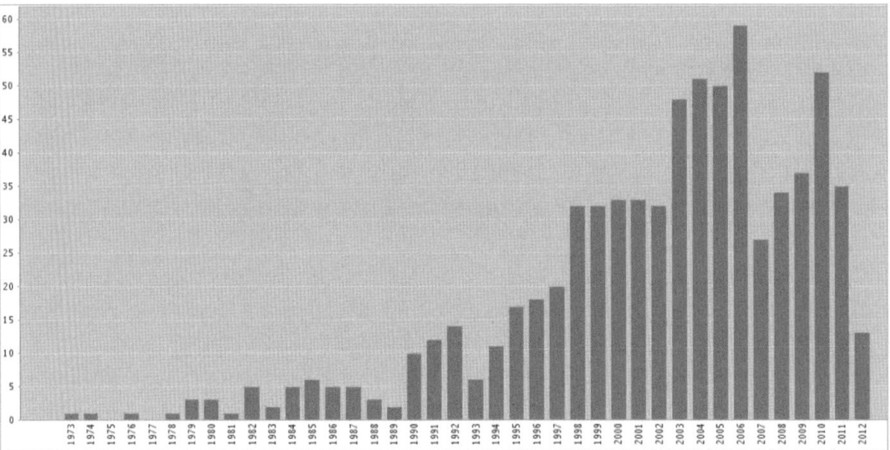

Abb. 1–1 *Veröffentlichungen zu Softwarearchitektur seit 1973 [Reu12]*

Im Vergleich zu traditionellen Ingenieursdisziplinen wie beispielsweise dem Bauwesen, das auf mehrere tausend Jahre Erfahrung zurückblicken kann, ist Software Engineering mit dem Geburtsjahr 1968 noch sehr jung. So erscheint es auch nicht verwunderlich, dass dessen Teildisziplin Softwarearchitektur noch deutlich jünger ist. Abbildung 1–1 demonstriert dies deutlich: Das Web of Knowledge, eine der großen und renommierten Publikationsdatenbanken, verzeichnet erst ab den 90er-Jahren eine wachsende Anzahl von Publikationen zum Thema Softwarearchitektur [Reu12].

Betrachten wir hingegen die klassische Architektur im Bauwesen, so können wir auf eine bereits Jahrtausende währende Tradition zurückblicken. Ein wichtiger Vordenker war hier Marcus Vitruvius Pollio, ein römischer Architekt aus dem ersten Jahrhundert vor Christus. Er ist Autor des Werkes »De architecture«, das heute unter dem Titel »Ten Books on Architecture« bekannt ist [Vit60]. Vitruvius vertrat die These, dass gute Architektur durch eine kunstvolle Kombination der folgenden Elemente zu erreichen sei:

- utilitas (Nützlichkeit):
  Das Gebäude erfüllt seine Funktion.
- firmitas (Festigkeit):
  Das Gebäude ist stabil und langlebig.
- venustas (Schönheit):
  Das Gebäude ist ästhetisch gestaltet.

Abb. 1–2 *Architektur im alten Rom*

Diese These lässt sich direkt auf die Disziplin Softwarearchitektur übertragen. Ziel der Softwarearchitektur und damit Aufgabe eines Softwarearchitekten ist es, ein System zu konstruieren, das in einem kunstvoll ausgewogenen Dreiklang die drei folgenden Eigenschaften vereint:

- utilitas (Nützlichkeit):
  Die Software erfüllt die funktionalen und nichtfunktionalen Anforderungen der Nutzer und Kunden.
- firmitas (Festigkeit):
  Die Software ist stabil im Hinblick auf die geforderten Qualitätseigenschaften, z.B. die Anzahl der gleichzeitig zu bedienenden Nutzer, und langlebig, da zukünftige Weiterentwicklungen möglich sind, ohne das System komplett neu bauen zu müssen.
- venustas (Schönheit):
  Die Software ist sowohl außen (gegenüber dem Nutzer) wohl strukturiert, sodass sie intuitiv nutzbar ist, als auch innen (gegenüber demjenigen, der die Software pflegen und weiterentwickeln soll) wohl strukturiert, sodass dieser die internen Strukturen der Software leicht verstehen und damit gut seinen Aufgaben nachkommen kann.

1.2 iSAQB – International Software Architecture Qualification Board

Softwarearchitektur ist eine sehr junge Disziplin, über deren genauen Umfang und ihre Ausgestaltung in der Informatik trotz vieler Publikationen immer noch viele unterschiedliche Meinungen kursieren. Aufgaben und Verantwortungsbereiche von Softwarearchitekten werden sehr unterschiedlich definiert und in vielen Softwareprojekten ständig neu verhandelt.

Für andere Disziplinen im Software Engineering hingegen, wie z. B. beim Projektmanagement, Requirements Engineering oder Testen, gibt es inzwischen einen deutlich ausgereifteren Wissenskanon. Dafür bieten unabhängige Organisationen Lehrpläne an, die klar beschreiben, welche Kenntnisse und Fähigkeiten eine entsprechende Ausbildung vermitteln soll (Testen: *www.istqb.org*, Requirements Engineering: *www.ireb.de*, Projektmanagement: *www.pmi.org*).

Vor diesem Hintergrund haben Anfang 2008 verschiedene Softwarearchitekturexperten aus Wirtschaft und Wissenschaft das »International Software Architecture Qualification Board« als eingetragenen Verein (iSAQB e. V., *www.isaqb.org*) gegründet. Dessen Ziel ist es, Standards für die Ausbildung und Zertifizierung von Softwarearchitekten zu definieren. Bewusst wird im iSAQB jegliche Hersteller- oder Produktorientierung vermieden. Zertifizierungen auf den unterschiedlichen Stufen Foundation Level, Advanced Level und Expert Level ermöglichen es Softwarearchitekten, sich den Stand ihrer Kenntnisse und Fähigkeiten durch ein anerkanntes Verfahren bescheinigen zu lassen (siehe Abb. 1–3).

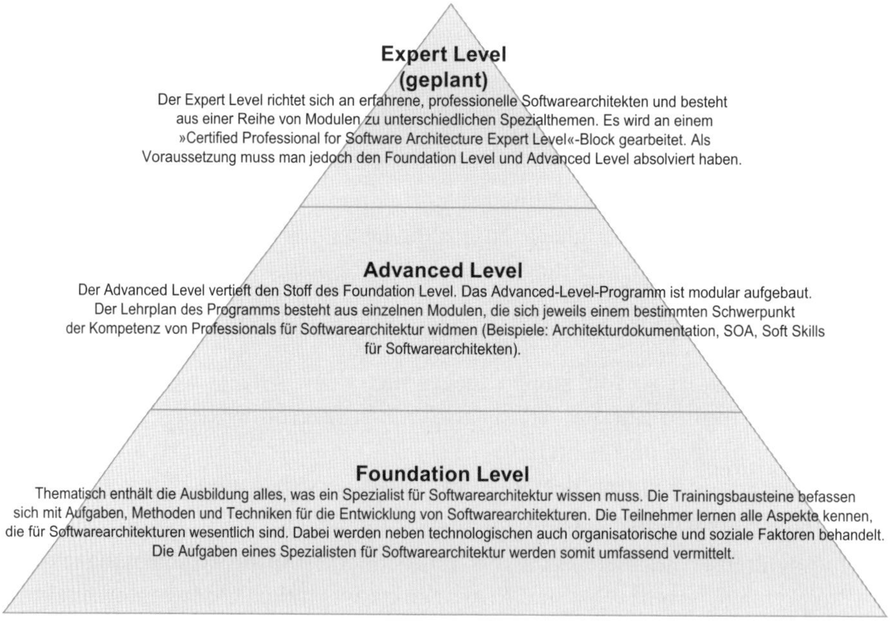

Expert Level (geplant)
Der Expert Level richtet sich an erfahrene, professionelle Softwarearchitekten und besteht aus einer Reihe von Modulen zu unterschiedlichen Spezialthemen. Es wird an einem »Certified Professional for Software Architecture Expert Level«-Block gearbeitet. Als Voraussetzung muss man jedoch den Foundation Level und Advanced Level absolviert haben.

Advanced Level
Der Advanced Level vertieft den Stoff des Foundation Level. Das Advanced-Level-Programm ist modular aufgebaut. Der Lehrplan des Programms besteht aus einzelnen Modulen, die sich jeweils einem bestimmten Schwerpunkt der Kompetenz von Professionals für Softwarearchitektur widmen (Beispiele: Architekturdokumentation, SOA, Soft Skills für Softwarearchitekten).

Foundation Level
Thematisch enthält die Ausbildung alles, was ein Spezialist für Softwarearchitektur wissen muss. Die Trainingsbausteine befassen sich mit Aufgaben, Methoden und Techniken für die Entwicklung von Softwarearchitekturen. Die Teilnehmer lernen alle Aspekte kennen, die für Softwarearchitekturen wesentlich sind. Dabei werden neben technologischen auch organisatorische und soziale Faktoren behandelt. Die Aufgaben eines Spezialisten für Softwarearchitektur werden somit umfassend vermittelt.

Abb. 1–3 *iSAQB-Zertifizierungsstufen (www.isaqb.org)*

Von diesem standardisierten Lehr- und Ausbildungsplan profitieren sowohl etablierte als auch angehende Softwarearchitekten und ebenso Unternehmen oder auch entsprechende Aus- und Weiterbildungseinrichtungen, da er die eingangs geschilderte begriffliche Unsicherheit beseitigt. Nur auf Basis von präzisen Lehr- und Ausbildungsplänen kann eine Prüfung und Zertifizierung angehender Softwarearchitekten stattfinden und so letztlich ein qualitätsgesicherter Ausbildungsstand von Softwarearchitekten mit einem entsprechend akzeptierten Wissenskanon etabliert werden.

Die Zertifizierung zum **Certified Professional for Software Architecture** (CPSA) wird von unabhängigen Zertifizierungsstellen durchgeführt. Basis für die Zertifizierung zum CPSA (Foundation Level) ist ein anspruchsvoller, vom iSAQB in Einklang mit dem Lehrplan entwickelter, nicht öffentlicher Fragenkatalog, aus dem eine Teilmenge als Prüfungsfragen ausgewählt wird. Für die Zertifizierung zum Advanced Level werden neben der Erfordernis des Besuches von lizenzierten Schulungen bzw. der Anerkennung eines anderen, nicht durch den iSAQB definierten Zertifikats praktische Aufgaben gestellt. Für den Expert Level ist zusätzlich eine mündliche Prüfung vorgesehen (der Expert Level befindet sich derzeit noch in Entwicklung).

Auf Basis dieses Lehrplans bieten verschiedene lizenzierte Schulungsveranstalter mehrtägige Kurse an, die Wissen in diesen Themengebieten auffrischen und vielfach deutlich vertiefen. Die Teilnahme an einem Kurs wird zwar nachdrücklich empfohlen, ist jedoch nicht Bedingung für die Prüfungsanmeldung zur Zertifizierung.

1.3 Certified Professional for Software Architecture – Foundation Level

Aktuell definiert der iSAQB die Zertifizierungsrichtlinien für den CPSA, Foundation Level. Dazu wurden die Bereiche, in denen ein Softwarearchitekt über fundiertes Wissen und Fähigkeiten verfügen sollte, im Rahmen eines öffentlich zugänglichen Lehrplans beschrieben [isaqb-lehrplan]. Danach soll angehenden Softwarearchitekten folgendes Spektrum an Inhalten vermittelt werden:

- der Begriff und die Bedeutung von Softwarearchitektur,
- die Aufgaben und Verantwortungsbereiche von Softwarearchitekten,
- die Rolle des Softwarearchitekten in Projekten,
- State-of-the-Art-Methoden und -Techniken zur Entwicklung von Softwarearchitekturen.

Im Mittelpunkt steht der Erwerb folgender Fähigkeiten:

- mit anderen Projektbeteiligten aus den Bereichen Anforderungsmanagement, Projektmanagement, Test und Entwicklung wesentliche Softwarearchitekturentscheidungen abzustimmen,

- Softwarearchitekturen auf Basis von Sichten, Architekturmustern und technischen Konzepten zu dokumentieren und kommunizieren,
- die wesentlichen Schritte beim Entwurf von Softwarearchitekturen zu verstehen und für kleine und mittlere Systeme selbstständig durchzuführen.

Die Schulung zum Foundation Level vermittelt das notwendige Wissen, um für kleine und mittlere Systeme ausgehend von einer hinreichend detailliert beschriebenen Anforderungsspezifikation eine dem Problem angemessene Softwarearchitektur zu entwerfen und zu dokumentieren. Diese kann dann als Implementierungsgrundlage bzw. -vorlage genutzt werden. Teilnehmer erhalten das Rüstzeug, um problembezogene Entwurfsentscheidungen auf der Basis ihrer vorab erworbenen Praxiserfahrung zu treffen.

Abbildung 1–4 zeigt die inhaltliche Struktur und die Gewichtung der einzelnen Bereiche des Lehrplans für den iSAQB Certified Professional for Software Architecture (CPSA), Foundation Level.

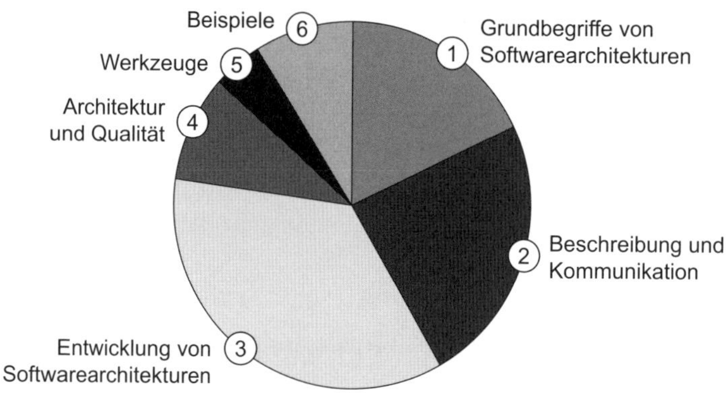

Abb. 1–4 *Struktur des iSAQB-Lehrplans für CPSA, Foundation Level*

Sie haben die Möglichkeit, sich bei verschiedenen unabhängigen Anbietern durch eine Prüfung gemäß dem iSAQB-Lehrplan zertifizieren zu lassen. Für die Zertifizierung setzen die Prüfungsanbieter standardisierte Prüfungsfragen ein, die der iSAQB erarbeitet hat.

Für die Prüfungen wird ein Multiple-Choice-Verfahren eingesetzt. Entsprechend objektiv ist das Prüfungsergebnis messbar.

Mit der Prüfung können Sie somit Ihr notwendiges Grundlagenwissen als Softwarearchitekt nachweisen. Natürlich müssen Sie dann später in der Praxis zeigen, dass Sie Ihr Wissen auch praktisch und erfolgreich in konkreten Architekturen einzusetzen wissen.

1.4 Zielsetzung des Buches

Wir, die Autoren des Buches, haben gemeinsam mit anderen iSAQB-Mitgliedern am iSAQB-Lehrplan für den Certified Professional for Software Architecture, Foundation Level, gearbeitet. Im Rahmen dieser Zusammenarbeit ist auch die Idee zu diesem Buch entstanden. Dementsprechend verfolgen wir darin die zentrale Zielsetzung, kompakt und prägnant das notwendige Wissen für die CPSA-Prüfung, Foundation Level, und somit das Fundament für den Wissenskanon in der Disziplin Softwarearchitektur bereitzustellen. Das Buch ist somit die ideale Referenz für eine entsprechende Prüfungsvorbereitung. Sinnvollerweise empfehlen wir Ihnen ergänzend den Besuch entsprechender Schulungen, da dort das Lehrmaterial durch über dieses Buch hinausgehende praktische Beispiele von Softwarearchitekturen und persönliche Erfahrungen der jeweils Lehrenden ergänzt wird.

Da der iSAQB und somit auch das Buch primär auf methodische Fähigkeiten und Wissen fokussiert, gehören konkrete Implementierungstechnologien oder spezielle Werkzeuge explizit nicht zum standardisierten Lehrinhalt. Deshalb haben wir dieses Buch bewusst technologieneutral verfasst. Auch die von uns verwendeten Notationen, wie z.B. die UML, sind nur exemplarisch zu verstehen. Ebenso ist es nicht Ziel des Buches, ein einzelnes konkretes Vorgehensmodell oder einen spezifischen Entwicklungsprozess darzustellen. Vielmehr werden von uns an vielen Stellen mehrere Beispiele z.B. für Notationen oder Vorgehensmodelle kurz vorgestellt.

In diesem Buch erklären wir vor allem wichtige Begriffe und Konzepte der Softwarearchitektur und stellen deren Bezug zu anderen Disziplinen dar. Darauf aufbauend führen wir die grundlegenden Techniken und Methoden für den Entwurf, die Dokumentation sowie die Qualitätssicherung von Softwarearchitekturen ein. Schließlich betrachten wir die Rolle, Aufgaben, das Umfeld und die Arbeitsumgebung von Softwarearchitekten und deren Einbettung in die umfassende Organisations- und Projektstruktur.

1.5 Voraussetzungen

Entsprechend der oben genannten Zielsetzung setzt das vorliegende Buch – wie auch der iSAQB-Lehrplan – Erfahrung in der Softwareentwicklung voraus. Insbesondere gehören folgende Inhalte nicht zum Lehrplan und sind damit auch nicht Thema des Buches, obgleich sie zu den notwendigen Kompetenzen von Softwarearchitekten zählen:

- typischerweise mehrjährige praktische Erfahrung in der Softwareentwicklung, erworben anhand unterschiedlicher Projekte oder Systeme,
- vertiefte Kenntnisse und praktische Erfahrung mit mindestens einer höheren Programmiersprache,

- Grundlagen der Modellierung sowie von UML, insbesondere der Klassen-, Paket-, Komponenten- und Sequenzdiagramme sowie deren Abbildung auf Quellcode,
- praktische Erfahrung mit verteilten Systemen, d.h. mit der Entwicklung eines größeren Systems, das nicht nur auf einem Rechner ausgeführt wird.

Darüber hinaus sind Kenntnisse und Erfahrung mit der Objektorientierung für das Verständnis einiger Konzepte hilfreich. Ebenfalls wünschenswert ist Erfahrung mit der technischen Dokumentation von Programmen, Entwürfen und technischen Konzepten.

1.6 Leitfaden für den Leser

Der Aufbau dieses Buches orientiert sich vor allem an der Struktur und den Inhalten des iSAQB-Lehrplans Foundation Level nach Abbildung 1–4 bzw. [isaqb-lehrplan]:

- In Kapitel 2 beschreiben wir grundlegende Begriffe und Inhalte des Themenbereichs Softwarearchitektur, die in den folgenden Kapiteln aufgegriffen und vertieft werden. Beispielsweise wird dort der Begriff der »Sicht« auf ein Softwaresystem im Rahmen einer Softwarearchitektur eingeführt.
- Inhalt des Kapitels 3 sind ausgewählte, praxisnahe Beschreibungsmittel sowie in der Praxis bewährte Richtlinien, die es Ihnen erlauben, Ihre Softwarearchitektur zu dokumentieren und zielgruppenorientiert anderen zu vermitteln. Das iSAQB-Sichtenmodell, Querschnittsaspekte in Softwarearchitekturen sowie praktisch bewährte Richtlinien für die Softwarearchitekturdokumentation sind Beispiele für den Inhalt des Kapitels.
- Aspekte des praktischen Entwurfs von Softwarearchitekturen behandeln wir in Kapitel 4. Themen sind dort Varianten des Vorgehens bei der Architekturentwicklung, wichtige Architekturmuster wie Schichten, Pipes and Filters, Model-View-Controller, Entwurfsprinzipien wie Kopplung, Kohäsion, Trennung von Verantwortlichkeiten u.a.m.
- In Kapitel 5 werfen wir einen ersten Blick auf den Zusammenhang von Softwarearchitektur und Qualitätsfragestellungen. Wichtige Begriffe dieses Abschnitts sind u.a. bezogen auf Software: Qualität, Qualitätsmerkmale, ATAM (Architecture Tradeoff Analysis Method), Qualitätsbaum, Kompromisse (bei der Umsetzung von Qualitätsmerkmalen), qualitative Architekturbewertung und Risiken bzgl. der Erreichung von Qualitätsmerkmalen.
- Abschließend zeigen wir in Kapitel 6 eine Reihe von Beispielen für Unterstützungswerkzeuge des Softwarearchitekten wie z.B. solche zur Modellierung, Generierung oder Dokumentation.
- Einige beispielhafte Übungsfragen, ein Glossar sowie ein Quellenverzeichnis runden das Buch ab.

Speziell zur iSAQB-Prüfungsvorbereitung sollten Sie besonders die Kapitel 2–5 gründlich durcharbeiten und ergänzende Blicke in die anderen Abschnitte werfen. Ansonsten empfiehlt es sich, zumindest das Kapitel 2 komplett zu lesen und dann die Sie besonders interessierenden Themen zu vertiefen.

1.7 Zielpublikum

Als Zielpublikum dieses Buches sehen wir in erster Linie Zertifizierungsinteressierte, die es – ggf. neben Schulungen – als Vorbereitung zur Prüfung einsetzen wollen. Hinzu kommen Praktiker und Studierende, die die praktischen Grundbegriffe von Softwarearchitekturen kennenlernen wollen.

Interessant ist dieses Buch auch für Softwareprojektmanager, Softwareproduktmanager sowie Entscheider auf der mittleren Softwareentwicklungsebene als Einstiegsüberblick zum Thema Softwarearchitektur.

1.8 Danksagungen

Wir möchten uns an dieser Stelle beim iSAQB-Verein für seine unterstützende Mitwirkung bedanken, ganz besonders bei unseren iSAQB-Reviewern Andreas Rothmann, Phillip Ghadir und Stefan Zörner für ihre Arbeit. Frau Ingrid Schindler vom Lehrstuhl für Software Systems Engineering der Technischen Universität Clausthal und Mitarbeiter der ITech Progress haben uns bei der Erstellung der Abbildungen sehr unterstützt.

Unserer Betreuerin seitens des dpunkt.verlags, Frau Christa Preisendanz, danken wir für ihre Geduld.

Zu guter Letzt möchten wir ganz besonders unseren Familien und Partnern danken, die an zahllosen Tagen die Zeit und Geduld aufgebracht haben, uns gemeinsam an diesem Buch arbeiten zu lassen.

2 Grundlagen von Softwarearchitekturen

Wie bereits eingangs beschrieben, ist Software heute fast allgegenwärtig. Nahezu rund um die Uhr verlassen wir uns auf das korrekte Funktionieren von Software, angefangen vom Klingeln des Weckers am Morgen über das korrekte Funktionieren von Bremsen an Autos und Bahn bis zur Verwaltung unseres Geldes auf Bankkonten.

Trotz dieser Allgegenwärtigkeit und unserer Abhängigkeit von Software haben wir Softwareingenieure es immer noch nicht in der notwendigen Tiefe verstanden, wie man Software wiederholbar erfolgreich baut: Softwareprojekte dauern zu lange, kosten zu viel, scheitern zu oft. Und selbst wenn ein Softwareprojekt erfolgreich in den Betrieb geht, ist das Ergebnis für die Beteiligten oft mangelhaft. Dies attestiert uns der CHAOS-Report der Standish Group in jährlichen Abständen immer wieder [Sta99]. Auch alle Kritik am CHAOS-Report im Speziellen kann nicht darüber hinwegtäuschen, dass andere Erfolgserhebungsmethoden ganz ähnliche, nicht schmeichelhafte Ergebnisse liefern (siehe [EK08], [EV10]): Unter dem Strich ist unsere Fähigkeit, Softwareprojekte innerhalb des magischen Vierecks (siehe [Bal00], [Die00], [Dum01], [Lit05], [May05]), wie in Abbildung 2–1 dargestellt, erfolgreich abzuwickeln, sehr begrenzt. Wir schaffen es immer noch nicht, wiederholbar qualitativ hochwertige Software zu erschwinglichen Kosten und im vorgegebenen Zeitfenster mit der notwendigen Funktionalität zu erstellen.

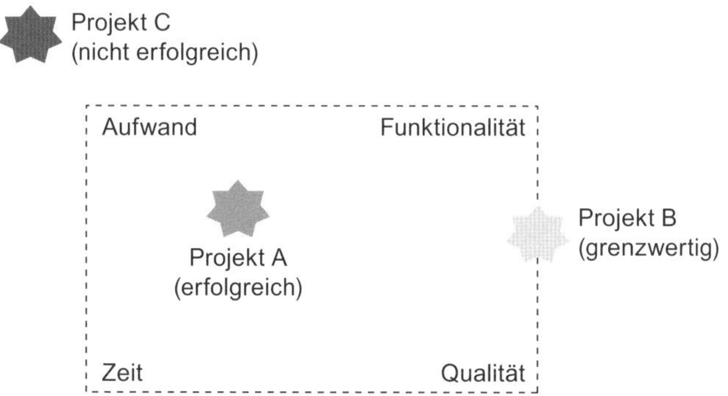

Abb. 2–1 *Das magische Viereck erfolgreicher Softwareprojekte*

Will man erfolgreich Software entwickeln, dann sind Requirements Engineering und Architekturentwurf nachweislich zwei zentrale Schlüsselfaktoren. Bei beiden ist das Risiko von gravierenden Fehlentwicklungen hoch, da früh – d.h. insbesondere bei noch eingeschränktem Wissensstand – Entscheidungen zu treffen sind, deren Auswirkungen weit reichen und teilweise erst deutlich später im Projektverlauf erkennbar werden (siehe [Nus01], [GEM04]).

Deshalb ist die Softwarearchitektur einer der entscheidenden Erfolgsfaktoren in der Softwareentwicklung. Denn sie entscheidet darüber, wie man Millionen von Programmzeilen großer softwareintensiver Systeme so strukturiert, dass im Ergebnis die geforderte Funktionalität mit der gewünschten Qualität bei Erfüllung der finanziellen Vorgaben im vereinbarten Zeitrahmen zur Verfügung steht (vgl. Abb. 2–1).

Aber was ist Softwarearchitektur eigentlich? Was sind die Kernkonzepte in diesem so entscheidenden Teilgebiet des Software Engineering? Welche Vorgehensweisen und Ansätze gibt es für einen erfolgreichen Architekturentwurf?

Wie Software Engineering ist auch Softwarearchitektur ein junges Gebiet. Deshalb finden sich viele unterschiedliche Auffassungen zu den genannten Fragestellungen – und diese möchten wir hier nicht etwa abwerten oder schlicht als falsch disqualifizieren. Vielmehr möchten wir in diesem Kapitel unser grundlegendes Verständnis von Softwarearchitektur darlegen und so die Basis für die nachfolgenden Kapitel liefern.

Zunächst werden wir den Begriff des softwareintensiven Systems und den damit einhergehenden Zusammenhang mit der Softwarearchitektur vorstellen. Darauf aufbauend können wir dann die zentralen Grundbegriffe von Softwarearchitekturen vorstellen und definieren. Schließlich führen wir das grundlegende Vorgehen beim Architekturentwurf ein und stellen das Wechselspiel mit den anderen Disziplinen und Rollen vor.

2.1 Einbettung in den iSAQB-Lehrplan

Nachfolgend finden Sie einen Extrakt des Kapitels »Grundbegriffe von Software-Architekturen« aus dem iSAQB-Lehrplan [isaqb-lehrplan].

2.1.1 Was sollen die Teilnehmer können?

- Definition von Softwarearchitektur und den zugehörigen Begriffsapparat beherrschen
- Nutzen und Ziele von Softwarearchitekturen darstellen
- Softwarearchitektur und den Architekturentwurf in die Softwareentwicklung einordnen
- Vorgehen und Systematik des Architekturentwurfs darstellen
- Aufgaben des Softwarearchitekten und den Bezug zu anderen Rollen in der Softwareentwicklung beschreiben

2.1.2 Was sollen die Teilnehmer verstehen?

- Softwarearchitektur ist nicht die Lösung, sondern die Konzeption und Beschreibung der Lösung.
- Der Architekturentwurf wird wesentlich von den geforderten nichtfunktionalen Eigenschaften und Qualitätsmerkmalen beeinflusst, weniger von den funktionalen, die aber trotzdem zu berücksichtigen sind.
- Der Architekt muss aktiv den Architekturentwurf betreiben und dabei möglichst alle Annahmen und Voraussetzungen explizit und transparent machen.
- Der Entwurfsprozess ist ein höchst iteratives und inkrementelles Vorgehen, das sowohl Top-down wie auch Bottom-up getrieben ist.
- Unterschiedliche Kategorien von Softwaresystemen, wie z.B. Informations- und eingebettete Systeme, erfordern unterschiedliche Fragestellungen beim Architekturentwurf und liefern damit im Ergebnis eine grundsätzlich andere Art von Softwarearchitektur.
- Die Beschreibungsmittel für Softwarearchitekturen unterstützen auch bei deren Entwurf und Erstellung.

2.1.3 Was sollen die Teilnehmer kennen?

- Andere Architekturen, die neben der Softwarearchitektur existieren, wie z.B. eine Geschäftsarchitektur, und die Beziehung zwischen diesen Architekturen und der Softwarearchitektur,
- den IEEE-Standard 1471-2000 zur Beschreibung von Softwarearchitekturen und den Bezug zur sichtenbasierten Beschreibung von Softwarearchitekturen nach iSAQB,
- die unterschiedlichen Qualitätsmerkmale nach ISO 9126 und den Bezug zur Softwarearchitektur.

2.2 Softwareintensive Systeme und Softwarearchitekturen

Eine Softwarearchitektur manifestiert sich stets in dem zugehörigen System unabhängig davon, ob sie explizit entworfen wurde oder irgendwie gewachsen ist. Deshalb müssen wir zuerst ein klares Verständnis dafür entwickeln, was denn ein softwareintensives System überhaupt ist, bevor wir uns einer tiefergehenden Betrachtung der Softwarearchitektur derartiger Systeme zuwenden können. Dazu werden wir in den folgenden Abschnitten zuerst den Begriff des softwareintensiven Systems präzisieren und dabei auch die unterschiedlichen Arten von softwareintensiven Systemen diskutieren. Auf dieser Basis können wir letztlich den Bezug zur Softwarearchitektur der betrachteten Systeme herstellen.

2.2.1 Was ist ein softwareintensives System?

Hier stellt sich zuerst die grundlegende Frage: Was ist überhaupt ein System? Eine Antwort auf diese Frage finden wir im IEEE-Standard 610.12-1990, dem »IEEE Standard Glossary of Software Engineering Terminology«. Dort ist ein System wie folgt definiert:

> »**system.** A collection of components organized to accomplish a specific function or set of functions.«
>
> [IEEE 610.12-1990, S. 73]

Das charakterisiert recht treffend die wesentlichen Eigenschaften eines Systems, die auch intuitiv so zu erwarten sind. Ein System besteht aus Bausteinen bzw. Komponenten, wie z.B. Hardware-, Software- oder mechanischen Bausteinen. Bereits in diesem Systembegriff findet sich die Vorstellung wieder, dass Systeme in Bausteine zerlegt werden können. Darüber hinaus soll entsprechend der Definition ein System einem bestimmten Zweck dienen. Dies spiegelt das Grundverständnis des Ingenieurwesens wider, für den Menschen nutzbringende Dinge zu erschaffen (siehe NSPE Code of Ethics for Engineers [NSPE]).

Das zweite wesentliche Element in dem Ausdruck »softwareintensives System« ist der Begriff der Software selbst. Auch hier werden wir nach einem Blick in das IEEE Standard Glossary of Software Engineering Terminology fündig:

> »**software.** Computer programs, procedures, and possibly associated documentation and data pertaining to the operation of a computer system.«
>
> [IEEE 610.12-1990, S. 66]

Software ist dementsprechend mehr als nur eine Ansammlung von Programmdateien. Zur Software gehören auch weitere Prozeduren, z.B. Konfigurationsskripte, zugehörige Dokumentation (z.B. eine Architekturbeschreibung) und schließlich auch noch Daten (z.B. die initiale Befüllung einer Datenbank mit den notwendigen Metainformationen und Stammdaten).

Um nun den Begriff eines softwareintensiven Systems so zu formulieren, wie wir ihn in diesem Buch verwenden, müssen wir die zwei Definitionen zusammenbringen und dabei der Software die geforderte intensive Rolle im System zuordnen. Ein softwareintensives System ist demnach wie folgt definiert:

Ein **softwareintensives System** besteht aus einer Menge von Bausteinen, die so zusammengestellt sind, dass sie gemeinsam den Zweck des Systems erfüllen. Bausteine, die vollständig oder zu wesentlichen Teilen aus Software bestehen, übernehmen dabei essenzielle Aufgaben zur Erfüllung des Systemzwecks. Der Softwareanteil des Systems besteht dabei aus einer Menge von Programmen und weiteren Prozeduren und Daten sowie zugehöriger Dokumentation.

2.2.2 Ausprägungen von softwareintensiven Systemen

Es gibt unterschiedliche Ansätze, Software zu kategorisieren. Jeder davon stellt bestimmte Eigenschaften in den Vordergrund und ist dementsprechend auch nicht allgemeingültig. So unterscheidet das IEEE Standard Glossary of Software Engineering Terminology im Rahmen der Definition des Begriffs Software zwischen Anwendungssoftware, Unterstützungssoftware und Systemsoftware:

»**software.** ... See also: application software; support software; system software.« [IEEE 610.12-1990, S. 66]

Diese Unterscheidung ist abhängig vom Betrachtungskontext: Die Datenbank eines Versicherungssystems ist aus Sicht der Kunden Systemsoftware. Hingegen ist sie aus Sicht des Programmierers des Versicherungssystems Anwendungssoftware. Oder betrachten wir einen Webbrowser: Aus Sicht eines PC-Nutzers, der im Internet surfen möchte, ist der Webbrowser Anwendungssoftware. Aus Sicht des Programmierers, der für den Webbrowser ein Plug-in erstellt, ist er Systemsoftware.

Eine andere, häufig anzutreffende Unterscheidung ist die in Standardsoftware und Individualsoftware [Sie04]. Diese und andere Versuche, Software zu kategorisieren, beispielsweise bezüglich Größe oder Anwendungsdomäne, führen in der Konsequenz zu einer mehrdimensionalen Einteilung, wie Abbildung 2–2 zeigt. Dabei ist die Einteilung nicht immer eindeutig und meist abhängig vom Betrachter, wie im obigen Abschnitt dargestellt.

Für uns ist eine Kategorisierung von Software hilfreich, weil eine solche erste Rückschlüsse auf die Softwarearchitektur erlaubt. Idealerweise könnte für jede Softwarekategorie bereits eine Reihe von Architekturansätzen und architekturspezifischen Entwurfsproblemen vordefiniert sein. Diese Vordefinition würde dann die gesammelten Entwurfserfahrungen der Softwarearchitekten widerspiegeln. Softwarearchitekten hätten so einen einfacheren und gesicherteren Start in die Entwurfsaufgabe.

Leider gibt es weder eine einheitliche Kategorisierung von Software noch eine zugeordnete und vollständige Sammlung des Entwurfserfahrungswissens. Es ist auch offen, ob es jemals möglich sein wird, in einem derartig dynamischen

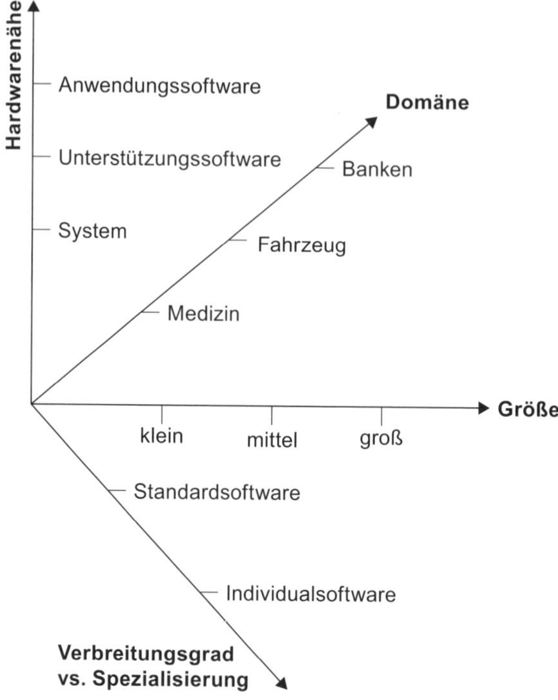

Abb. 2–2 *Mehrdimensionale Kategorisierung von softwareintensiven Systemen*

Umfeld wie in der Softwareindustrie eine solche Wissensbasis aufzubauen und zu nutzen. Deshalb muss sich heute jeder Softwarearchitekt und jede Softwareorganisation dieses selbst erarbeiten und aufbauen.

Nichtsdestotrotz sind der grundsätzliche Ansatz und das Ziel erstrebenswert. Deshalb wollen wir in diesem Buch beispielhaft eine einfache Kategorisierung vornehmen und ebenfalls beispielhaft sowie in Auszügen den Bezug zur Softwarearchitektur herstellen. Abbildung 2–3 zeigt eine mögliche Unterscheidung in die folgenden Kategorien:

- Bei **Informationssystemen** stehen die Verwaltung und die Verarbeitung von Informationen im Vordergrund. Große Datenmengen oder komplexe Datenstrukturen müssen verwaltet, bearbeitet, ausgewertet und berechnet werden. Dabei gilt es unter Umständen mehrere tausend Benutzer gleichzeitig und interaktiv zu bedienen. Beispiele für Informationssysteme sind das Kernversicherungsverwaltungssystem einer Versicherung, SAP-Systeme, CAD-Systeme, komplexe Simulationssysteme für Wettervorhersagen oder Simulationsberechnungen von Ingenieuren.
- **Eingebettete Systeme** beinhalten Software, die in physikalischen Gegenständen eingebettet ist. Unter starken Ressourceneinschränkungen der zur Verfügung stehenden Hardware realisieren sie daten- und funktionssicherheitskriti-

sche Aufgaben, die hohen funktionalen und qualitativen Ansprüchen gerecht werden müssen. Die Funktionen umfassen meist Regelungs-, Steuerungs- oder Kommunikationsfunktionen. Beispiele für eingebettete Systeme sind Waschmaschinen, Werkzeugmaschinen oder Produktionslinien in der Fertigungsindustrie, Funkzellen von Handy-Netzen, Airbag-Steuerungen oder Parkassistenten in Fahrzeugen.

- **Mobile Systeme** sind (semi-)autonome und personenspezifische Einheiten mit hohen Interaktionsanforderungen. Neben ihrer Eigenschaft, dass sie mobil sind, zeichnen sie sich insbesondere dadurch aus, dass sie lokale und ggf. auch (semi-)autonome Funktionen bereitstellen. Zusätzlich haben sie die Fähigkeit und teilweise auch die Notwendigkeit, mit zentralen, meist stationären Systemen zu interagieren, um sich abzugleichen oder Informationen und Aktionen mit anderen abzustimmen. Aufgrund der Mobilität ist die Verbindung aber nicht kontinuierlich verfügbar. Beispiele für derartige Systeme sind Smartphones, (semi-)autonome Transportroboter oder Sensor- und Aktuatorknoten von Ad-hoc-Netzwerken.

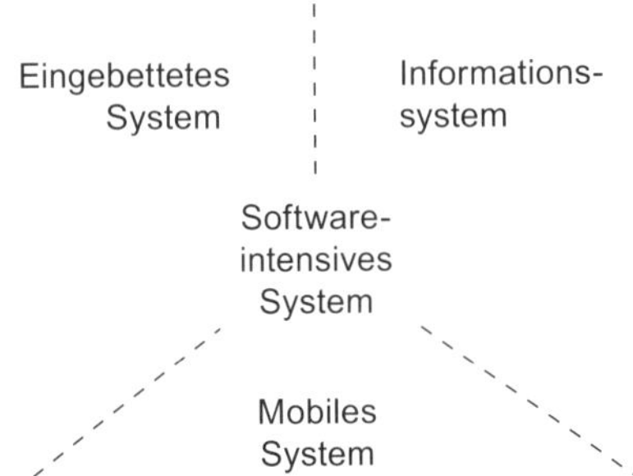

Abb. 2–3 *Kategorien von softwareintensiven Systemen*

Durch die zunehmend stärkere Vernetzung der Systeme gibt es softwareintensive Systeme, die nicht nur einer Kategorie zuzuordnen sind. So bindet ein Versicherungssystem über eine Anwendung auf einem Smartphone die Versicherungsmakler direkt in das System ein. Über Internetanbindung und Webbrowser können SAP-Auswertungsreports direkt im Fahrzeug analysiert werden. Und schon heute sind fast alle Produktionslinien einer Fabrik über das zugehörige Manufacturing Execution System an das SAP-System der Fabrik angeschlossen und umgekehrt.

Auch wenn viele der heutigen Systeme nicht eindeutig einer der oben dargestellten drei Kategorien zuzuordnen sind, so hat doch jedes System seinen Schwerpunkt. Im Zweifel ist jedem klar, ob das betrachtete System oder die anstehende Entwurfsaufgabe eher einem Informationssystem oder einem eingebetteten System zuzuordnen ist.

Dies ist für den Softwarearchitekten von besonderer Bedeutung. Denn für jede dieser Kategorien gibt es bestimmte Grundmuster und -systematiken bezüglich Softwarearchitektur und Architekturentwurf. So findet man bei Informationssystemen meist eine Schichtenarchitektur vor, bei eingebetteten Systemen hingegen eher eine Architektur mit aktiven Prozessen oder Modulen, die zwar lose gekoppelt sind, trotzdem aber über Netzwerke miteinander interagieren, z.B. über eine Bus-basierte Kommunikation. Bei mobilen Systemen hingegen hat man zwar ebenfalls eine Architektur mit aktiven Prozessen, allerdings kommunizieren diese meist mittels Shared Memory, da die Prozesse auf einem Prozessor (ggf. Multicore-Prozessor) ausgeführt werden.

Darüber hinaus gibt es für jede Kategorie eine spezifische Menge von architekturrelevanten Entwurfsproblemen gerade im Hinblick auf spezifische, nichtfunktionale Anforderungen. So muss man sich bei Informationssystemen über die Art der Datenhaltung und der zugehörigen Transaktionssteuerung Gedanken machen. Hingegen ist bei eingebetteten Systemen eher die Frage des Schedulings der aktiven Prozesse oder der Kommunikationslast auf dem Netzwerk relevant. Bei den mobilen Geräten dagegen gilt es auf dem Prozessor (auch bei einem Multicore-Prozessor) die Balance zu finden zwischen der geforderten hochwertigen, aber ressourcenintensiven grafischen Oberfläche und den hardwarenahen Sensor- und Aktuator-spezifischen Funktionen.

2.2.3 Bedeutung der Softwarearchitektur für ein softwareintensives System

Wie eingangs bereits dargestellt wurde, ist der Entwurf der Softwarearchitektur ein wichtiger und kritischer Schritt in der Softwareentwicklung. Die Softwarearchitektur hat unmittelbare Auswirkung auf die Parameter des in Abbildung 2–1 dargestellten magischen Vierecks: die gewünschte Funktionalität, die damit verbundenen Qualitätseigenschaften, der notwendige Aufwand zur Systemerstellung und die Zeitdauer bis zur Bereitstellung des Systems. Letztlich geht es um die Frage, wie große Systeme zu strukturieren sind, dass die geforderten Parameter des magischen Vierecks erreicht werden können.

Aber hat denn jedes softwareintensive System überhaupt eine Softwarearchitektur? Ebenso wie auch Bauwerke, die ohne das Mitwirken eines Bauingenieurs entstanden sind, besitzt jedes softwareintensive System eine Architektur, auch wenn diese nicht explizit entworfen und umgesetzt wurde. Leider ist in Entwicklungsprojekten noch viel zu häufig zu beobachten, dass Softwarearchitektur nicht explizit entworfen wird. Die Konsequenzen sind aber folgenschwer.

Anforderungen an Software verändern sich während der Softwareentwicklung, aber auch über den ganzen Lebenszyklus hinweg, egal wie gut sie dokumentiert sind. Sich ändernde Anforderungen beeinflussen das Entwicklungsprojekt. So müssen beispielsweise Projektpläne geändert oder das Budget angepasst werden. Dies alles läuft allerdings ins Leere, wenn sich die bereits realisierten Softwareanteile den gewünschten Änderungen widersetzen. Eine gute Softwarearchitektur allerdings ermöglicht das leichte Ändern von bestehenden oder das einfache Einbringen von neuen Funktionalitäten, ohne die Qualitätseigenschaften der existierenden Software zu gefährden.

Softwarearchitektur ist somit von enormer Bedeutung für eine erfolgreiche Softwareentwicklung. Worauf aber sind diese Zusammenhänge begründet? Diese Frage wollen wir anhand von zwei Teilfragen andiskutieren. Warum hat jede Software eine Architektur? Und warum ist die Softwarearchitektur mitentscheidend für eine erfolgreiche Softwareentwicklung?

Wesentlicher Bestandteil einer Softwarearchitektur ist die meist hierarchische Zerlegung des Systems in Teilsysteme oder Bausteine. Die Existenz einer solchen Zerlegungsstruktur ist auch bereits in der Natur von softwareintensiven Systemen enthalten. Wie in der Begriffsdefinition oben bereits aufgeführt, besteht ein softwareintensives System aus einer Menge von Bausteinen, die entsprechend organisiert werden, um den Zweck des Systems zu erfüllen. Damit ist die Geburtsstunde der Architektur bereits mit dem Begriff eines Systems untrennbar verbunden. Somit hat jedes System und auch jedes softwareintensive System implizit oder explizit eine Architektur.

Diese inhärente Verzahnung, dass die Softwarearchitektur maßgeblich die Systemstruktur definiert und umgekehrt, ist auch der Grund dafür, dass Softwarearchitektur mitentscheidend für eine erfolgreiche Softwareentwicklung ist. Die Struktur von Bauwerken legt fest, welche Teile tragende Bestandteile sind und welche nicht. Will man an einem Gebäude etwas verändern, ohne dass dabei tragende Bestandteile betroffen sind, ist das in der Regel problemlos möglich. Müssen allerdings tragende Bestandteile verändert werden, so ist nicht absehbar, ob und wie das realisierbar ist und welche Kosten dadurch entstehen.

Analoges gilt für die Softwarearchitektur: Sie definiert über die Festlegung der Systemstruktur die tragenden Elemente in der Software. Damit gibt die Softwarearchitektur den Rahmen für zukünftige Veränderungen vor. Ergeben sich im Laufe des Entwicklungsprojekts oder darüber hinaus im Lebenszyklus der Software Änderungs- oder Neuerungswünsche, dann ist das problemlos möglich, solange die tragenden Grundpfeiler der Software erhalten bleiben. Andernfalls gilt das Gleiche wie bei Bauwerken: Kosten, Zeit und resultierende Qualität sind nur schwer abzuschätzen und stehen in der Regel nicht in einem vernünftigen Kosten-Nutzen-Verhältnis.

Dieser banale, aber fundamentale Zusammenhang zwischen dem softwareintensiven System, der inhärent existierenden Softwarearchitektur und den sich daraus ergebenden Einschränkungen bzgl. des magischen Vierecks der Softwareentwicklung begründen die enorme Bedeutung und Tragweite der Softwarearchitektur im Rahmen der Softwareentwicklung.

2.3 Grundlegende Konzepte von Softwarearchitekturen

Die Softwarearchitektur legt die wesentlichen Strukturen, übergreifenden technischen Konzepte und Entwurfsentscheidungen eines Softwaresystems fest und ist die Grundlage der gesamten Systementwicklung. Sie kann somit als Bauplan verstanden werden, der die Entwicklung komplexer und umfangreicher Software nachhaltig erleichtert. Eine Softwarearchitektur beschreibt keinen detaillierten Entwurf, vielmehr geht es darum, einen konstruktiven Lösungsweg ausgehend von den Anforderungen, die von außen an das System gestellt werden, hin zum fertig konstruierten System zu beschreiben, das dann beispielsweise in Form von Programmdateien vorliegt. Dabei sind nach Möglichkeit Begründungen für die Entwurfsentscheidung vorzuhalten, denn die Wahl einer bestimmten Architektur hat starken Einfluss auf die Qualitätseigenschaften und nichtfunktionalen Eigenschaften, wie z.B. Wartbarkeit, Erweiterbarkeit oder Performance.

Trotz ihrer großen Bedeutung ist Softwarearchitektur immer noch eine junge Disziplin. Deshalb geben wir in diesem Kapitel eine allgemeine Einführung in die grundlegenden Konzepte von Softwarearchitekturen. Dazu definieren wir zuerst unser Verständnis des Begriffs Softwarearchitektur. Dieser basiert auf den Begriffen des Bausteins und der Schnittstelle, die ebenfalls eingeführt werden. Dies liefert uns die Grundlage darzustellen, wofür Softwarearchitekturen gut sind und welchen Nutzen sie generieren können. Schließlich runden wir dies mit Konzepten zur Beschreibung von Softwarearchitekturen ab.

2.3.1 Was ist eine Softwarearchitektur?

Eine einzelne, allgemein akzeptierte Definition für Softwarearchitektur gibt es nicht. Zur Einstimmung in den Wildwuchs der Softwarearchitekturdefinitionen anbei eine der exotischeren Definitionen, die deshalb aber nicht weniger treffend ist:

> »Software architecture is a framework for change.«
>
> (Andreas Rausch, siehe auch [SEI Def])

Das Software Engineering Institute der Carnegie Mellon Universität (SEI) hat auf einer eigens dafür eingerichteten Website inzwischen über 150 Definitionen dazu gesammelt [SEI Def]. Bei den ausgearbeiteten Definitionen lässt sich zunehmend ein Konsens erkennen. Dieser Konsens, dem wir uns anschließen wollen, spiegelt sich auch in der Definition des IEEE-Standard 1471-2000, Recommended Practice for Architectural Description for Software-Intensive Systems, wider:

»The fundamental organization of a system embodied in its components, their relationships to each other, and to the environment, and the principles guiding its design and evolution.«

[IEEE 1471-2000, S. 3]

Statt eine grundsätzlich neue Definition für diesen zentralen Begriff im Rahmen des vorliegenden Buches einzuführen, orientieren wir uns an diesem Standard, ergänzen ihn aber an einigen wenigen Stellen, z.B. durch den Begriff einer Schnittstelle oder den Bezug zur Entwicklungsorganisation, da diese aus unserer Sicht für Softwarearchitekturen wesentlich sind.

Die **Softwarearchitektur** definiert die grundlegenden Prinzipien und Regeln für die Organisation eines Systems sowie dessen Strukturierung in Bausteinen und Schnittstellen und deren Beziehungen zueinander wie auch zur Umgebung. Dadurch legt sie Richtlinien für den gesamten Systemlebenszyklus, angefangen bei Analyse über Entwurf und Implementierung bis zu Betrieb und Weiterentwicklung, wie auch für die Entwicklungs- und Betriebsorganisation fest.

Dieses Verständnis von Softwarearchitektur beinhaltet zwei wesentliche Aspekte. Zum einen findet sich der auf das System bezogene konstruktive Aspekt einer Softwarearchitektur, die den Aufbau respektive die Zerlegung eines softwareintensiven Systems in Bausteine, Schnittstellen sowie deren Beziehungen zueinander und zur Umgebung beschreibt. Darüber hinaus enthält die Definition aber auch einen anderen, auf die Vorgehensweise bezogenen Aspekt: Die Softwarearchitektur beeinflusst auch die Entwicklungsorganisation und den Systemlebenszyklus und gibt deshalb vor, welche Prinzipien und Regeln dabei zu beachten sind.

2.3.2 Bausteine, Schnittstellen und Konfigurationen

Betrachten wir nun zunächst den systemkonstruktiven Aspekt der Softwarearchitektur. Dort werden die Begriffe Baustein, Schnittstelle und Beziehung zwischen diesen Elementen eingeführt. Was genau verstehen wir aber unter einer Schnittstelle oder einem Baustein und deren Beziehungen untereinander? Dieser Frage wollen wir in den folgenden Abschnitten auf den Grund gehen.

Schnittstelle und Baustein sind fundamentale Begriffe des Ingenieurwesens. In der Informatik erfreuen sie sich ebenfalls einer hohen Beliebtheit, doch obgleich diese Begriffe dort fast täglich Verwendung finden, haben wir kein gemeinsames präzises Verständnis davon, was eine Schnittstelle oder ein Baustein ist.

Dass die Begriffe der Schnittstelle und des Bausteins nicht von allen gleich verstanden werden, merkt man recht schnell, wenn etwa in einem Systementwicklungsprojekt gleichzeitig Elektrotechniker, Maschinenbauer und Informatiker beteiligt sind. Unternehmen Sie doch einfach mal den Versuch, sich mit den

Projektbeteiligten auf eine Schnittstelle für die zu entwickelnde Werkzeugmaschine zu einigen. Sie werden sehr schnell feststellen, dass hier fundamental andere Vorstellungen davon vorherrschen, was eine Schnittstelle ist und was nicht. Deshalb wollen wir hier den Begriff der Schnittstelle wie folgt definieren:

Eine **Schnittstelle** repräsentiert einen wohldefinierten Zugangspunkt zum System oder dessen Bausteinen. Dabei beschreibt eine Schnittstelle die Eigenschaften dieses Zugangspunkts, wie z.B. Attribute, Daten und Funktionen. Ziel ist es, diese Eigenschaften möglichst präzise mit allen notwendigen Aspekten zu definieren, wie z.B. Syntax, Datenstrukturen, funktionales Verhalten, Fehlerverhalten, nichtfunktionale Eigenschaften, Nutzungsprotokoll der Schnittstelle, Technologien, Randbedingungen und Semantik.

Dieses Verständnis einer Schnittstelle zeigt uns deutlich, dass es sehr aufwendig sein kann, Schnittstellen in dieser vollständigen Form zu beschreiben. Programmiersprachen wie Java oder C# beinhalten Schnittstellenkonzepte. Mit diesen kann in der Regel die Syntax, also der Name der Schnittstelle, die zur Verfügung gestellten Methoden und deren Argumente sowie Rückgabewerte beschrieben werden. Die darüber hinausgehenden Aspekte einer Schnittstelle, wie z.B. funktionales Verhalten, müssen in zusätzlichen Dokumentationen abgelegt werden.

Häufig findet man in den Programmen nur sehr unzureichende Schnittstellenbeschreibungen. Betrachtet man z.B. die Collection-Schnittstelle in Java, so ist diese sehr gut ausgearbeitet und dokumentiert. Allerdings werden Sie dort keine Aussagen zur Performance der Einfügeoperation eines Elements in eine Collection finden, wie z.B. die untere bzw. obere Schranke oder die durchschnittliche Dauer für das Einfügen eines Elements.

Für die Verwendung dieser Schnittstelle, insbesondere bei rechenintensiven Aufgaben über große Mengen von Elementen, kann diese Eigenschaft aber höchst relevant sein. Für die Entscheidung, ob die Collection von Java verwendet wird oder stattdessen eine andere Lösung gesucht werden muss, sind diese Eigenschaften maßgeblich.

In diesem speziellen Fall muss sich der Programmierer also der konkreten Implementierungen der Schnittstelle bewusst werden und daraus die geeignete aussuchen. Er kann hier z.B. zwischen der ArrayList und der LinkedList wählen, die unterschiedliche Performanceeigenschaften aufweisen. Somit kapselt die Schnittstelle nicht vollständig die Implementierung, obwohl es gemäß Definition ihre Aufgabe wäre.

Dieses kleine Beispiel zeigt auf, das es im Allgemeinen unmöglich ist, vollständige Schnittstellenbeschreibungen zu erstellen. Vielmehr ist es Ermessenssache des Architekten zu entscheiden, welche Aspekte einer Schnittstelle beschrieben werden müssen und welche im Zweifel vernachlässigt werden können. Trotzdem sollte man danach streben, für den konkreten Projektkontext möglichst – im Sinne der relevanten Eigenschaften – vollständige Schnittstellenbeschreibungen zu erstellen.

Nun können wir uns dem Begriff des Bausteins zuwenden. In der Literatur wird »Baustein« häufig synonym zu »Komponente« verwendet. Wir haben uns hier jedoch bewusst gegen den Begriff Komponente entschieden, da dieser oft individuell vorbelegt ist. Manch einer versteht darunter in erster Linie UML-Komponenten, ein anderer hingegen Programmierkonstrukte wie Pakete oder JavaBeans.

Wir verwenden das umgangssprachliche Wort »Baustein«, um von der Vielzahl von Begriffen zu abstrahieren, die in Programmiersprachen, Modellierungsansätzen und Entwurfsmethoden als Bestandteile der Softwarearchitektur zum Einsatz kommen. Ein Baustein in unserem Sinne ist somit eine Abstraktion von speziellen Programmierkonstrukten oder Beschreibungselementen.

Der Baustein ist das zentrale Basiselement, aus dem die statische Struktur von Softwarearchitekturen aufgebaut ist. Er beinhaltet sämtliche Software- oder Implementierungsartfakte, die letztendlich Abstraktionen von Quellcode darstellen. Das reicht von kleinen Bausteinen (wie Funktionen oder Klassen) über mittelgroße Bausteine (wie Pakete oder Bibliotheken) bis zu großen Bausteinen (wie Subsysteme, Schichten oder Frameworks). Bausteine können sich somit in unterschiedlicher Form manifestieren. Abbildung 2–4 zeigt einige Beispiele für konkrete Ausprägungen von Bausteinen. Dabei ist zu beachten, dass Bausteine selbst wiederum aus Bausteinen bestehen können.

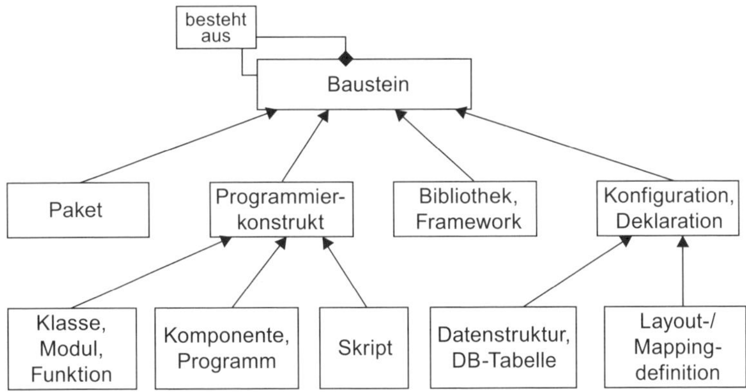

Abb. 2–4 *Beispiele für Bausteine*

Baustein ist somit einer der wichtigsten Begriffe in der Softwarearchitektur. Es bedarf dabei aber klarer Kriterien zur entsprechender Abgrenzung: Was ist ein Baustein und was nicht? Unsere Definition von Baustein beinhaltet die drei folgenden wesentlichen Eigenschaften und subsumiert somit weitestgehend die in der Literatur vorherrschenden Definitionen ([Szy 98], [D'SW98], [RQ+12]).

Ein **Baustein** bietet Schnittstellen an, die er im Sinne eines Vertrags garantiert. Diese Garantie gilt aber erst, wenn die von ihm benötigten Schnittstellen im Rahmen einer entsprechenden Konfiguration zur Verfügung gestellt werden. (**Export und Import von Schnittstellen**)

Über die angebotenen und benötigten Schnittstellen kapselt der Baustein die Implementierung dieser Schnittstellen. Daher kann er durch andere Bausteine ersetzt werden, die dieselben Schnittstellen exportieren und gegebenenfalls importieren. (**Kapselung und Austauschbarkeit**)

Und schließlich sind Bausteine die Einheit der hierarchischen (De-)Komposition eines softwareintensiven Systems. Das heißt, ein (Super-)Baustein kann durch eine entsprechende Konfiguration von anderen (Sub-)Bausteinen und deren Beziehungen implementiert werden. Wir sagen dann auch, dieser (Super-)Baustein kapselt die (Sub-)Bausteine. Dabei kann diese Kapsel auch äußere Schnittstellen auf innere delegieren und umgekehrt. So werden die Beziehungen zwischen den Bausteinen definiert. (**Konfiguration und hierarchische (De-)Komposition**)

Beachte: Aufgrund möglicher Seiteneffekte müssen bei einem Austausch von Bausteinen auch die importierten Schnittstellen berücksichtigt werden. Dementsprechend ist ein Baustein auch eine Einheit der Wiederverwendung. Weitere Annah-

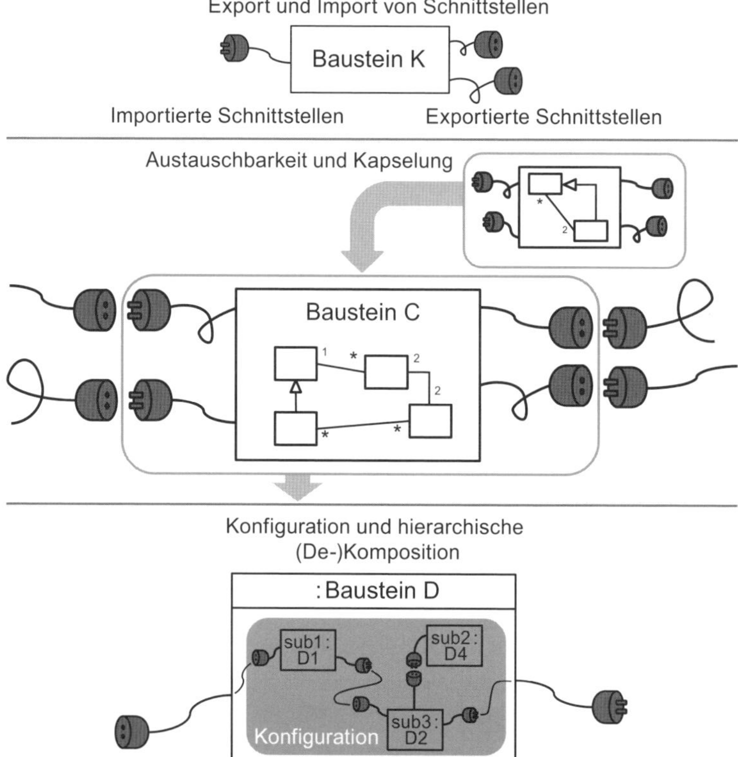

Abb. 2–5 *Zusammenhang zwischen Bausteinen und Schnittstellen*

men z.B. über die Umgebung der Bausteine – neben der Existenz der von dem Baustein importierten Schnittstellen – sollten möglichst gering ausfallen und explizit dokumentiert sein.

Damit ist nicht nur der Begriff des Bausteins geklärt, sondern es sind auch die möglichen Beziehungen zwischen Bausteinen und Schnittstellen definiert. Die wesentlichen Eigenschaften von Bausteinen sind dadurch erfasst: Export und Import von Schnittstellen, Kapselung und Austauschbarkeit, Konfiguration und hierarchische (De-)Komposition. Abbildung 2–5 illustriert diese Begriffe und deren Zusammenhänge nochmals.

Wie in Abbildung 2–6 dargestellt, können wir hierbei unterschiedliche Sichten auf einen Baustein unterscheiden:

- In der **Blackbox-Sicht** sieht man lediglich die von dem Baustein exportierten und importierten Schnittstellen. Das ist die Sicht des Bausteinnutzers. Diese Sicht respektiert das Geheimnisprinzip, d.h., sie verbirgt das (private) Innenleben des Bausteins.
- Die **Greybox-Sicht** (auch: Konfiguration) zeigt, wie die importierten Schnittstellen von Bausteinen mit den exportierten Schnittstellen (i.d.R.) anderer Bausteine verschaltet werden. Das ist die Sicht des Bausteinkonfigurators.
- Die **Whitebox-Sicht** (auch: Glassbox-Sicht) erlaubt einen Blick auf den inneren Aufbau des Bausteins, d.h. seine Zerlegung in die Konfiguration der Subbausteine oder eine andere Art der Implementierung und dabei auch die Delegation seiner exportierten und importierten Schnittstellen auf das Innenleben des Bausteins. Das ist die Sicht des Bausteinimplementierers.

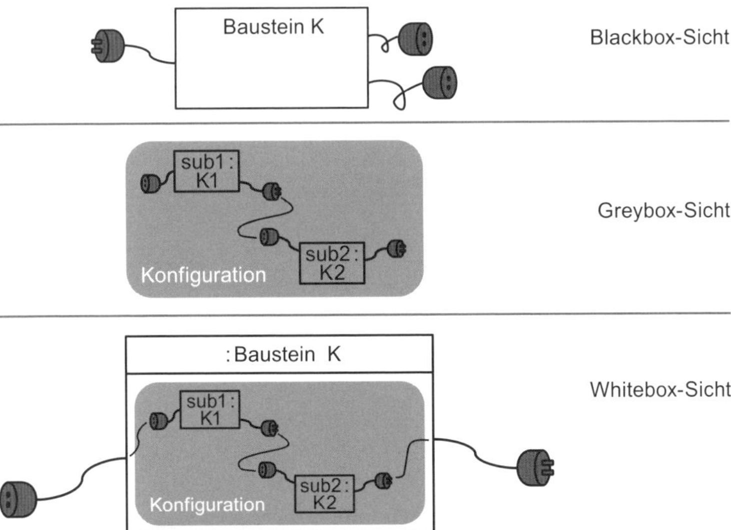

Abb. 2–6 *Blackbox-, Greybox- und Whitebox-Sicht*

Insbesondere im Zusammenspiel zwischen Blackbox, Greybox und Whitebox wird die hierarchische (De-)Komposition einer Architektur und ihrer Bausteine deutlich. Wie Abbildung 2–7 zeigt, kann die Blackbox-Sicht eines Bausteins A in einer darunter liegenden Whitebox-Sicht hierarchisch dekomponiert werden. In dieser Whitebox-Sicht zerfällt der Baustein A in seine Subbausteine B1, B2 und B3, die jeweils in einer Greybox-Sicht dargestellt werden. Auch für die Subbausteine B1 bis B3 können dann wiederum entsprechende Blackbox- und Whitebox-Sichten auf einer darunter liegenden Ebene vorhanden sein.

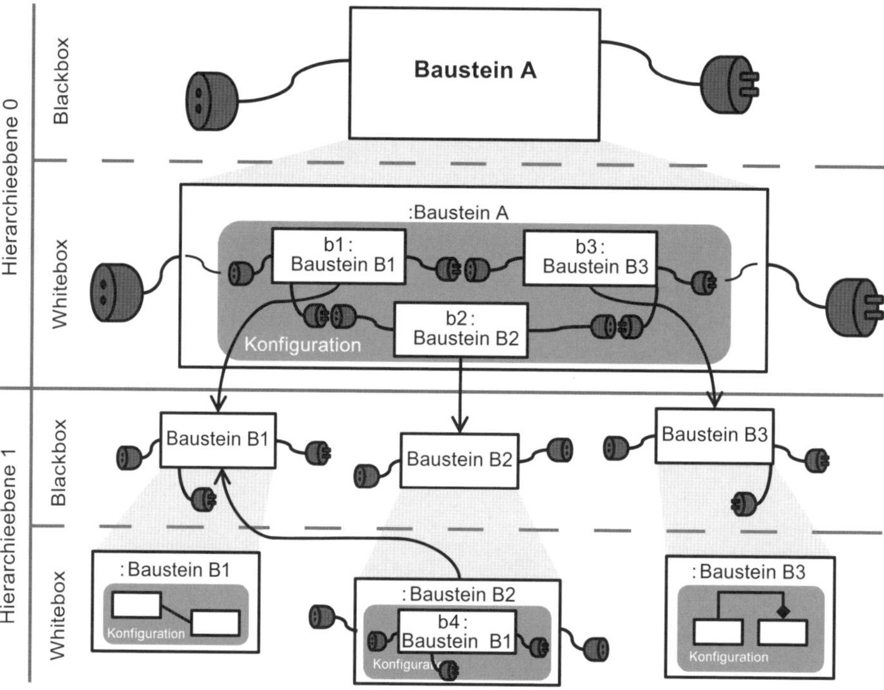

Abb. 2–7 *Mit Blackbox- und Whitebox-Sichten hierarchisch (de-)komponieren*

Dabei ist zu beachten, dass die Darstellung nur eine Hierarchie im Sinne der Beschreibung der Architektur zeigt. Ein Baustein kann in mehreren anderen Bausteinen in deren Whitebox-Sicht verwendet werden, die unter Umständen auf unterschiedlichen Hierarchieebenen anzuordnen sind. In Abbildung 2–7 taucht der Baustein B1 in der Greybox-Sicht sowohl als Subbaustein von A wie auch als Subbaustein von B2 auf. B1 könnte ein XML-Parser-Baustein sein, der in den verschiedensten Bausteinen auf den unterschiedlichsten Ebenen verwendet wird.

Dabei ist beachten, dass diese hierarchische Zerlegung nicht nur den Bausteinen, sondern auch ihren Schnittstellen gilt. Das heißt: Besitzt ein Baustein eine Schnittstelle zu einem anderen Baustein in der Greybox, so existiert auch eine entsprechende Schnittstelle auf der Blackbox- und Whitebox-Ebene und muss natürlich entsprechend implementiert werden, z.B. dadurch, dass die Schnittstelle auf einen Subbaustein delegiert wird.

Unabhängig davon sind Schnittstellen aber jeweils die Elemente, über die Bausteine verbunden werden. Sowohl der exportierende als auch der importierende Baustein müssen sich dabei an den Schnittstellenvertrag halten. Dieser wird in der Schnittstelle selbst definiert. Wer aber definiert die Schnittstelle? Hier gibt es unterschiedliche Möglichkeiten:

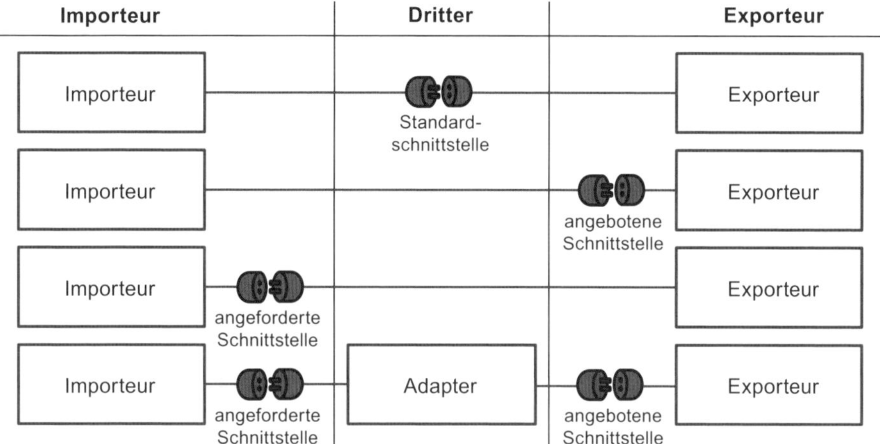

Abb. 2–8 *Wer definiert die Schnittstelle und legt den Schnittstellenvertrag fest?*

- **Standardschnittstelle:**
  Diese Schnittstelle wird von außerhalb definiert. Sowohl der importierende als auch der exportierende Baustein halten sich daran.
- **Angebotene Schnittstelle:**
  Hier definiert der Baustein, der die Schnittstelle exportiert, die Schnittstelle. Neben der Standardschnittstelle ist das die meistverwendete Schnittstellenart.
- **Angeforderte Schnittstelle:**
  Hier definiert der Baustein, der die Schnittstelle importiert, die Schnittstelle. Gerade bei Frameworks ist diese Konstellation häufig anzutreffen. Über derartige Schnittstellen kann man Bausteine mit spezifischer Funktionalität in ein Programmgerüst einbringen.
- **Unabhängige Schnittstellen:**
  In diesem Fall haben exportierender und importierender Baustein jeweils eigene Schnittstellen definiert. Damit erhöht sich die Entkopplung der Bausteine. So können sie unabhängig voneinander entwickelt und getestet werden. Allerdings führt dies dazu, dass die Schnittstellen im Laufe der Zeit nicht mehr identisch sind. Deshalb muss ein Adapter dazwischengesetzt werden.

Jeder Schnittstellenvertrag hat seine spezifischen Eigenschaften und somit auch Vor- und Nachteile. So erhöht die letzte Variante des Schnittstellenvertrags die Entkopplung der Bausteine, allerdings muss das mit zusätzlichem Aufwand bei der Entwicklung und verlängerter Laufzeit bezahlt werden. Trotzdem kann diese Variante dauerhaft sinnvoll sein, z. B. bei Integrationsaufgaben.

Andererseits kann diese Variante auch nur übergangsweise genutzt werden, um einerseits maximale Parallelität beim Entwickeln sicherzustellen und andererseits inkonsistente Entwicklungen zu koppeln. In diesem Fall sollte man sich im Anschluss allerdings Zeit zum Refactoring und Redesign der Architektur nehmen, um die so entstandenen Adapter wieder auszubauen, und zwar mit neuen gemeinsamen Schnittstellenverträgen. Sonst wird aus der Übergangslösung unbeabsichtigt eine Dauerlösung.

2.3.3 Konzepte der Beschreibung von Softwarearchitekturen

Eine Architektur – egal ob explizit oder implizit entstanden – ist nur begrenzt hilfreich, wenn sie nicht dokumentiert ist. Nur eine angemessen dokumentierte Architektur kann nachhaltig kommuniziert, diskutiert und weiterentwickelt werden.

Dabei wird die Softwarearchitektur nicht nur mit anderen Architekten diskutiert. Vielmehr werden alle Aspekte der Softwarearchitektur unterschiedlichen Interessenvertretern (Stakeholdern) vorgestellt, mit diesen diskutiert und gemeinsam weiterentwickelt. So können beispielsweise auch Kunde und Nutzer bei Architekturentscheidungen, die sie betreffen, mit einbezogen werden. Ebenso sollten Entwickler in die Diskussion involviert werden, insbesondere um umsetzungsrelevante Aspekte der Architektur zu kommunizieren und zu diskutieren.

Entsprechend dem IEEE-Standard 1471-2000, Recommended Practice for Architectural Description for Software-Intensive Systems [IEEE 1471-2000], beinhaltet eine Softwarearchitekturbeschreibung eine Menge von Artefakten, um eine Softwarearchitektur darzustellen. Der entsprechende Standard definiert ein konzeptionelles Begriffsmodell für Architekturbeschreibungen. Abbildung 2–9 zeigt den für uns relevanten Ausschnitt aus dem Begriffsmodell.

Dabei wird ein System (System) von seiner Umgebung (Environment) beeinflusst und umgekehrt. Jedes System hat eine Architektur (Architecture). Diese Architektur wird laut Standard durch eine einzige Architekturbeschreibung (Architectural Description) beschrieben. Auf den ersten Blick erscheint dies als Einschränkung. Allerdings besteht laut Standard, wie bereits oben aufgeführt, eine Architekturbeschreibung aus einer Menge von Artefakten. In der Konsequenz bedeutet dies, dass eine Architektur eben durch eine Menge von Beschreibungen dokumentiert wird. Allerdings könnte und sollte dies deutlicher im Standard dargestellt werden.

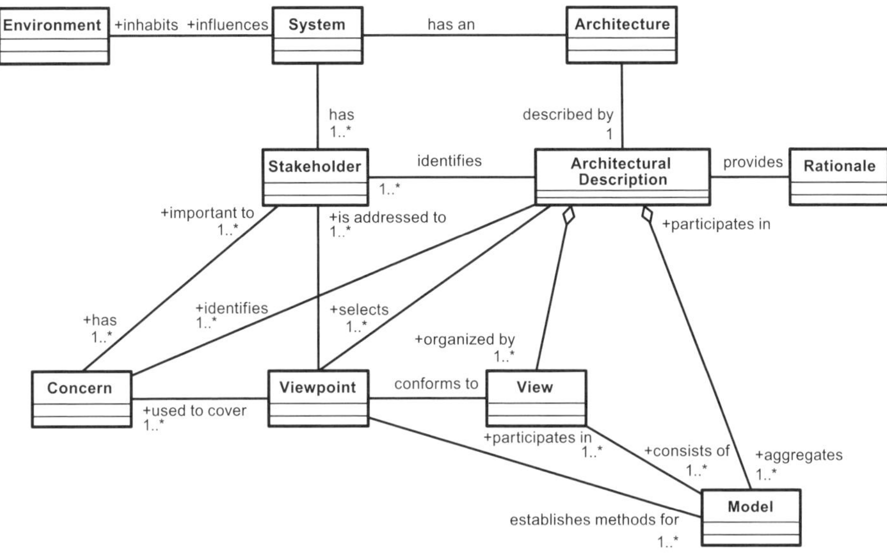

Abb. 2–9 *Kernelemente des konzeptionellen Modells gemäß IEEE-Standard 1471-2000*

Darüber hinaus hat ein System eine Reihe von Interessenvertretern. Die Interessenvertreter haben eine Menge von Anliegen (Concerns). Die Architekturbeschreibung nimmt die Anliegen der Interessenvertreter auf und begründet damit die getroffenen Architekturentscheidungen in den Begründungen (Rationales).

Dabei greift der Standard den weit verbreiteten Kerngedanken von vielen Softwarearchitekturansätzen auf, dass Architekturbeschreibungen Sichten (View) auf die Architektur beinhalten. Abbildung 2–10 illustriert das Konzept von Views. Abhängig vom Standpunkt (Viewpoint) hat man eine unterschiedliche Sicht auf die Architektur. Diese Standpunkte sind dabei durch Interessenvertreter und deren Anliegen motiviert.

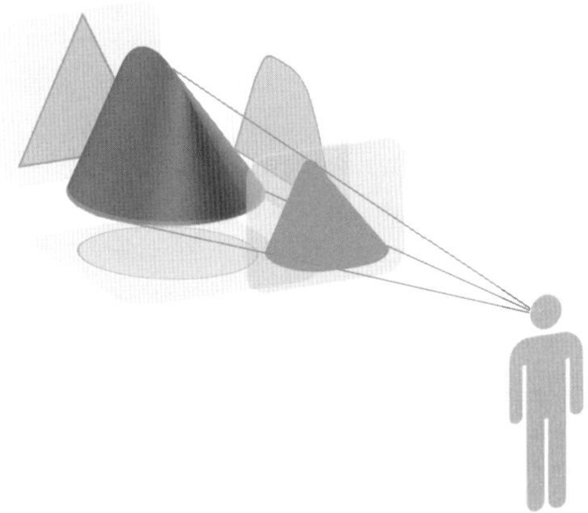

Abb. 2–10 *Sichten sind Projektionen der Softwarearchitektur.*

Studiert man nun den IEEE-Standard genauer, dann wird dort erwähnt, dass es sich dabei um Sichten im Sinne eines »functional view«, »physical view« oder »technical view« handelt, die in der Literatur häufig auch als eigene Architekturen oder Architekturebenen bezeichnet werden, also z.B. als »functional architecture« oder »functional level«.

»**view**: A representation of a whole system from the perspective of a related set of concerns.

viewpoint: A specification of the conventions for constructing and using a view. A pattern or template from which to develop individual views by establishing the purposes and audience for a view and the techniques for its creation and analysis.«

[IEEE 1471-2000, S. 3 + 4]

In anderen Architekturansätzen, wie z.B. dem 4+1-Architekturmodell von Kruchten [Kru95], sind die Sichten durch die unterschiedlichen Beschreibungsaspekte in unterschiedlichen Diagrammen motiviert. So stehen in Kruchtens logischer Sicht Bausteine und deren Beziehungen im Vordergrund, in der Prozesssicht hingegen sollen Prozesse und der Nachrichtenaustausch zwischen diesen dargestellt werden.

Darüber hinaus wird in der Literatur auch häufig von vielen unterschiedlichen Architekturen oder Architekturebenen gesprochen. So findet man Geschäftsprozessarchitekturen, IT-Architekturen, funktionale Architekturebenen, technische Architekturen, technische Infrastrukturarchitekturen, Verteilungsarchitekturebenen und vieles mehr (siehe z.B. [EH+08], [Sie03]).

Eine erfrischend originelle Unterscheidung in diesem Begriffswirrwarr sind die Siedersleben'schen »Blutgruppen« [SD00], wonach es beispielsweise eine Anwendungsarchitekturebene (Blutgruppe A) und eine technische Architekturebene (Blutgruppe T) gibt. Wie bei Blutgruppen ist auch bei den Architekturebenen Mischung unerwünscht. Eine andere Art der Unterscheidung findet sich im Zachmann Framework [O'RF+03]: Dort werden Architekturebenen in den zwei Dimensionen Rollen und Perspektiven unterschieden.

Zusammenfassend lässt sich festhalten, dass die Begriffe Architekturen, Architekturebenen und Sichten inzwischen fast schon inflationär für die Beschreibung von Architekturen verwendet werden. Vor diesem Hintergrund definieren wir ein einfaches konzeptionelles Modell für die Beschreibung von Softwarearchitekturen, das in Abbildung 2–11 dargestellt ist.

Eine Architekturbeschreibung besteht dabei aus einer Menge von Architekturebenen. Eine Architekturebene fasst eine Menge von Sichten zu einer sinnvollen Beschreibungseinheit zusammen. Sichten enthalten sowohl Texte als auch Diagramme, die wiederum in Modellen abgelegt sind.

Beispielsweise kann eine fachliche Architekturebene sowohl eine statische Sicht beinhalten, die aus einer Menge von statischen Diagrammen besteht (vgl.

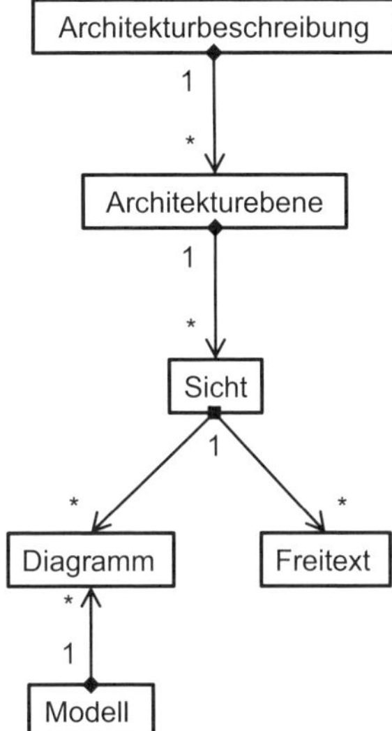

Abb. 2–11 *Konzeptionelles Modell der Beschreibung von Softwarearchitekturen*

Bausteinsicht, Kap. 3), wie auch eine dynamische Sicht, die aus einer Menge von Verhaltensdiagrammen besteht (vgl. Laufzeitsicht, Kap. 3). Dabei sind aber gerade auch die zusätzlichen Freitextbeschreibungen unverzichtbar, um die Architektur gut zu dokumentieren und verstehen zu können. Darüber hinaus sind die bereits erwähnten Begründungen der Architekturentscheidungen Bestandteil dieser Freitexte. Es kann sogar Sichten geben, die nur aus Freitext bestehen.

2.3.4 Architekturbeschreibung und Architekturebenen

Wie zuvor dargestellt, erfolgt die Beschreibung einer Architektur auf unterschiedlichen Ebenen. Die Auswahl und Organisation der Ebenen liefert einen ersten Bezugspunkt für die zugehörige Entwurfsmethodik. So findet man häufig Architekturebenen auf unterschiedlichen Abstraktionsstufen, wie z.B. auf abstrakter Ebene einen Architekturstil »Serviceorientierte Schichtenarchitektur«, und etwas konkreter dann die fachliche Architekturebene mit den konkreten fachlichen Entitäten und Services.

Abbildung 2–12 zeigt eine beispielhafte Aufteilung der Architekturbeschreibung in die vier Architekturebenen: Architekturstil, technische Infrastruktur, fachliche Anwendungsarchitekturebene und technische Architekturebene. Diese vier Ebenen unterscheiden sich wie dargestellt in zwei Dimensionen: sowohl durch die Abstraktionsstufe als auch durch die betrachtete Perspektive (fachlich vs. technisch).

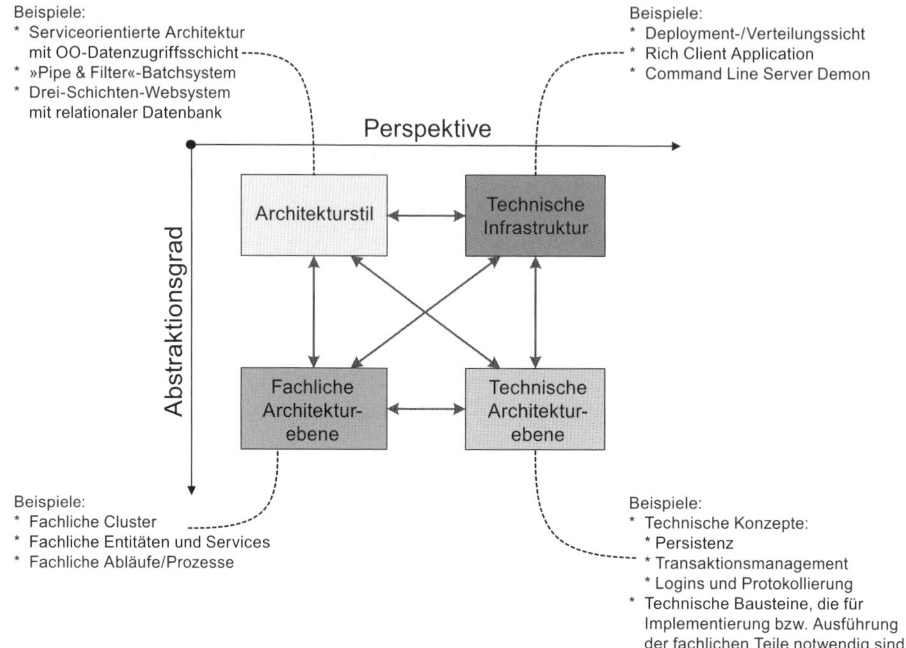

Abb. 2–12 *Einordnung der Architekturebenen in der Architekturbeschreibung*

Wie die Pfeile zwischen den Ebenen illustrieren, können die Architekturebenen zwar für sich alleine betrachtet werden, allerdings beeinflussen sie sich gegeneinander und sind somit voneinander abhängig. So greifen natürlich die konkreteren Architekturebenen, die fachliche und technische, die Vorgaben des Architekturstils und der technischen Infrastruktur auf. Umgekehrt beeinflussen die konkreten Entwürfe der fachlichen und technischen Architekturebene die Vorgaben in den höheren Architekturebenen. Analoge Zusammenhänge lassen sich in der anderen Dimension finden. So liefert beispielsweise die technische Architektur konkrete Konzepte für die Persistenz oder das Transaktionsmanagement, die wiederum in der fachlichen Architekturebene aufgegriffen werden müssen. Umgekehrt liefert die fachliche Architekturebene die Vorgaben dafür, welche Persistenzkonzepte überhaupt benötigt werden.

Der Architekturstil ist dabei die zentrale Architekturmetapher des Systems, wie z.B.: »Unser Softwaresystem ist nach einer Drei-Schichten-Architektur unter Verwendung eines Model-View-Controllers in der Präsentationsschicht und einem objektrelationalen Mapping in der Datenhaltungsschicht strukturiert.« Die technische Infrastruktur hingegen fixiert die Netzwerkschnitte der Architektur, wie z.B.: »Wir haben einen Thin Client mit einem Web- und Application-Container und einer relationalen Datenbank.«

In den detaillierteren Architekturebenen erfolgt die sichtenbasierte Beschreibung der fachlichen und technischen Architekturebene (vgl. dazu auch [SD00]).

Dabei werden in der fachlichen Architekturebene für die Umsetzung der funktionalen Anforderungen entsprechende Anwendungsbausteine und deren Zusammenhänge entworfen. So kann z.B. hier ein Entwurf für ein generisches Versicherungsproduktmodell erfolgen, das es ermöglicht, unterschiedliche Versicherungsprodukte in der Anwendung abzubilden.

Im Gegensatz dazu werden in der technischen Architekturebene für die relevanten Aspekte aus den nichtfunktionalen Anforderungen querschnittliche Lösungsbausteine konzipiert und dokumentiert. So kann z.B. eine Versionierung aller fachlichen Entitäten notwendig sein. Hierfür wird in der technischen Architektur eine Lösung entworfen. Die fachlichen Entitäten der Anwendungsarchitekturebene können dann diese allgemeine Lösung aus der technischen Architekturebene verwenden.

2.3.5 Wechselwirkungen zwischen Softwarearchitektur und Umgebung

Bereits in Abbildung 2–10 ist dargestellt, dass die Architektur eines Systems nicht im luftleeren Raum entsteht. Vielmehr wird sie von der Umgebung beeinflusst und umgekehrt. In der Literatur wird für diese, die eigentliche Softwarearchitektur umgebenden Elemente ebenfalls häufig der Begriff Architektur verwendet, wie z.B. eine Geschäftsprozessarchitektur. Wir wollen auch hier den Begriff Architektur bewusst vermeiden, um ihn nicht überzustrapazieren. Stattdessen verwenden wir hier verstärkt die Begriffe Umgebung oder Landschaften. Abbildung 2–13 zeigt die wesentlichen Umgebungsbereiche im Kontext der Softwarearchitektur und die dabei beteiligten Rollen:

- **Projektumfeld und Projektmanagement:**
  Im Umfeld eines Systems existiert in der Regel eine Vielzahl von Anwendungen und Projekten. Diese existierende und sich kontinuierlich verändernde Projekt- und Anwendungslandschaft hat häufig große Auswirkungen auf die in Entwicklung befindliche Softwarearchitektur. Werden andere Projekte oder Anwendungen zusätzlich aufgesetzt oder überraschend beendet, kann dies enorme Auswirkungen auf Schnittstellen zu dem System haben, für das eine Softwarearchitektur entwickelt werden soll.
- **Produktmanagement und Requirements Engineering:**
  Produktmanagement und Requirements Engineering liefern funktionale und insbesondere nichtfunktionale Anforderungen an das System. Diese Anforderungen können sich im Laufe des Projekts verändern und somit auch die Architektur beeinflussen. Umgekehrt kann die Architektur aber auch aufzeigen, welche Anforderungen Zielkonflikte mit anderen Anforderungen oder mit den Rahmendaten des Projekts erzeugen. So kann die Architektur auch Anstöße für die Änderung von Anforderungen erzeugen.

- **Ausführungsplattform und Betrieb:**
Ausführungsplattform und Betriebsorganisation sind meist in den Organisationen schon vorhanden. Neue Softwaresysteme sollten diese, wenn möglich, nutzen. Dementsprechend müssen im Rahmen des Architekturentwurfs diese berücksichtigt werden. Auf der anderen Seite können sich aus der Architektur auch neue Anforderungen an die Plattform und die Betriebsorganisation ergeben.
- **Werkzeugumgebung und Entwicklung:**
Letztlich muss die Architektur umgesetzt werden. Hierfür sind entsprechende Werkzeuge und eine Entwicklungsorganisation notwendig. Für die ausgewählten Programmiersprachen, Frameworks und Technologien müssen auch entsprechende Entwicklungsumgebungen bereitgestellt werden. Umgekehrt kann die Architektur auch neue Anforderungen an Werkzeuge und die Entwicklungsorganisation stellen. Beispielsweise kann aufgrund der ausgewählten Technologie eine Erweiterung der Testinfrastruktur notwendig werden.

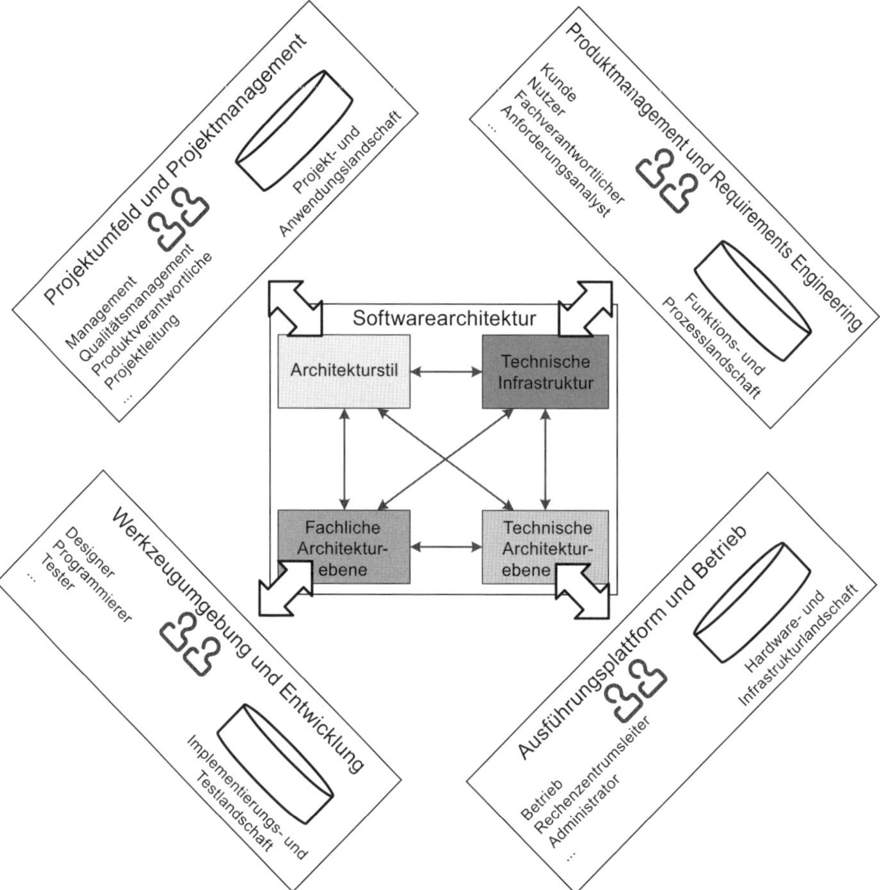

Abb. 2-13 *Softwarearchitektur wird von der Umgebung beeinflusst und umgekehrt.*

2.3.6 Qualität und Nutzen der Softwarearchitektur

Aber wann ist eine Softwarearchitektur, die man entworfen hat oder einem vorgelegt wurde, auch eine gute Softwarearchitektur? [BCK03] definieren eine gute Architektur als solche, die es einem Projekt und dem System ermöglicht, seine Ziele im Sinne des magischen Vierecks – Kosten, Zeit, Funktionalität und Qualität – zu erfüllen und dabei den Lebenszyklus entsprechend zu berücksichtigen. Dabei gilt auch für die Qualität einer Architektur wie für jede Qualitätseigenschaft, dass sie subjektiv, also abhängig von dem Betrachter ist [ISO/IEC 9126].

Das heißt, eine Softwarearchitektur ist mehr oder weniger fit für die gegebenen Ziele, Anforderungen, zukünftige Herausforderungen oder Probleme. Die nach außen wahrnehmbare Qualität einer Softwarearchitektur kann nur im Kontext konkreter Qualitätsziele bewertet werden. Diese Qualitätsziele werden von den Anforderungen, insbesondere von den nichtfunktionalen Anforderungen und geforderten Qualitätseigenschaften abgeleitet. Sie sind somit spezifisch für das konkrete Softwaresystem.

Nicht selten sind die nichtfunktionalen Anforderungen und die geforderten Qualitätseigenschaften aber nicht ausreichend und vollständig beschrieben. Auch hier lohnt sich ein Blick in den ISO-Standard 9126 [ISO/IEC 9126]. Dort werden bereits übergeordnete Qualitätsmerkmale, die sogenannten FURPS-Merkmale, definiert:

- Functionality (*Funktionalität*)
- Usability (*Benutzbarkeit*)
- Reliability (*Zuverlässigkeit*)
- Performance (*Effizienz*)
- Supportability (*Änderbarkeit*)

Diese Qualitätsmerkmale sind gute Ausgangspunkte, um daraus weitere Qualitätseigenschaften für die Softwarearchitektur und das Softwaresystem abzuleiten. Darüber hinaus können auch die existierenden nichtfunktionalen Anforderungen und die geforderten Qualitätseigenschaften anhand der FURPS-Merkmale auf Vollständigkeit geprüft werden (vgl. auch Abschnitt 2.2.6). Neben der von außen wahrnehmbaren Qualität gibt es aber auch die Qualität, die der Nutzer nicht direkt bei der Benutzung bemerkt. So werden bei dem Produktdesign heutiger Fahrzeuge bereits die Fahrzeugbestandteile so entworfen und verbaut, dass ein späteres Recycling der Materialen leichter möglich ist, um beispielsweise edle Metalle wie Zink oder seltene Erden wiederzuverwenden. Diese Qualitätseigenschaften spürt der Kunde und Nutzer des Fahrzeugs nicht direkt, sondern ggf. nur indirekt über den Preis des Fahrzeugs.

Derartige nicht sofort für den Nutzer spürbare Qualitätsziele sind auch inhärent mit der Softwarearchitektur definiert, unabhängig vom konkreten softwareintensiven System. Wird im Rahmen der Systementwicklung die Softwarearchitektur als ein zentraler Wert definiert, so ergibt sich dadurch implizit eine Reihe von Qualitätszielen: Die Softwarearchitektur muss beispielsweise einfach verständlich, nachvollziehbar, aktuell dokumentiert und korrekt implementiert sein. Einfache Entwicklung und strukturierte Projektorganisation müssen durch die Architektur befördert werden. Darüber hinaus soll sie einen einfachen und ökonomischen Betrieb, Erweiterbarkeit und Wartbarkeit des Systems garantieren. Eine möglichst hohe Wiederverwendung von existierenden Bausteinen aus Qualitäts- und ökonomischen Gründen ist wünschenswert.

2.4 Der Softwarearchitekturentwurf aus der Vogelperspektive

Wie bereits eingangs dargestellt, sind Requirements Engineering und Architekturentwurf zwei zentrale Schlüsselfaktoren für eine erfolgreiche Softwareentwicklung. Das Risiko von Fehlentwicklungen ist in diesen Bereichen besonders hoch, deshalb bieten sie auch das größte Risikominimierungs- und Verbesserungspotenzial.

Dabei genügt es nicht, die zwei Bereiche isoliert voneinander zu betrachten. Vielmehr ist auf eine durchgängige Integration der Bereiche Requirements Engineering und Architekturentwurf zu achten. Beide müssen Hand in Hand gehen, um sich gegenseitig positiv zu beeinflussen. Das sogenannte »Twin Peaks Model« (vgl. [Nus01]) stellt diesen Zusammenhang in den Vordergrund: Es fordert die iterative Verzahnung von Requirements Engineering und Architekturentwurf, wie in Abbildung 2–14 dargestellt.

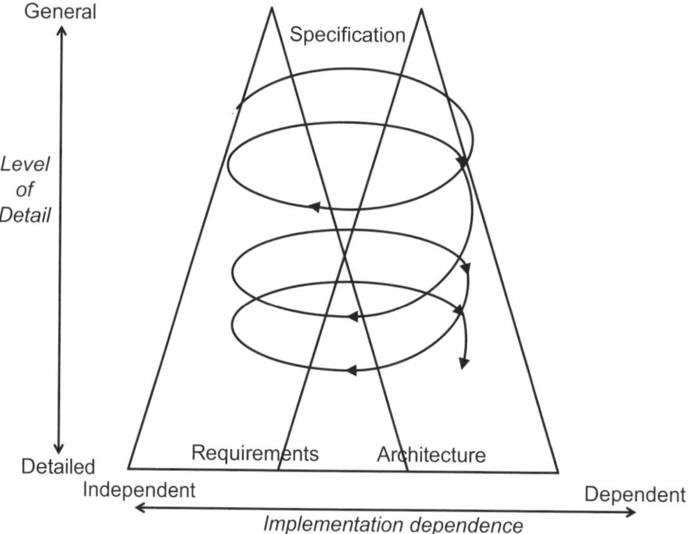

Abb. 2–14 *Das »Twin Peaks Model« [Nus01]*

So können beispielsweise die Auswirkungen von Anforderungen im Hinblick auf den Aufwand erst dann realistisch abgeschätzt werden, wenn eine erste Grobarchitektur zur Verfügung steht. Präsentiert man dann die auf Basis der Grobarchitektur abgeschätzten Aufwände dem Kunden, so ist dieser nicht selten gerne bereit, auf die eine oder andere Anforderung zu verzichten. Umgekehrt können aber mögliche existierende Entwurfsalternativen dem Anforderungsträger aufzeigen, dass bei den Anforderungen noch die eine oder andere Lücke klafft (siehe auch [HM+07]).

2.4.1 Ziele und Aufgaben des Softwarearchitekturentwurfs

Kernaufgabe des Softwarearchitekturentwurfs ist es, einen Konstruktionsweg zu finden, mit dem die funktionalen und nichtfunktionalen Anforderungen aus dem Requirements Engineering in einer fertig konstruierten Lösung umgesetzt sind. Dieser Weg ist aber keine Einbahnstraße, wie oben anhand des Twin Peaks Model in Abbildung 2–14 dargestellt.

Vielmehr ist es ein wechselseitiges Aufeinander-Zugehen vom »Wunschkonzert« des Requirements Engineering und dem »Lagerplatz« des Softwarearchitekten mit existierenden Lösungskomponenten, Bausteinen und anderen Architekturartefakten. Wie Abbildung 2–15 illustriert, erarbeitet sich der Softwarearchitekt auf diesem Weg den Bauplan für das zukünftige Softwaresystem in Abstimmung mit allen beteiligten und relevanten Stakeholdern, wie z.B. Requirements Engineer, Kunde, Nutzer, Entwickler, Tester oder Betreiber.

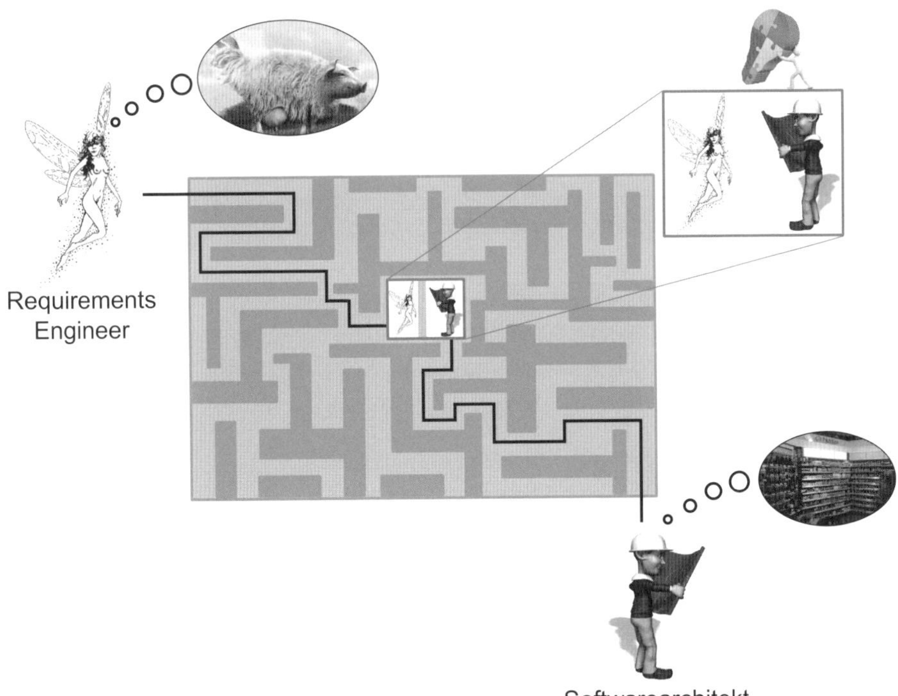

Abb. 2–15 *Der lange Marsch des Softwarearchitekten*

Da ein neu oder weiter zu entwickelndes System nie isoliert zu betrachten ist, müssen dabei die Schnittstellen zu anderen Systemen, den betroffenen Organisationen, den Ausführungsplattformen wie auch der Umsetzungsinfrastruktur berücksichtigt werden. Die Schnittstellen, Vorgaben und Randbedingungen durch die vier angrenzenden Bereiche (siehe Abb. 2–13) sind vom Architekten entsprechend zu berücksichtigen und mitzugestalten.

Darüber hinaus hat der Architekt den gesamten Lebenszyklus des zu entwickelnden Systems wie auch der genannten umgebenden Bereiche mit zu berücksichtigen. Denn Architektur bedeutet immer auch Investition in tragende Elemente, um an anderen Stellen Flexibilität und Erweiterbarkeit zu gewinnen. Dies bedarf aber der Betrachtung der entsprechenden Lebenszyklen, sonst ist die Investition nicht sicher.

2.4.2 Der Softwarearchitekturentwurf im Überblick

Softwarearchitektur wird nicht im stillen Kämmerlein entwickelt, sondern erfordert Teamarbeit, die darüber hinaus mit vielen Projektbeteiligten diskutiert wird. Deshalb ist es notwendig, im Projekt selbst wie auch im Projektumfeld ein gemeinsames Verständnis darüber zu entwickeln, was Bestandteil einer Softwarearchitektur ist und was nicht. Dazu gehört auch eine gemeinsame Nomenklatur für die wichtigsten Begriffe wie z.B. Schnittstelle oder Baustein.

Der Architekt hat dabei nicht nur Schnittstellen mit dem Requirements Engineering zu berücksichtigen, sondern auch noch mit anderen Disziplinen und Rollen in der Softwareentwicklung, wie in Abbildung 2–13 dargestellt. Ausgehend von den Randbedingungen und Vorgaben dieser umgebenden Bereiche entwirft der Softwarearchitekt die Softwarearchitektur. Damit legt er die wesentlichen Aspekte der Lösung fest, wie z.B. Bausteinstruktur und Interaktionsmuster. Dabei ist der Architekturentwurf für sich allein betrachtet bereits kein sequenzieller Prozess. Selbst ein iteratives Vorgehen wird dem Wesen des Architekturentwurfs nicht gerecht. Man kann die einzelnen Aufgaben im Architekturentwurf nicht sinnvoll in eine lineare Reihenfolge bringen. Stattdessen teilen wir, wie Abbildung 2–16 zeigt, den Architekturentwurf in vier gleichberechtigte Tätigkeiten auf:

- **Anforderungen und Randbedingungen analysieren:**
  Zentrale Aufgabe der Architekturanalyse ist es, die funktionalen und insbesondere nichtfunktionalen Anforderungen aus dem Requirements Engineering im Kontext der anderen umgebenden Bereiche (vgl. Abb. 2–13) zu untersuchen. Dabei müssen Qualität und Stabilität der Anforderungen überprüft werden. Lücken in den Anforderungen müssen aufgedeckt werden. Gerade bei den nichtfunktionalen Anforderungen muss hier noch meist nachgebessert werden, da die Anforderungsträger diese häufig als selbstverständlich verstehen. In Zusammenarbeit mit allen Projektbeteiligten – insbesondere den Desi-

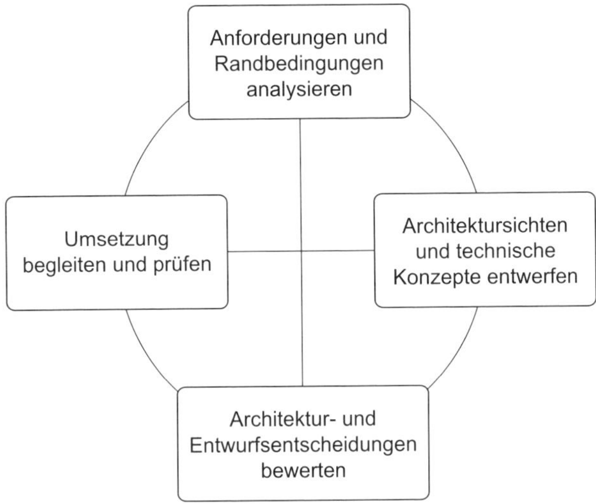

Abb. 2–16 *Iterativ und inkrementell durchgeführte Schritte beim Architekturentwurf*

gnern und Entwicklern – ist ein erstes Verständnis für Architekturstil und technische Infrastruktur zu entwickeln. Dies ist die zentrale Architekturmetapher des Systems, wie z.B.: »Unser Softwaresystem ist nach einer Drei-Schichten-Architektur unter Verwendung eines Model-View-Controller in der Präsentationsschicht und eines webbasierten Thin Client mit einem objektrelationalen Mapping in der Datenhaltungsschicht strukturiert.«

Architektursichten und technische Konzepte entwerfen:
Hier wird die Architektur detaillierter ausgearbeitet. Es erfolgt insbesondere auch die sichtenbasierte Beschreibung der unterschiedlichen Architekturebenen wie z.B. der fachlichen und der technischen (vgl. auch Abb. 2–13). Dabei gilt es, die funktionalen Anforderungen auf die entsprechende fachliche Architekturebene herunterzubrechen, sowie für die relevanten Aspekte aus den nichtfunktionalen Anforderungen entsprechende querschnittliche Lösungsbausteine in der technischen Architekturebene zu konzipieren und zu dokumentieren (vgl. auch Kap. 3). Der grundsätzliche Lösungsrahmen aus dem Architekturstil und der technischen Infrastruktur muss dabei entsprechend beachtet werden.

Architektur und Entwurfsentscheidungen bewerten:
Die erarbeitete Architektur muss qualitätsgesichert werden. Hier können die unterschiedlichen Techniken angewendet werden, angefangen von den diversen Reviewtechniken über technische Prototypen und Tests bis hin zu analysierenden und bewertenden Verfahren. Entscheidend hierbei ist, dass man aus den Anforderungen konkrete Szenarien abgeleitet hat, um die Qualität der Architektur sicherzustellen (siehe auch Kap. 4).

- **Umsetzung begleiten und überprüfen:**
  Von ihrer Bedeutung her häufig unterschätzt ist die vierte Aufgabe des Architekten: das Kommunizieren der Softwarearchitektur an alle Projektbeteiligten. Nur wenn alle – vom Entwickler bis zum Kunden – die Softwarearchitektur verstanden und akzeptiert haben, wird sie erfolgreich umgesetzt werden und so ihre erhoffte Wirkung entfalten. Dabei muss die Softwarearchitektur natürlich so kommuniziert werden, dass der Kommunikationspartner diese auch verstehen kann. Das heißt, dem Kunden wird man die Architektur auf einem anderen Detaillierungsgrad erklären als dem Entwickler. Auch dies ist keine Einbahnstraße, sondern ein Voneinander-Lernen und Verstehen. Bei Begleitung der Architekturumsetzung wird diese mit den Projektbeteiligten reflektiert und so ggf. noch offene Punkte, Verbesserungspotenzial, Fehler und Weiterentwicklungsrichtungen identifiziert.

Auf Basis dieser Konzepte sollte auch eine effektive Werkzeugunterstützung aufgebaut werden. Mit ihr können die einzelnen Tätigkeitsbereiche des Softwarearchitekturentwurfs möglichst optimal unterstützt werden, beispielsweise zur Analyse und Verwaltung der Anforderungen, zur Bearbeitung von Architekturmodellen und der Dokumentation, zur Qualitätssicherung und schließlich zur Kommunikation. Für diese einzelnen Aufgabenbereiche existieren bereits eigenständige Werkzeuglösungen (siehe auch Kap. 6). Diese isolierten Werkzeugunterstützungen müssen möglichst nahtlos integriert werden, um so eine dem Architekten möglichst effektiv zur Verfügung zu stellen. Besonders vor dem Hintergrund, dass der Entwurfsprozess nicht sequenziell, sondern eher iterativ und inkrementell, ja sogar nebenläufig durchgeführt wird, ist es besonders wichtig, die Lücken zwischen den einzelnen Werkzeugen zu schließen.

2.4.3 Wechselspiel der Tätigkeiten und Abstraktionsstufen im Entwurf

Wie bereits dargestellt, können die einzelnen Tätigkeiten im Softwarearchitekturentwurf nicht sinnvoll in eine lineare Ordnung gebracht werden. Vielmehr sind sie gleichberechtigte Bereiche, denen sich der Softwarearchitekt je nach konkreter Projektsituation entsprechend zuwenden muss. Der Architekturentwurf ist ein stetiges Wechselspiel zwischen den Tätigkeiten aus Abbildung 2–16:

- Anforderungen und Randbedingungen analysieren
- Architektursichten und technische Konzepte entwerfen
- Architektur und Entwurfsentscheidungen bewerten
- Umsetzung begleiten und prüfen

Im Rahmen des Architekturentwurfs führt der Softwarearchitekt diese vier Tätigkeiten quasi gleichzeitig in beliebiger, für ihn sinnvoller Abfolge entsprechend den Projektnotwendigkeiten und dem -kontext aus. Dieses iterative und inkrementelle Wechselspiel der Tätigkeiten geht einher mit einem Top-down- und Bottom-up-Wechsel der Abstraktionsstufen und Perspektiven aus Abbildung 2–13:

- Vorgaben und Randbedingungen der umgebenden Bereiche
- Softwarearchitektur mit Abstraktionsstufen, beispielsweise
  - Architekturstil und technische Infrastruktur
  - fachliche und technische Architekturebene
- Programmdesign und Implementierung

So wechselt man im Architekturentwurf von der obersten Abstraktionsstufe der Randbedingungen und Vorgaben der umgebenden Bereiche über die Abstraktionsstufen in der Softwarearchitektur – im Beispiel der Architekturstil und die technische Infrastruktur sowie die fachliche und technische Architekturebene – bis zu der untersten Abstraktionsstufe, dem Softwareprogramm selbst, dem Programmdesign und der Implementierung. Der Architekturentwurf ist somit ein kontinuierlicher Fluss zwischen Top-down und Bottom-up innerhalb der Abstraktionsstufen, der einhergeht mit einem stetigen Wechsel der Tätigkeiten, die iterativ und inkrementell durchgeführt werden. Dieser Zusammenhang ist in Abbildung 2–17 illustriert.

Dabei werden vom Projektumfeld und dem Projektmanagement der Projektrahmen und die Randbedingungen für den Architekturentwurf vorgegeben. Hier liefert der Architekturentwurf etwas zurück, z.B. technische Projektrisiken oder Planungsinformationen.

Destilliert durch das Requirements Engineering kommen vom Anforderungsträger die funktionalen und nichtfunktionalen Anforderungen für den Architekturentwurf. Dieses ist aber keine Einbahnstraße, wie bereits oben dargestellt. Vielmehr spiegelt der Architekturentwurf die Möglichkeit der Realisierbarkeit der Anforderungen und deren Konsequenzen für das Requirements Engineering zurück.

Darüber hinaus muss bereits beim Architekturentwurf die teilweise oder vollständig vorhandene technische Infrastruktur, beispielsweise Serverinfrastruktur, Betriebssysteme oder Vorgaben für Programmiersprachen, und die Betriebsorganisation berücksichtigt werden. Gerade die Schnittstelle zum Betrieb wird bei der Entwicklung viel zu häufig vernachlässigt, was zu großen Problemen beim Ausrollen führen kann. Und wiederum gilt, dass dies keine Einbahnstraße ist: Der Architekturentwurf kann zu neuen Anforderungen an die technische Infrastruktur führen, wie z.B. einem weiteren Ausbau der Serverlandschaft oder der Integration einer weiteren Middleware.

Und schließlich liefert der Architekturentwurf die Vorgaben für das Feindesign und die Programmierung. Aber auch hier sind Rückflüsse möglich und notwendig. So können bei der Umsetzung der Softwarearchitektur unvorhergesehene Probleme auftreten. Werden diese nicht dem Softwarearchitekten kommuniziert, sondern eine vermeintlich einfache Lösung umgesetzt, so kann dies die ganze

Architektur unterwandern. Deshalb ist es wichtig, dies mit dem Softwarearchitekten zu diskutieren und gemeinsam eine Lösung zu entwickeln, die unter Umständen auch zu einer Änderung in der Architektur führen kann.

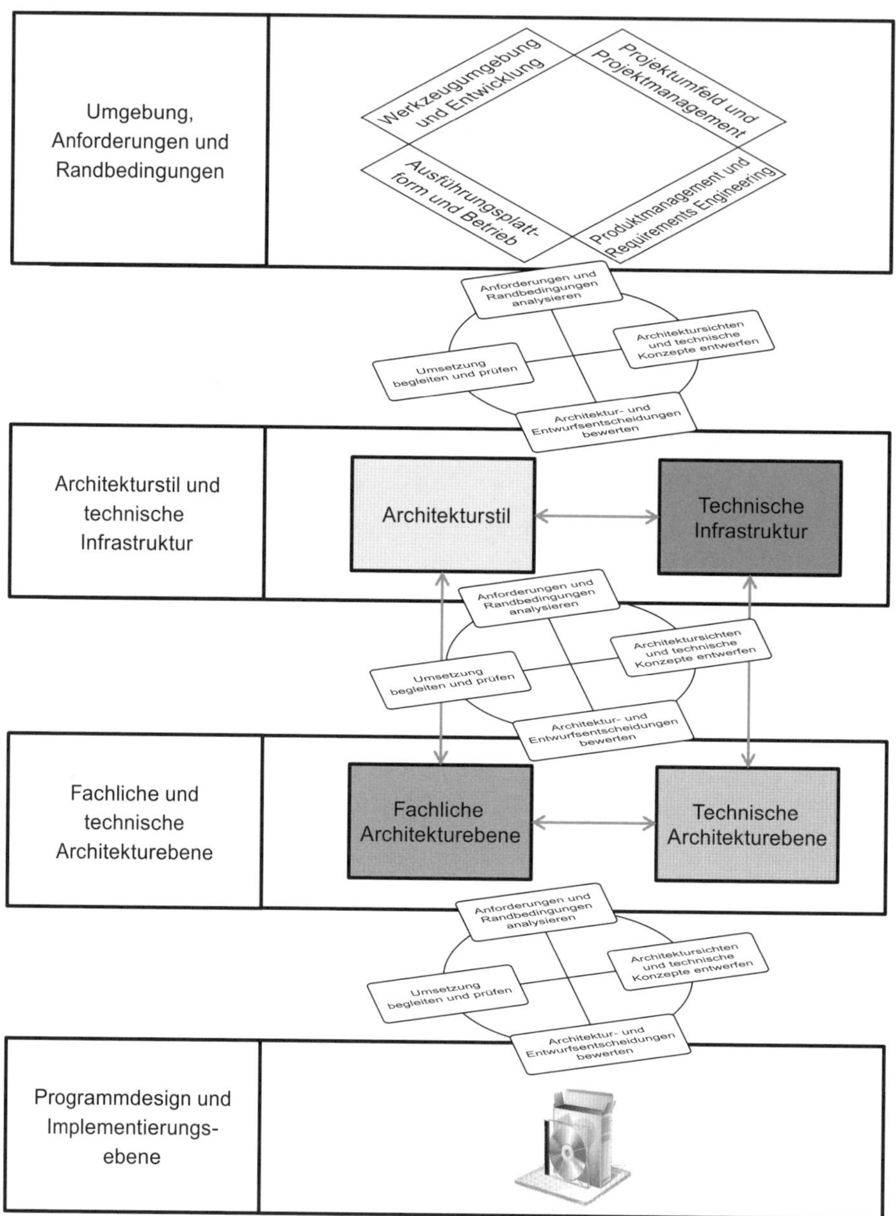

Abb. 2–17 *Der Softwarearchitekturentwurf im Überblick*

2.4.4 Aufgaben des Softwarearchitekten und Bezug zu anderen Rollen

Aufgabe des Architekten ist es, aus den funktionalen und nichtfunktionalen Anforderungen unter Berücksichtigung der Vorgaben und Randbedingungen der anderen umgebenden Bereiche einen Bauplan für das System zu entwickeln. Nach diesem Bauplan richten sich dann Erstellung, Wartung, Pflege und Weiterentwicklung aus. Hierfür ist eine vollständige und prägnante Architekturbeschreibung zu erstellen. Die Architekturbeschreibung dient dabei einerseits als Kommunikations- und Diskussionsplattform, andererseits auch als Design- und Implementierungsplan. Wie Abbildung 2–18 zeigt, hat der Architekt dabei eine Vielzahl von Schnittstellen zu fast allen Rollen in einem Softwareentwicklungsprojekt zu bedienen.

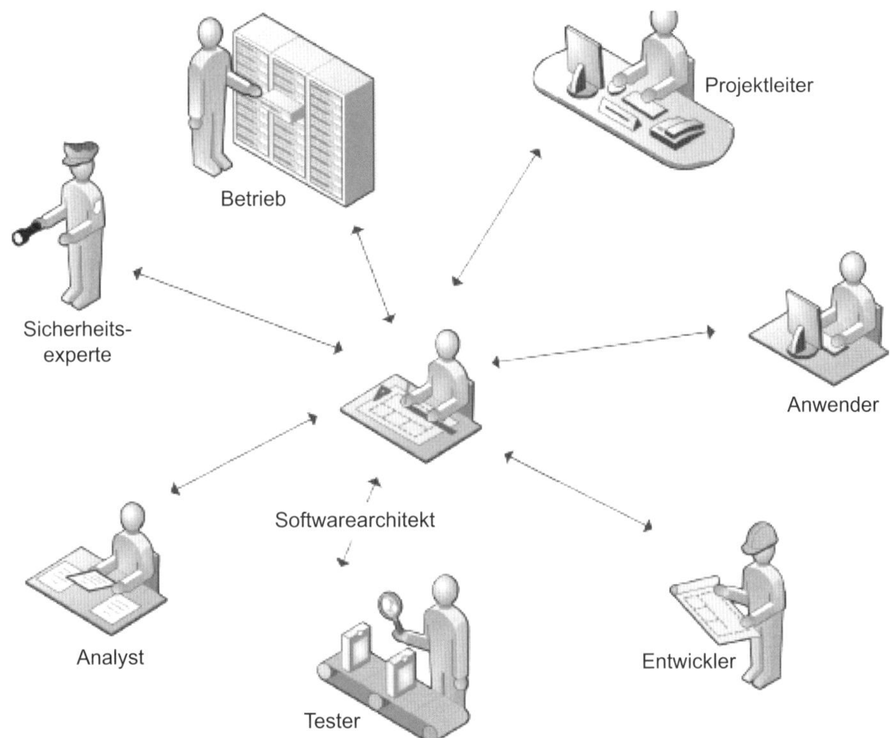

Abb. 2–18 *Der Softwarearchitekt in Bezug zu den angrenzenden Rollen*

- **Kommunikations- und Diskussionsplattform:**
  Anhand der Architektur stellt der Architekt gegenüber dem Requirements Engineer, dem Kunden und ggf. dem Nutzer die Machbarkeit der Anforderungen dar. Dabei unterstützt er bei dem Zuordnen, Priorisieren und Reflektieren von funktionalen und nichtfunktionalen Anforderungen. Er kann Widersprüche erkennen und letztlich dafür garantieren und sorgen, dass die

Anforderungen umgesetzt werden können. Er zeigt Integrationsmöglichkeiten von existierenden Lösungen und Systemen auf und gleicht die Anforderungen mit der existierenden Systemarchitektur und Hardware ab. Er erarbeitet, evaluiert und bewertet alternative Lösungsansätze. Und schließlich berät der Architekt anhand der Softwarearchitektur den Projektleiter bei der Projekt- und Iterationsplanung, unterstützt die Risikoanalyse und -vermeidung und unterstützt so bei der Definition der Arbeitsstrukturierung und -verteilung.

- **Design- und Implementierungsplan:**
  Für die Entwickler ist der Architekt ein zentraler Ansprechpartner. Er legt die Bausteine des Systems sowie deren Schnittstellen und Interaktionsmuster fest. Die Integration von neuen Technologien und innovativen Lösungsansätzen muss er vorantreiben und mit den Entwicklern diskutieren. Er leitet die Erarbeitung, Einführung, Schulung und Überprüfung von Programmierrichtlinien. Er hilft den Entwicklern bei der Erstellung von Prototypen und exemplarischen Teillösungen und forciert die Wiederverwendung von existierenden Implementierungen und Teilimplementierungen. Er erklärt die Architektur, macht Entwicklungsvorgaben, gibt seine Erfahrung weiter und führt Codereviews durch. Ebenso unterstützt er die Tester. Im Idealfall gibt er sogar Testrahmenbedingungen und konkrete Testfälle vor, insbesondere solche zur Überprüfung der konkreten Architekturziele. Er hilft bei der Festlegung von Reihenfolgen und Testabhängigkeiten. Schließlich nimmt er architekturrelevante Fehlermeldungen entgegen. Er ist auch zentraler Ansprechpartner für Organisationsrollen, wie z. B. Betrieb, Sicherheitsexperte und ähnliche.

3 Beschreibung und Kommunikation von Softwarearchitekturen

Im vorangehenden Kapitel haben Sie eine Reihe von allgemeinen Grundbegriffen zu Softwarearchitekturen, aber auch Aufgaben für Softwarearchitekten kennengelernt. Eine der wichtigen Aufgaben ist die Beschreibung (Dokumentation) und Kommunikation von Softwarearchitekturen an ihre Stakeholder. Durch meist mündliche Kommunikation erfahren Softwarearchitekten, was sie schriftlich dokumentieren müssen, d.h., die Beschreibung bzw. Dokumentation und die verbale Kommunikation ergänzen sich.

Dieses Kapitel liefert Ihnen einen ersten Überblick über das konzeptionelle Rüstzeug zur Beschreibung bzw. Dokumentation von Softwarearchitekturen für ihre Stakeholder gemäß dem iSAQB-Lehrplan.

Behandelt werden folgende Themen: Sichten auf Softwarearchitekturen gemäß iSAQB, schablonenbasierte, einheitlich gegliederte Architekturdokumentation, Inhalte und Beschreibungselemente der iSAQB-Sichten, Querschnittsfragestellungen in Softwarearchitekturen, übliche Dokumenttypen zur Beschreibung von Softwarearchitekturen, Praxisregeln für Dokumentation sowie ausgewählte Architektur-Frameworks im Kurzüberblick.

Für die hier behandelten Softwarearchitekturen betrachten wir im Wesentlichen die fachliche (A-Architektur) und die technische Architekturebene (T-Architektur) im Sinne von Kapitel 2. Im Folgenden ist mit Architektur stets Softwarearchitektur gemeint.

Vertieft werden können diese und andere Themen z.B. durch [Clem03], [Sta11], [RH06], [DE++09].

3.1 Einbettung in den iSAQB-Lehrplan

Nachfolgend finden Sie einen Extrakt zum Kapitel »Beschreibung und Kommunikation von Softwarearchitekturen« aus dem iSAQB-Lehrplan [isaqb-lehrplan].

3.1.1 Was sollen die Teilnehmer können?

- Softwarearchitekturen Stakeholder-gerecht beschreiben und kommunizieren
- Definition wesentlicher Architektursichten und deren Bedeutung erläutern
- Dokumentieren verschiedener Architektursichten wie Bausteinsicht usw.
- Bedeutung übergreifender technischer Konzepte bzw. Architekturaspekte erklären und einige typische Konzepte benennen können
- Beschreibung und Kommunikation von Schnittstellen
- wesentliche Grundlagen und Qualitätsmerkmale technischer Dokumentation erläutern

3.1.2 Was sollen die Teilnehmer verstehen?

- Beschreibung (Dokumentation) ist schriftliche Kommunikation.
- Die Beschreibungsmittel für Softwarearchitekturen unterstützen auch bei deren Entwurf und Erstellung.
- Ausgewählte UML-Diagramme, die zur Notation von Architektursichten nützlich sind
- Nutzen von Template- bzw. schablonenbasierter Dokumentation
- Grundsätze guter technischer Dokumentation
- Wichtige Architekturentscheidungen sollen dokumentiert werden.
- Die Beschreibung von Softwarearchitekturen stellt besondere Anforderungen aufgrund der vielseitigen Stakeholder, unterschiedlichen Leserkreise und unterschiedlichen Autoren.

3.1.3 Was sollen die Teilnehmer kennen?

- Grundlagen mindestens zweier, am besten mehrerer der publizierten Frameworks zur Beschreibung von Softwarearchitekturen wie 4+1, TOGAF, IEEE-1471, arc42 usw.,
- Ideen und Beispiele von Checklisten für Softwarearchitekturen (vgl. auch Kap. 5),
- einige Werkzeuge zur Erstellung und Pflege von Architekturdokumentation (vgl. auch Kap. 6).

3.2 Das CoCoME-Beispiel

In diesem Buch wollen wir – wenn auch nicht ausschließlich – ein Anwendungsbeispiel verwenden, auf das immer wieder Bezug genommen werden kann. Hierzu haben wir das Common Component Modeling Example (CoCoME) ausgewählt (siehe [CoCoME], [RR++08]). Ziel von CoCoME ist es, einen Benchmark für komponentenbasierte Architekturansätze zur Verfügung zu stellen. Dazu steht

a) eine öffentlich zugängliche Implementierung einer Anwendung zur Verfügung. Diese Anwendung beinhaltet sowohl ein Informationssystem als auch ein eingebettetes System. Die Implementierung versucht aktuelle Architekturansätze umzusetzen, wie z.B. eine Schichtenarchitektur und ein Busarchitektur, bleibt aber trotzdem noch klein genug, um vollständig verstanden werden zu können.
b) eine UML-basierte Beschreibung der Architektur dieser Implementierung zur Verfügung. Dabei wurden insbesondere auch die von uns definierten Sichten für die Architekturbeschreibung verwendet.

In [RR++08] haben über 15 Gruppen jeweils mit ihrem Architekturansatz die Anwendung noch einmal beschrieben. Somit hat man einen guten Vergleich zwischen den unterschiedlichen Architekturansätzen.

Für unser Buch ist CoCoME ideal, um die Konzepte und Ansätze, die in den folgenden Kapiteln eingeführt werden, zu illustrieren. Vor diesem Hintergrund folgt hier eine kurze Einführung in die Anwendung von CoCoME.

3.2.1 Anwendungsfälle im CoCoME-System

Bei CoCoME handelt es sich um ein Anwendungssystem für eine Supermarktkette. Einerseits umfasst es alle Kernfunktionen der Supermarktkassen (vgl. Abb. 3–1): den Verkauf an der Kasse durch den Anwendungsfall UC 1: ProcessSale sowie darüber hinaus auch die Konfiguration der Kassen im Supermarkt. Falls in den letzten 60 Minuten mehr als 50 % aller Verkäufe weniger als acht Produkte umfassten und der Kunde mit Bargeld bezahlt hat, dann konfiguriert sich die Kasse zu einer Expresskasse (UC 2: ManageExpressCheckout). Das heißt, dass der Kunde dort dann nur noch mit maximal acht Produkten kommen darf und mit Bargeld bezahlen muss.

Darüber hinaus sind auch noch Anwendungsfälle für die Verwaltung des Warenbestandes enthalten, wie z.B. die Preisverwaltung für Waren (UC 7: ChangePrice). Über UC 5: ShowStockReports erhält man einen Überblick über den Warenbestand in einem Supermarkt. Über UC 3: OrderProducts kann man neue Waren bestellen und über UC 4: ReceiveOrderedProducts werden angelieferte Waren in das Warenlager des Supermarkts übernommen.

Da es sich um eine Supermarktkette handelt, gibt es auch noch Anwendungsfälle, die über den einzelnen Markt hinweg auf Ebene des Gesamtunternehmens operieren. So beispielsweise der Anwendungsfall UC 8: ProductExchangeAmongStores. Geht in einem Supermarkt der Bestand an bestimmten Produkten zur Neige, während in anderen Supermärkten aber noch genügend Vorräte lagern, macht diese Funktion entsprechend Vorschläge zur Verschiebung von Waren. Und über UC 6: ShowDeliveryReports wird dargestellt, wie lange die unterschiedlichen Lieferanten brauchen, um Waren zu liefern.

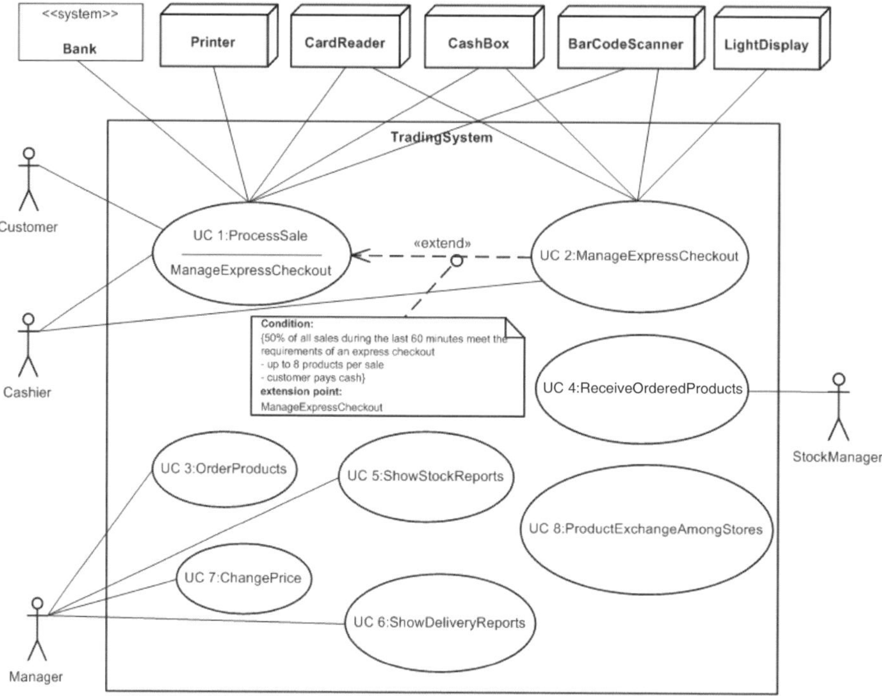

Abb. 3–1 *Zentrale Use Cases CoCoME*

3.2.2 Übersicht über den strukturellen Aufbau des CoCoME-Systems

Das CoCoME-System ist hierarchisch über die drei Ebenen Kasse, Supermarkt, Supermarktkette aufgebaut, wie Abbildung 3–2 zeigt. Die Kasse ist dabei mit einer Reihe von externen Hardwarekomponenten verbunden, die von ihr angesteuert werden: Drucker, Kartenleser, Geldschublade, Barcodeleser und das Expresslicht. Darüber hinaus besitzt die Kasse eine Schnittstelle zu den Banken für die Kartenabrechnung.

Alle Kassen sind mit einem zentralen Supermarktserver verbunden. Dort findet das Warenmanagement des Supermarkts statt. Sollte allerdings die Verbindung zwischen Kassen und Supermarktserver unterbrochen sein, so darf die Kasse deshalb aber nicht den Dienst verweigern. Daher sind die Kassen so ausgelegt, dass sie auch autonom arbeiten können. In der Konsequenz müssen die Kassen eine lokale Kopie der Produkt- und Preisdaten verwalten. Darüber hinaus müssen sie auch die verkauften Waren entsprechend zwischenspeichern und sich zu wohldefinierten Zeitpunkten mit dem Supermarktserver synchronisieren.

Dasselbe gilt natürlich auch für die Verbindung mit dem Server der Supermarktkette. Dieser beobachtet die Warenein- und -ausgänge in den Supermärkten und steuert die Supermarkt übergreifende Logistik. Dort werden auch die Lieferanten verwaltet. Sollte jedoch einmal die Verbindung zum Server der Supermarktkette nicht verfügbar sein, so muss es trotzdem für den einzelnen Supermarkt möglich sein, autark zu agieren.

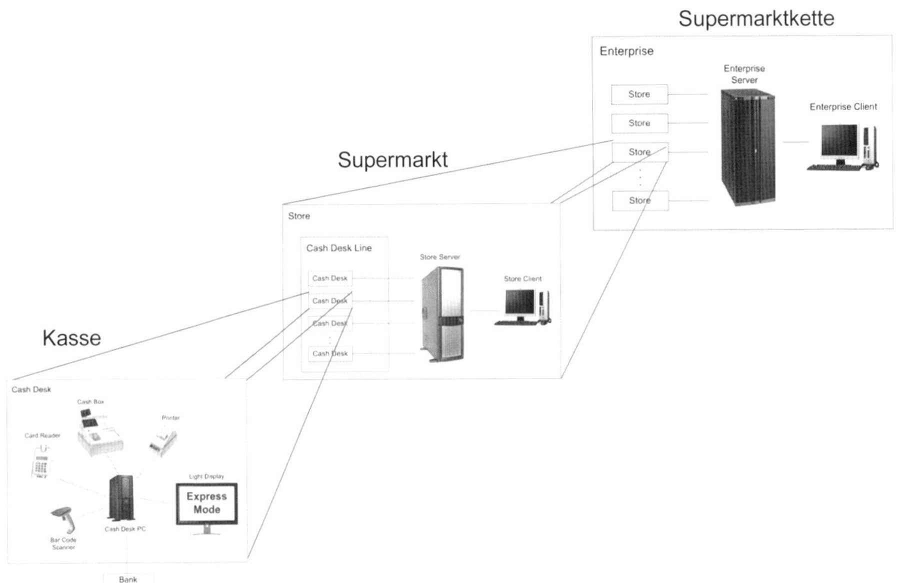

Abb. 3–2 *Übersicht CoCoME-Aufbau*

3.3 Sichten und Schablonen

Wie Sie bereits in Kapitel 2 gesehen haben, wird im Kontext von Softwarearchitekturbeschreibungen häufig der Begriff Architektursicht verwendet. Eine Architektursicht ist hierbei eine Repräsentation des Systems aus einer spezifischen Perspektive. Sie hebt wichtige Merkmale eines Betrachtungsgegenstands hervor und abstrahiert von Details, die für diese spezifische Perspektive unbedeutend sind. Hier möchten wir Ihnen einen Überblick und erste Richtlinien zu geben, wie Architektursichten sinnvoll beschrieben werden können.

Bei den in diesem Kapitel betrachteten Sichten wie Kontextsicht, Bausteinsicht usw. handelt es sich ausschließlich um Sichten gemäß Kapitel 2. Verkürzend werden wir diese oft nur »Sicht(en)« nennen. Wesentliche Begriffe und Abkürzungen wie »UML« oder »ER« setzen wir als bekannt voraus.

3.3.1 Bewährte Sichten nach iSAQB

In der Literatur zur Softwarearchitektur gibt es eine ganze Reihe verschiedener Ansätze zur Beschreibung von Softwarearchitekturen. Viele von ihnen verwenden Sichten.

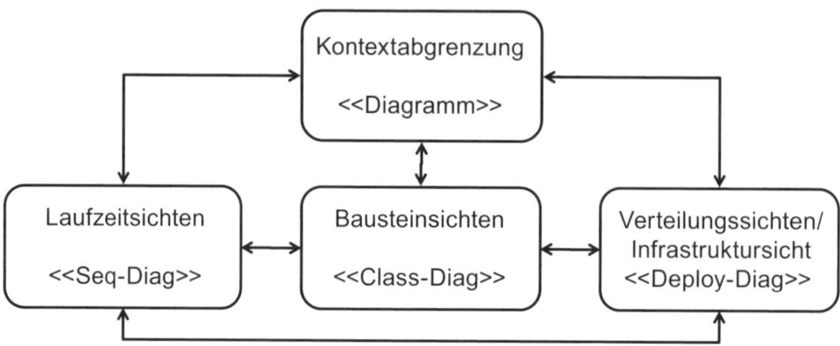

Abb. 3–3 *Bewährte Sichten nach iSAQB*

Im Rahmen des iSAQB-Lehrplans werden vor allem vier Sichten behandelt, die als bewährt und besonders praxisrelevant gelten. Sie lehnen sich an pragmatische Softwarearchitekturbeschreibungen nach der Schablone in [ARC42] an, die selbst wiederum mit dem »4+1«-Modell für Softwarearchitekturen [Kru95] verwandt ist. In Abbildung 3–3 werden diese vier Sichten und ihr Zusammenspiel dargestellt. Es handelt sich um:

1. Kontextsicht oder Kontextabgrenzung
   Diagramm mit (vorzugsweise) UML-Komponenten, mit »System unter Design« als Blackbox und allen externen Systemen und Nutzern als Akteure bzw. ebenfalls UML-Komponenten. Verteilungs- oder Deployment-Kontext entsprechend mit UML-Knoten-Symbolen.
2. Bausteinsicht
   UML-Komponenten- oder Top-Level-Klassendiagramme der funktionalen und ggf. technischen »Softwarebausteine« des Softwaresystems sowie ihrer Beziehungen untereinander
3. Laufzeitsicht
   Sequenz-, Aktivitäts- oder ähnliche Diagramme zur Illustration wesentlicher bzw. besonders wichtiger Abläufe besonders zwischen den Bausteinen (»innerhalb«) des Softwaresystems
4. Verteilungs- bzw. Infrastruktursicht
   Verteilung von Softwareartefakten des Softwaresystems auf Rechnerknoten, Netzwerke usw., also eine Abbildung der Software auf reale technische Infrastruktur

Mit diesen vier Sichten besitzen Sie oft schon eine ausreichende Basis zur Beschreibung ihrer Softwarearchitekturen. Weitere spezialisierte Sichten können für ihre Softwarearchitekturen jedoch ergänzend sinnvoll sein, wenn Sie damit beispielsweise ihre Stakeholder besonders gut ansprechen können. Einige Beispiele hierfür sind:

- Datensicht
  Detaillierte Beschreibung der Datenbankstrukturen eines Softwaresystems z.B. mithilfe eines »Entity Relationship (ER)«-Modells
- »Big Picture«
  Darstellung der »High Level«-Systemarchitektur zur Kommunikation mit der (die Mittel bewilligenden) Managementebene
- Masken- oder Ablaufsicht
  Bildschirmmasken- oder Webseiten-Ablaufdiagramme usw.

Allerdings sollten Sie für jede zusätzliche Sicht beachten, dass deren Erstellungs- und Wartungsaufwand hinzukommt, ihre gesamte Dokumentationsarbeit also entsprechend größer wird. Eventuell ist auch noch eine detaillierte Erläuterung der zusätzlich verwendeten Diagrammsymbole notwendig.

Alle Arten von Sichten können grundsätzlich mehrfach vorkommen, um bestimmte Teile bzw. Teilbereiche eines Softwaresystems herauszuarbeiten. Dies ist in Abhängigkeit von den Stakeholdern, der Kritikalität des Systems und der Komplexität bestimmter Teile des Systems zu entscheiden.

3.3.2 UML-Diagramme als Notationsmittel in Sichtenbeschreibungen

Zur Darstellung von Diagrammen innerhalb von Sichtenbeschreibungen bietet sich die Notation der Unified Modeling Language (UML) an ([UML-1a], [UML-1b], [UML-1c], [RQ+12], [Oes09]). Dies ist sinnvoll, da die UML-Notation heutzutage – seit ihrer Standardisierung durch die Object Management Group (OMG) 1997 – in der Praxis sehr stark verbreitetet ist. Sie können also einen hohen Bekanntheitsgrad zumindest von UML-Basiselementen in ihrer Zielgruppe für Softwarearchitekturen erwarten (sollten dies aber unbedingt prüfen, bevor Sie UML exzessiv nutzen). Als kurze Wiederholung stellt dieser Abschnitt deshalb einige wichtige UML-Diagramme für Softwarearchitekturen vor (die Sie als UML-Profi ruhig überspringen können).

Diagrammarten der UML 2

Die 2010 veröffentlichte Version 2.3 der UML ([UML-1b], [UML-1c]) enthält insgesamt 14 UML-Diagrammarten, die in je sieben Struktur- und Verhaltensdiagramme aufgeteilt sind. Sie finden diese in der folgenden Tabelle. Fett dargestellt sind dort (aus unserer Sicht) besonders wichtige UML-Diagramme für Sichtenbeschreibungen in Softwarearchitekturen.

UML 2.3-Strukturdiagramme	UML 2.3-Verhaltensdiagramme
UML-Klassendiagramm	**UML-Aktivitätsdiagramm**
UML-Kompositionsstrukturdiagramm	UML-Anwendungsfalldiagramm (auch: Use-Case-Diagramm)
UML-Komponentendiagramm	UML-Interaktionsübersichtsdiagramm
UML-Verteilungsdiagramm (auch: Infrastrukturdiagramm)	**UML-Kommunikationsdiagramm**
UML-Objektdiagramm	**UML-Sequenzdiagramm**
UML-Paketdiagramm	UML-Zeitverlaufsdiagramm
UML-Profildiagramm	UML-Zustandsdiagramm

Nachfolgend erklären wir in Kurzform je zwei UML-Struktur- und UML-Verhaltensdiagramme als Beispiele.

UML-Klassendiagramm

UML-Klassendiagramme zeigen die statische Struktur von Klassen und Beziehungen zwischen Klassen. Typische Beziehungen sind Assoziationen, Aggregationen, Spezialisierungen und Generalisierungen (vgl. Abb. 3–4). Beziehungen können unterschiedliche Kardinalitäten haben, z.B. gibt es 1:1-, 1:n- oder m:n-Beziehungen.

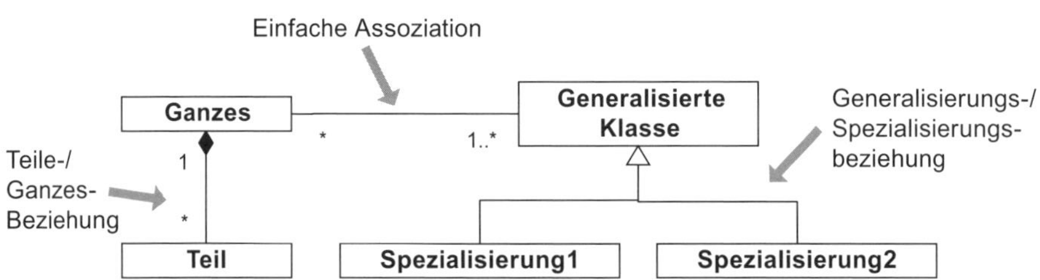

Abb. 3–4 *UML-Klassendiagramm mit verschiedenen Beziehungsarten*

UML-Komponentendiagramm

UML-Komponentendiagramme fassen Bausteine eines Softwaresystems zusammen und beschreiben sie mittels UML-Komponenten. UML-Komponenten verfügen über wohldefinierte Schnittstellen, über die sie in Verbindung mit anderen Systemteilen stehen. In Abbildung 3–5 sind zwei UML-Komponenten dargestellt, die über eine Ein- und eine Ausgabeschnittstelle miteinander in Verbindung stehen.

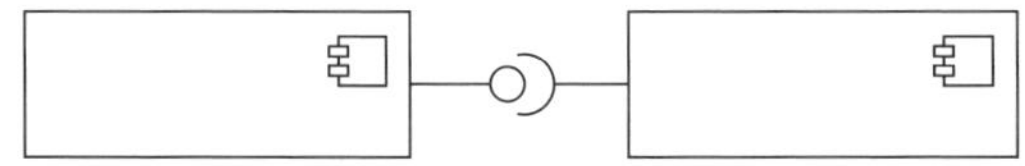

Abb. 3–5 *UML-Komponentendiagramm*

UML-Sequenzdiagramm

UML-Sequenzdiagramme stellen Interaktionen (Nachrichtenaustausch) zwischen Instanzen von Bausteinen eines Softwaresystems dar. Damit einzelne Sequenzdiagramme nicht zu groß werden, können sie geschachtelt werden. In Abbildung 3–6 tauschen zwei Bausteininstanzen untereinander Nachrichten aus. Über ein geschachteltes Diagramm wird noch eine weitere Bausteininstanz angesprochen.

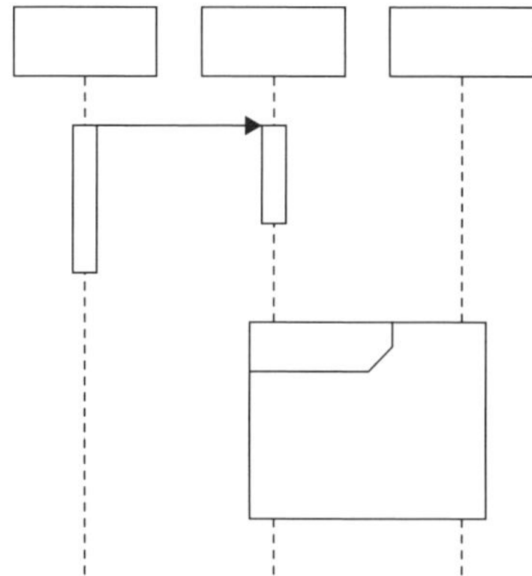

Abb. 3–6 *UML-Sequenzdiagramm*

UML-Aktivitätsdiagramm

UML-Aktivitätsdiagramme stellen mögliche Abläufe innerhalb von Systembestandteilen dar (etwa Klassen, Komponenten oder Use Cases). Derartige Diagramme können Algorithmen, Daten- und Kontrollflüsse detailliert beschreiben. In Abbildung 3–7 ist ein Ablauf mit Startpunkt, Endpunkt, Teilschritten und einer Verzweigung gezeigt.

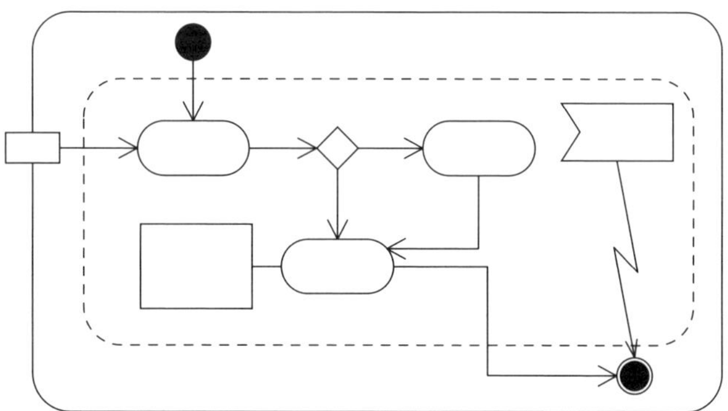

Abb. 3–7 *UML-Aktivitätsdiagramm*

Fazit: UML für Diagramme in Sichtenbeschreibungen

Die UML ist ein weit verbreitetes, umfangreiches Werkzeug mit vielen Diagrammen zur Darstellung von Softwaresystemen. Betrachten Sie UML aber nicht als »immer funktionierendes Allheilmittel«. Scheuen Sie sich nicht, Diagramme auch pragmatisch zu ergänzen, wenn es der Verständlichkeit »Ihrer« Zielgruppe hilft. Oft genug werden für Beschreibungen von Softwarearchitekturen auch andere Diagrammarten verwendet – z.B. eher informelle »Boxes and Arrows«. Da Sie allerdings dann keine standardisierte Notation einsetzen, ist eine Erläuterung der in solchen Diagrammen verwendeten Symbole besonders notwendig.

UML kann auch für einige Stakeholder-Gruppen eher unpassend sein. Zum Beispiel können für die Kommunikation der Architektur auf Managementebene (»Big Picture«) andere Diagramme sinnvoll sein. Hier sind z.B. PowerPoint-Bilder ggf. gemischt mit Visio-Darstellungen von z.B. High-Level-Netzwerksymbolen denkbar, wiederum auch informelle »Boxes and Arrows«-Diagramme. »Ereignisgesteuerte Prozessketten (EPK)«-Diagramme für (grobe) Prozessabläufe u.Ä. sind ggf. ebenfalls sinnvolle Elemente auf dieser Ebene.

Entsprechend können z.B. für Datenbankdarstellungen Entity-Relationship-Diagramme geeigneter sein oder Diagramme mit Netzwerksymbolen für den Bereich Administration bzw. Betrieb.

3.3.3 Sichtenbeschreibung – Grobaufbau und Einführungsbeispiel

Dieser Abschnitt vermittelt Ihnen zunächst grob den Aufbau von Sichtenbeschreibungen. Eine Schablone für Softwarearchitekturbeschreibungen inkl. Sichtenbeschreibungen liefert z.B. [ARC42]. Derartige Schablonen finden sich aber auch in einer Reihe weiterer Verfahren wie z.B. in RM-ODP [RM-ODP]. Im Anschluss folgt in Abschnitt 3.3.3.2 ein kleines Beispiel.

3.3.3.1 Grobaufbau – Schablonenartige Sichtenbeschreibung

Beim Beschreiben von Softwarearchitekturen und besonders Architektursichten ist es sinnvoll, eine einheitliche Struktur oder Gliederung zu verwenden. Hierdurch ist für die Leser einer solchen Beschreibung ein hoher Wiedererkennungswert gegeben. Wichtig ist jedoch die Angemessenheit für die jeweilige Zielgruppe. Fragen Sie Ihre Stakeholder, welche Aspekte für Ihre Aufgaben besonders zu beschreiben sind!

Als Faustregel gilt bei der Beschreibung von Architektursichten: »So wenig Formalismus wie möglich, aber so viel wie nötig.« Es ist wenig zielführend, wenn ein Projekt zeitlich ausufert, weil z.B. Architekturdiagramme erst akzeptiert werden, wenn auch alle Kleinigkeiten oder Ungenauigkeiten berücksichtigt sind. Widerstehen Sie der Versuchung, als Architekt dogmatisch aufzutreten.

Eine pragmatische erste Orientierung für den Umfang der Dokumentation ist das Risiko oder die Komplexität der zu beschreibenden Bausteine. Bei hohem

Risiko ist eine umfassendere Bausteindokumentation sinnvoll. Bei überschaubarem Risiko reicht oft der Verzicht auf einige Details.

Abschnitte zur Beschreibung von Architektursichten können z. B. folgende sein:

1. **Kurzbeschreibung:**
   Die Kurzbeschreibung der Sicht gibt in einer kurzen textuellen Beschreibung einen Überblick, »worum es im konkreten Fall geht«.
2. **Diagramme:**
   Diagramme liefern eine grafische Darstellung der Sicht.
3. **Elementkatalog:**
   Der Elementkatalog enthält – mit entsprechendem Bezug auf die grafische Darstellung (Diagramme) – eine textuelle oder tabellarische Aufstellung derjenigen Elemente oder Bausteine, die in dieser Sicht vorkommen. In einer solchen Aufstellung finden sich u. a.:
   - Elemente und ihre Eigenschaften
   - Beziehungen und ihre Eigenschaften
   - Schnittstellen von und zwischen Elementen
   - Elementverhalten

   Ist ein diagrammübergreifender Elementkatalog zu unübersichtlich, kann es auch mehrere lokale Elementkataloge zu den Diagrammen einer Sicht geben.
4. **Variabilitäten:**
   Der Punkt Variabilitäten behandelt in Form einer textuellen Beschreibung die Frage, welche der in dieser Sicht dargestellten Elemente oder Beziehungen variabel sind. Hier sind jegliche Variabilitäten in Anforderungen, Architektur, Design, beteiligten Fremdsystemen oder Infrastruktur gemeint.

   Abhängig vom Typ der Sicht können Konfigurations-, Installations- und Betriebsparameter hier ebenfalls erläutert werden. Auch eine Liste aller berücksichtigten Technologiestandards kann hier genannt werden.

   Innerhalb der Variabilitäten kann es sinnvoll sein, zwischen Änderbarkeit und Flexibilität zu unterscheiden. Änderbarkeit behandelt die absehbaren Anpassungsmöglichkeiten des aktuellen Systems, z. B. die Änderung des eingesetzten JDBC-Datenbanktreibers. Flexibilität betrachtet hingegen die Erweiterungsfähigkeit des Systems, z. B. durch das Vorsehen von Ausbaustufen, die verschiedenartige GUI-Zugänge zur selben dahinter liegenden Anwendung erlauben.
5. **Hintergrundinformationen:**
   Zum Verständnis des konkreten Aufbaus einer Sicht sind textuell beschriebene Hintergrundinformationen wichtig. Begründen Sie damit beispielsweise konkrete Entwurfsentscheidungen. Typische Hintergrundinformationen sind:
   - Begründungen für die gewählte Struktur oder die ausgewählte Alternative
   - Ergebnisse von Analysen oder Voruntersuchungen zu bestimmten inhaltlichen Systemaspekten

- Welche Annahmen über das System, beteiligte Bausteine oder die Systemumgebung wurden getroffen?
- Referenzen auf zugehörige bzw. verbundene Sichten
- Sonstige Quellenangaben oder Beispielcode

3.3.3.2 Beispiel: Auszug aus einer Sichtenbeschreibung für eine Bausteinsicht

Zur Illustration zeigen wir Ihnen nachfolgend einen Auszug der Bausteinsicht des CoCoME-Beispiels.

Kurzbeschreibung

Dieser Ausschnitt aus einer exemplarischen Bausteinsicht präsentiert eine Übersicht von CoCoME für den Betrieb einer Supermarktkasse. Abbildung 3–21 zeigt in einem UML-Kompositionsstrukturdiagramm die oberste Bausteinebene von CoCoME mit den Softwarebausteinen `Inventory` und `CashDeskLine`, die beide durch UML-Komponenten[1] dargestellt sind.

Diagramm

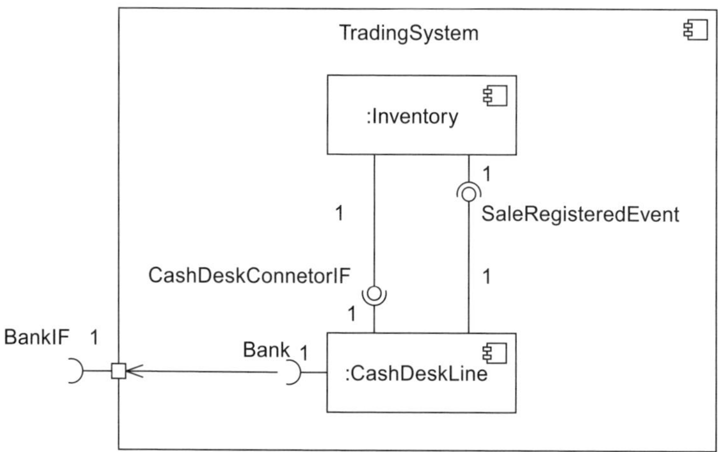

Abb. 3–8 *Bausteinsicht »CoCoME – oberste Ebene«*

1. Formal korrekt im Sinne der UMl sind es UML-Parts, die benannte UML-Komponenten sind. Diese werden wir auch in weiteren Diagrammen zur Einfachheit UML-Komponenten nennen.

Elementkatalog der »CoCoME«-Bausteinsicht (TradingSystem)

Element	Typ	Beschreibung
`TradingSystem`	UML-Komponente	Umrahmende UML-Komponente von CoCoME. Sie enthält ein Informationssystem zur Lagerverwaltung sowie ein eingebettetes System für die Kasse(n).
`Inventory`	UML-Part	Komponente für das Informationssystem zur Lagerverwaltung
`CashDeskLine`	UML-Part	...
`CashDeskConnectorIf`	Interface	Schnittstelle, über die die UML-Komponente `Inventory` mit der UML-Komponente `CashDeskLine` kommuniziert. Sie enthält Methoden, um Produktinformationen zu erhalten, wie z.B. Beschreibung und Preis. Der Barcode des Produkts dient hierfür als Eingabe.
`SaleRegisteredEvent`	Interface	...

Variabilität

Kassensysteme sollen für verschiedene Installationen konfiguriert werden können – es gelten dann jeweils spezifische Plausibilitäten.

Hintergrundinformationen

- Analysen:
  - Durch Prototypen wurde gezeigt, dass der Barcode-Scanner bei CoCoME eventuell eine Fehlerquelle darstellen könnte. Aus diesem Grund sind während der Entwicklung passende Tests durchzuführen und im Endsystem Maßnahmen für eine erhöhte Fehlertoleranz dieses Bereichs vorzusehen.
  - Ob die CoCoME-Software tatsächlich bis auf Ortsebene konfigurierbar sein soll, ist noch mit den zuständigen Stakeholdern zu klären. Es sind hier ggf. Maßnahmen zur prototypischen Evaluierung durch Testnutzer von CoCoME vorzusehen.
- Annahmen:
  - Andere Bausteine von CoCoME lassen keine besonderen Fehlerquellen, Sicherheitsrisiken oder Leistungsengpässe erwarten.
- Referenzen auf zugehörige Sichten:
  - Verfeinerte Bausteinsicht von CoCoME
  - Laufzeitsichten und Verteilungs- bzw. Infrastruktursicht

Mit dem Grobaufbau und dem Beispielauszug einer Sichtenbeschreibung als Grundlage werden nacheinander die vier Sichten aus Abschnitt 3.3.1 vorgestellt. Den Startpunkt bildet hierfür nachfolgend die Kontextsicht.

3.3.4 Kontextsicht oder Kontextabgrenzung

Inhalte der Kontextsicht

Die Kontextsicht (auch: Kontextabgrenzung) ist ein wesentliches Bindeglied zwischen der textuellen oder grafischen Anforderungsbeschreibung und der späteren Architektur. Sie beschreibt das Umfeld eines Systems und die Beziehungen bzw. Zusammenhänge mit diesem Umfeld und dient damit allen Beteiligten als Einstiegspunkt und Landkarte für das zu beschreibende System.

Bei der Darstellung der Kontextsicht liegt somit der Schwerpunkt auf Schnittstellen zu den umliegenden Systemen (Nachbarsysteme). Für eine weiter gehende Beschreibung der fachlichen, technischen und organisatorischen Aspekte der Umsetzung dieser Schnittstellen soll auf das entsprechende Schnittstellenkonzept verwiesen werden.

Für die Kontextsicht sind folgende Elemente von Bedeutung:

- externe Akteure (Nachbarsysteme und Benutzer);
- das zu entwickelnde System selbst;
- *alle* Schnittstellen zu externen Akteuren (alle Nachbarsysteme bzw. Benutzer) einschließlich:
  - Art der Schnittstelle: z.B. Online, Batch, USB oder Datei sowie die über diese Schnittstelle übertragenen Daten oder Ressourcen sowie ggf. genutzte Services oder Funktionen;
  - verwendete Kommunikationsprotokolle;
  - verwendete Kommunikationsmuster, z.B. synchron, asynchron.

Die Kontextsicht grenzt auf dieser Basis den Bereich des zu betrachtenden Softwaresystems ab.

Stakeholder der Kontextsicht

Die Schnittstellen zu Nachbarsystemen gehören zu den kritischsten Aspekten eines Projekts. Entsprechend bedeutsam ist die Kontextsicht. Häufige Stakeholder dieser Sicht sind u.a.:

- Projektleitung
- Anforderungsanalysten (als »Input-Geber«)
- Systemanalysten (als »Input-Geber«)
- Fach- oder Domänenexperten (als »Input-Geber«)
- Design und Entwicklung
- Test
- ggf. nachgelagert Administration bzw. Betrieb
- Controlling (Kostenstellenzuordnung der Entwicklungskosten)
- bei »Produkten« ggf. Vertrieb, Marketing
- <you-name-it> – beliebige andere, je nach Organisation und Projekt

Typische Beschreibungselemente der Kontextsicht-Notation

Beschreibungen der Kontextsicht erfolgen vor allem durch

- Kontextdiagramme und
- Listen von Nachbarsystemen mit deren Schnittstellen.

Die Kontextsicht kann (und wird häufig) sowohl fachlich als auch technisch sein. Damit kann ein zu beschreibendes Softwaresystem fachlich zu anderen Softwaresystemen abgegrenzt werden, aber auch technisch in bestehende oder zu beschaffende Infrastrukturen eingegliedert werden.

Besonders der fachliche Teil einer Kontextsicht kann statisch, aber auch dynamisch sein. Da die dynamische Sicht eher für Test und Betrieb, die statische Sicht dagegen eher für Architektur, Design und Entwicklung geeignet ist, konzentrieren wir uns auf die statische Sicht.

Durch die Kontextsicht muss sichergestellt werden, dass die Schnittstellen mit allen relevanten Aspekten (Was wird übertragen? In welchem Format wird übertragen? Welches Medium wird verwendet? etc.) spezifiziert wird, auch wenn einige populäre Diagramme (wie z.B. das UML-Use-Case-Diagramm) nur ausgewählte Aspekte der Schnittstelle darstellen.

Diagramme der Kontextsicht werden in vielen Notationen erstellt. Wenn UML-Diagramme eingesetzt werden, dann sind für fachlich orientierte Diagramme dieser Sicht UML-Komponenten- und UML-Kompositionsstrukturdiagramme besonders sinnvoll. In dem Fall bietet es sich an, das zu beschreibende System mit wohldefinierten Schnittstellen als »Blackbox in der Mitte« anzusiedeln.

Bei technisch orientierten Kontextsichten können Sie UML-Komponenten auch gut durch UML-Knoten ergänzen. Hinzu kommen bisweilen UML-Paketsymbole. Auch Netzwerksymbole (z.B. aus Visio), die außerhalb der UML-Notation liegen, werden genutzt. Andere eher informelle Notationsformen im »Boxes and Arrows«-Stil von PowerPoint werden ebenfalls des Öfteren in der Kontextsicht eingesetzt. Wichtig ist, dass die jeweilige Darstellung für die Kommunikation mit Ihren primären Stakeholdern gut passt.

In der Kontextsicht werden abstrakte Darstellungen der Baustein-, Laufzeit- und Verteilungssicht gezeigt, daher dürfen ergänzend auch deren jeweilige Notationen und Diagramme verwendet werden.

In der Regel enthält die Kontextsicht folgende Elemente:

Typ	Beschreibung
UML-Komponente UML-Part	UML-Komponenten und UML-Parts stellen als wesentliche Top-Level-Elemente Bausteine dar, für die klare (ggf. extern sichtbare) Schnittstellen sehr wichtig sind. Sie sind die wichtigsten Symbole der Kontextsicht.
UML-Knoten	Speziell für eine (ergänzende) Darstellung des (technischen) Verteilungs- bzw. Infrastrukturkontexts des zu beschreibenden Softwaresystems können auch UML-Knotensymbole genutzt werden. Speziell zur Verbindung von Knoten dürfen hier neben UML-Abhängigkeitsbeziehungen auch UML-Assoziationen genutzt werden.
UML-Akteur	Zur Darstellung des Bezugs des zu beschreibenden Softwaresystems zu wichtigen Benutzerrollen wird der Typ des UML-Akteurs genutzt.
Schnittstellen zur Außenwelt (»Abhängigkeitsbeziehung«)	Diese dienen der Darstellung des Daten- oder Kontrollflusses zwischen den Systemen und Stakeholdern der Außenwelt. Verwenden Sie UML-Beziehungen (»Abhängigkeiten«). Diese beinhalten bei Bedarf Informationen über Schnittstellenart, Kommunikationsprotokolle, Kommunikationsmuster und übertragene Objektart. Jede Schnittstelle sollte in der Kontextsicht einen aussagekräftigen Namen tragen.
Legende/Kommentar	Verbale Legenden bzw. Erläuterungen erscheinen als Kommentar im Diagramm.

Beispieldiagramme einer Kontextsicht

Als Beispiele für Diagramme aus Kontextsichten dient eine Reihe von Abbildungen aus CoCoME, die mit verschiedenen (auch »Nicht-UML«-)Beschreibungsmitteln dargestellt sind.

In Abbildung 3–9 wird als Erstes in einer recht groben »Symbole-und-Linien-Darstellung« der Kontext eines einzelnen Kassen(arbeits)platzes gezeigt. Zentrales Element ist der Kassenplatz-PC (`Cash Desk PC`). Er stellt einerseits die Verbindung zu einer Bank dar und andererseits die Verbindung zu den verschiedenen Hardwarebausteinen, die insgesamt einen Kassenplatz ausmachen. Konkret sind dies ein `Bar Code Scanner`, um abzurechnende Produkte zu erkennen, ein Kartenlesegerät (`Card Reader`) für Kreditkarten u.Ä., die Kasse (`Cash Box`) selbst, ein Drucker und ein Monitor. All diese Hardwarebausteine verfügen über Schnittstellen, die vom Kassenplatz-PC angesprochen werden müssen. Dieser PC interagiert also hierüber mit seiner Umwelt.

In Abbildung 3–10 wird der Kassenplatz zunächst in den Kontext »Filiale (`Store`)« eingeordnet. Das entsprechende UML-Diagramm zeigt links eine UML-Komponente `CashDeskLine`, in der die Kassenarbeitsplätze (`CashDesk`) einer Filiale enthalten sind. Sie sind verbunden mit einem `StoreServer`, auf den wiederum ein `StoreClient` zugreift.

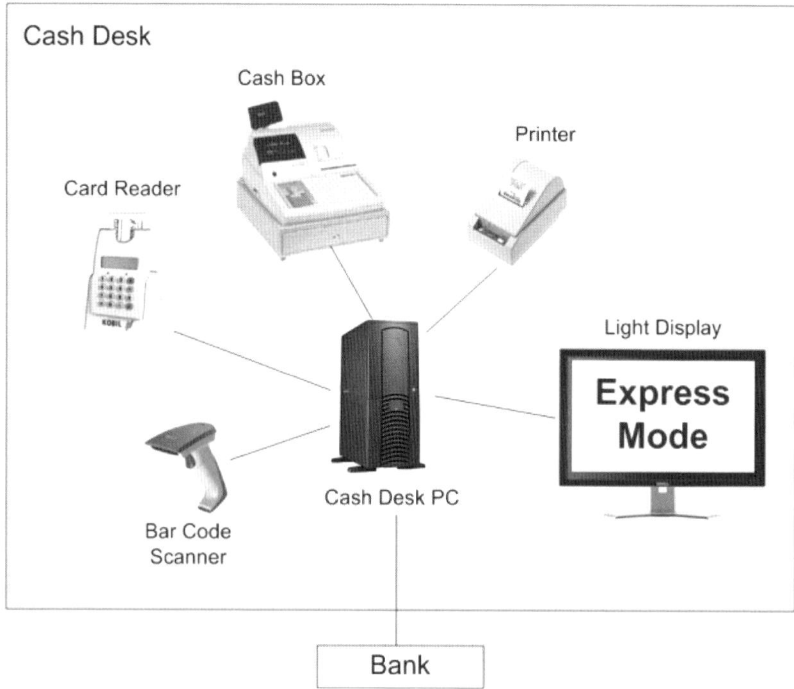

Abb. 3–9 *Kontext eines Kassenplatzes*

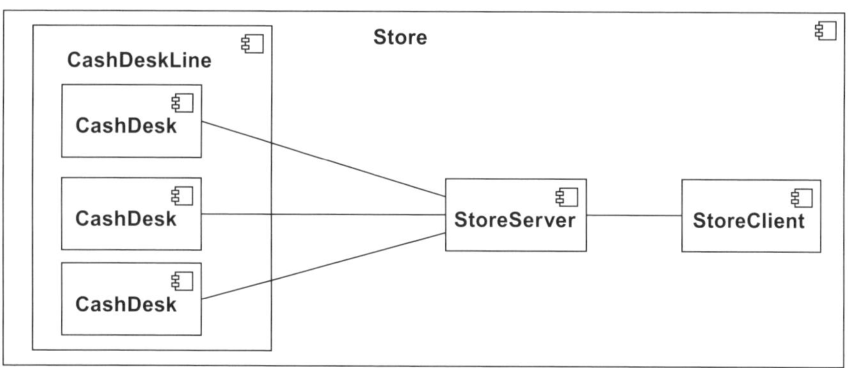

Abb. 3–10 *Kontext eines Kassenarbeitsplatzes in einem Laden (Store)*

Abschließend werden in Abbildung 3–11 die Filialen in den Kontext »Gesamtunternehmen (`Enterprise`)« eingeordnet. Das entsprechende UML-Diagramm zeigt mehrere Filialen (`Store`) als UML-Komponenten, die mit dem Server des Gesamtunternehmens (UML-Komponente `EnterpriseServer`) verbunden sind. Auf diesen Server greift wiederum ein Client zu (UML-Komponente `EnterpriseClient`).

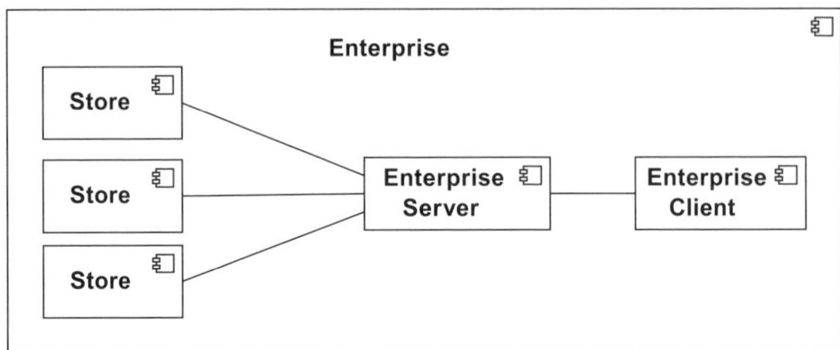

Abb. 3–11 *Kontext mehrerer Filialen (Stores) im Gesamtunternehmen*

3.3.5 Bausteinsicht

Inhalte der Bausteinsicht

Die Bausteinsicht zeigt die statischen Strukturen eines Softwaresystems. Während der Entwicklung eines Softwaresystems wird seine gewünschte Struktur und nach Fertigstellung seine vorhandene Struktur dargestellt. Ziel dieser Sicht ist es somit, die statische Struktur und Beziehungen zwischen den Bausteinen der Softwarearchitektur explizit darzustellen.

Wie in Kapitel 2 bereits eingeführt und illustriert, beinhaltet der Begriff Baustein sämtliche Software- oder Implementierungsartefakte, die letztendlich Abstraktionen von Quellcode darstellen. Dazu gehören besonders auf oberer Ebene Softwaresubsysteme oder Softwarepakete. Zu beachten ist, dass Bausteine selbst wieder aus Bausteinen bestehen können.

Es ist hilfreich, wenn jeder Baustein mindestens folgende Merkmale hat:

- Name
- Verantwortlichkeit bzw. Zweck
- Schnittstelle
- Verweis auf seine Implementierung

Optional sind natürlich weitere Merkmale denkbar, wie z.B. Requirements, offene Punkte usw.

Bausteinsichten können z.B. mit einem Top-down-Ansatz entwickelt werden. Startpunkt ist in dem Fall eine Kontextsicht. Wenn bestehende Systeme zu integrieren sind, muss ein Top-down-Vorgehen eventuell mit einer Bottom-up-Abstraktion dieser Systeme kombiniert werden. Ein Beispiel hierfür wäre die Abstraktion von Basisdiensten innerhalb einer serviceorientierten Architektur.

Stakeholder der Bausteinsicht

Die Bausteinsicht adressiert vor allem Entwurf und Implementierung eines Softwaresystems. Als Stakeholder finden sich:

- alle an Architektur, Entwurf, Erstellung und Test der Software beteiligte Projektmitarbeiter,
- zusätzlich die Qualitätssicherung (sofern sie nicht sowieso direkt dem Projekt zugeordnet ist).
- Dem Projektmanagement hilft die Bausteinsicht bei der Erstellung von Arbeits- oder Aktivitätsplänen.
- Nach Abschluss des ursprünglichen Softwareentwicklungsprojekts ermöglicht die Bausteinsicht auch eine effizientere Wartung der entstandenen Software.

Beschreibungselemente der Bausteinsicht-Notation

Typische UML-Elemente der Bausteinsicht sind UML-Komponenten- und UML-Paketsymbole.

UML-Komponentensymbole sind – gerade für Systeme, in denen externe Schnittstellen eine Rolle spielen – das sinnvollste Beschreibungsmittel der Bausteinsicht. Eine verbreitete Alternative bzw. Ergänzung zu UML-Komponenten sind die Klassen der obersten Bausteinebene (dargestellt dann durch UML-Klassensymbole). Bei Verfeinerungsschritten der Bausteinsicht werden Klassen dann durchaus häufiger eingesetzt (zu Verfeinerungen siehe auch Abschnitt 3.3.9).

Beispiele für den Einsatz von UML-Komponenten in der Bausteinsicht sind die UML-Komponenten `TradingSystem`, `Inventory` und `CashDeskLine` aus Abbildung 3–8.

Bei der Verwendung von unterschiedlichen Notationselementtypen in Diagrammen ist weniger oft mehr. Am Beispiel UML genügen in vielen Fällen folgende Elemente zur Darstellung des Softwaresystems und seiner Umgebung:

Typ	Beschreibung
UML-Komponenten (mit Schnittstellen)	UML-Komponenten stellen als wesentliches Top-Level-Element Bausteine dar, für die klare (ggf. extern sichtbare) Schnittstellen besonders wichtig sind.
UML-Pakete	UML-Pakete stellen eine logische Kapselung oder Abstraktion von anderen Elementen dar, die auf Architekturebene nicht genauer spezifiziert werden soll bzw. muss. Sie stellen gemeinsam mit Komponenten ebenfalls ein Top-Level-Element der Bausteinsicht dar.
UML-Klassen	UML-Klassen können (müssen jedoch nicht) ergänzend insbesondere in Verfeinerungsschritten als Bausteine zum Einsatz kommen.
UML-Beziehungen	UML-Beziehungen kommen zwischen UML-Komponenten, zwischen UML-Paketen oder zwischen UML-Klassen zum Einsatz.
Legende/Kommentar	Verbale Legenden bzw. Erläuterungen erscheinen als Kommentar im Diagramm.

Beispieldiagramme einer Bausteinsicht

Als weitere Beispiele für Diagramme aus der Bausteinsicht zeigen Abbildung 3–12 und 3–13 Verfeinerungen des Bausteins `Inventory` aus Abbildung 3–8.

In Abbildung 3–12 wird der GUI-Baustein `Inventory::GUI` von `Inventory` in Form einer UML-Komponente dargestellt. Sie beinhaltet eine UML-Komponente für das `Reporting` über eine Reporting-Schnittstelle (`ReportingIf`), mit der verschiedene Reports und Statistiken erzeugt werden können. Hinzu kommt eine UML-Komponente `Store`, über die mittels einer Schnittstelle `StoreIf` auf einen `Store Manager` zugegriffen werden kann, z.B. um Produktbestellungen auszuführen.

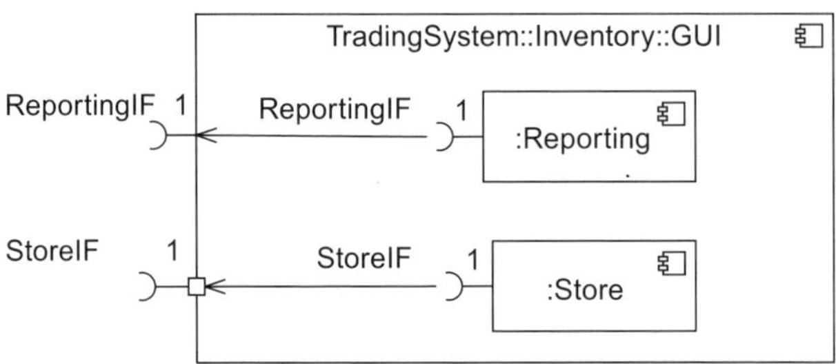

Abb. 3–12 *Bausteinsicht, Verfeinerung – GUI für Inventory*

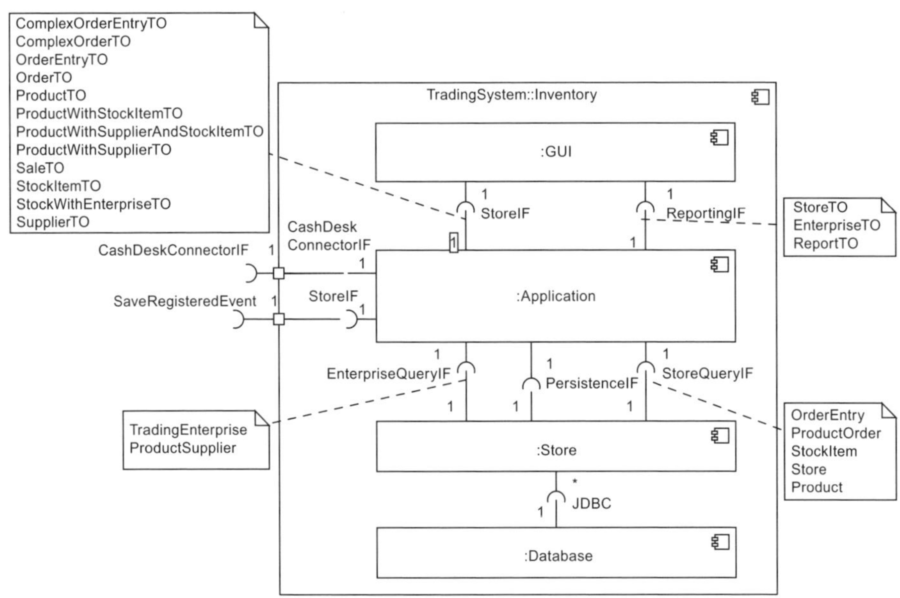

Abb. 3–13 *Bausteinsicht, Verfeinerung – Whitebox Inventory*

Abbildung 3–13 zeigt verfeinert den internen Aufbau von `Inventory`. Neben den genannten GUI-Bausteinen finden sich die UML-Komponenten `Application`, `Data` und `Database`. Hinzu kommen verschiedene Schnittstellen für UML-Komponenten wie z.B. `ReportingIf` oder `StoreQueryIf`. Ergänzt werden diese um wichtige Methoden wie z.B. `OrderEntry` oder `ProductOrder`.

3.3.6 Laufzeitsicht

Inhalte der Laufzeitsicht

Die Laufzeitsicht beschreibt das Zusammenwirken der Bestandteile[2] des Softwaresystems zur Laufzeit. Dabei kommen wichtige Aspekte des Systembetriebs ins Spiel, die beispielsweise den Systemstart, die Laufzeitkonfiguration oder die Administration des Systems betreffen. In der Regel wird nicht das gesamte Softwaresystem in der Laufzeitsicht beschrieben, sondern der Fokus wird auf Beispielen liegen, die einen Überblick geben, sowie auf besonders wichtigen Teilen.

Bemerkung: Eine Ausnahme von dieser Regel kann der umfassende Einsatz von modellgetriebener Softwareentwicklung sein. Wenn Sie aus Ihren UML-Diagrammen Code generieren wollen, der auch dynamische Teile aus der Laufzeitsicht enthält, dann müssen derartige UML-Diagramme die Architektur Ihres Softwaresystems natürlich entsprechend weitreichend und fein beschreiben.

Stakeholder der Laufzeitsicht

Für die Laufzeitsicht gibt es verschiedene Zielgruppen:

- die Betreiber des Softwaresystems,
- die Systemarchitekten sowie
- allgemein alle an Entwurf, Erstellung und Test der Software beteiligten Projektmitarbeiter.

Hinzu kommt die Qualitätssicherung (sofern sie nicht sowieso direkt dem Projekt zugeordnet ist).

Typische Beschreibungselemente der Laufzeitsicht-Notation

In der Laufzeitsicht wird vor allem das dynamische Zusammenwirken von Bausteinen beschrieben. Hierfür werden verschiedene Beschreibungsformen eingesetzt, die alle ihre Berechtigung haben. Einige typische Beispiele sind hierfür die folgenden:

- Im UML-Umfeld sind vor allem drei UML-Diagrammarten in der Laufzeitsicht gebräuchlich: UML-Aktivitätsdiagramme, UML-Kommunikationsdiagramme[3] und UML-Sequenzdiagramme.

---

2. Genauer genommen handelt es sich um die *Instanzen* von Bausteinen.
3. UML-Kommunikationsdiagramme sind seit UML 2 der Name für die »alten« UML-Kollaborationsdiagramme.

- Klassische Flussdiagramme können ebenfalls eine sinnvolle Notation für die Laufzeitsicht sein, wenn sie speziell für Ihre Zielgruppe gut verständlich sind.
- In begründeten Fällen kann auch die Einbindung von kleinen (Pseudo-)Codestücken sinnvoll sein.
- Ebenfalls als sinnvoll können sich zuweilen sogar informelle verbale Ablaufbeschreibungen in Form nummerierter Listen erweisen. Diese müssen jedoch einfach (im Sinne von verständlich) und kurz genug gehalten sein. Auch müssen Sie aufpassen, dass die zentrale Semantik des jeweiligen Ablaufs hinreichend eindeutig ist und die Zuordnung jeder Aktivität zu dem jeweils ausführenden Baustein klar wird.

Exemplarisch betrachten wir im Folgenden UML-Sequenzdiagramme und UML-Kommunikationsdiagramme etwas genauer. In Abbildung 3–14 ist z.B. eine Reihe wichtiger Elemente eines UML-Sequenzdiagramms im Überblick dargestellt.

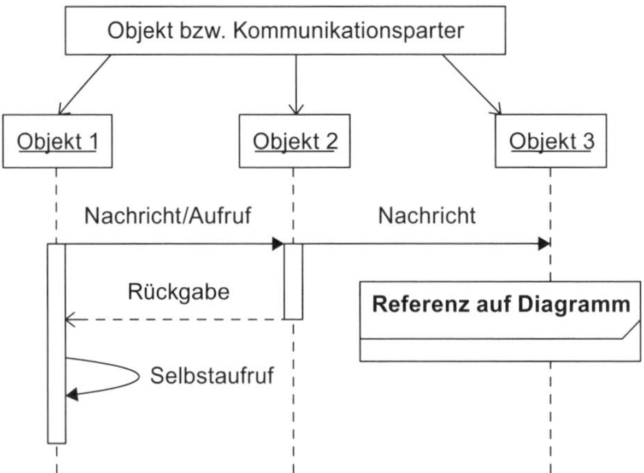

Abb. 3–14 *Laufzeitsicht – typische Elemente von Sequenzdiagrammen*

Im Gegensatz zur eher tabellarisch kompakt orientierten Links-rechts-Anordnung von UML-Sequenzdiagrammen können die beteiligten Partner in UML-Kommunikationsdiagrammen weitgehend frei angeordnet werden. Damit ist es folglich leichter, die Anordnung z.B. angelehnt an die Bausteine aus der Bausteinsicht zu gestalten. Bei größeren Diagrammen mit vielen Kommunikationsbeziehungen kann dies allerdings auch leicht unübersichtlich werden.

In manchen Fällen sind auch in der Laufzeitsicht statische Modelle sinnvoll, wenn z.B. eine Laufzeitsicht auf einzelne Instanzen von Objekten beschrieben werden soll; dann können u.a. UML-Objektdiagramme zum Einsatz kommen. Auf Architekturebene sind diese aber in der Regel nicht notwendig, sodass im Folgenden der Fokus nur auf sinnvollen Elementen für dynamische Modelle liegt.

Tabellarisch werden im Folgenden besonders wichtige Elemente innerhalb von UML-Sequenzdiagrammen genannt, da gerade bei diesen seit UML 2 die Menge der dort möglichen Elemente erheblich zugenommen hat. So sind dort jetzt u.a. auch Schleifen, Bedingungen, Referenzen auf andere Diagramme usw. möglich. Gerade hier gilt somit auch die Regel, eher weniger Elemente einzusetzen, um Einfachheit und Klarheit der Darstellung leichter zu erreichen.

Typ	Beschreibung
Objekt/Kommunikationspartner	Waagerechte Rechtecke stellen allgemein Objekte bzw. Kommunikationspartner in Sequenzdiagrammen dar. Solche Kommunikationspartner können u.a. UML-Komponenten, z.B. aus der Bausteinsicht, oder auch Klassen sein.
Senkrechte gestrichelte Linien mit Rechtecken	Senkrechte gestrichelte Linien mit Rechtecken geben Lebenslinien der Objekte bzw. Kommunikationspartner an.
Pfeile	Verschiedene Aufrufarten bzw. Nachrichten zwischen Kommunikationspartnern, z.B. synchrone und asynchrone Methodenaufrufe, werden durch Pfeile gekennzeichnet.
Diagrammreferenzen	Bei größeren Abläufen kann es sinnvoll sein, Referenzen auf andere Diagramme zu nutzen.
Schleifen/Bedingungen	Schleifen und Bedingungen sind gebräuchliche Kontrollablaufstrukturen. Sie kommen oft erst bei Verfeinerungen der oberen Architekturebene sinnvoll zum Einsatz.
Legende/Kommentar	Verbale Legenden bzw. Erläuterungen werden als Kommentar im Diagramm hinterlegt.

Beispieldiagramme einer Laufzeitsicht

In Abbildung 3–15 und 3–16 werden zwei Beispieldiagramme aus der Laufzeitsicht von CoCoME vorgestellt. Hierbei handelt es sich im ersteren Fall um ein Sequenzdiagramm, das den Ablauf bei der Ausgabe eines Reports über den aktuellen Lagerbestand (`Stock Report`) beschreibt. In der zweiten Abbildung wird zum Vergleich ein Kommunikationsdiagramm vorgestellt, das den gleichen Ablauf beschreibt.

Sequenzdiagramm

In Abbildung 3–15 wird ein Sequenzdiagramm vorgestellt. Es enthält typische Elemente von Sequenzdiagrammen wie z.B. Methodenaufrufe und eine Schleife.

Inhaltlich beschreibt das Sequenzdiagramm die Erstellung von Lagerbestand-Reports. Dies ist ein typischer Anwendungsfall (Use Case) von CoCoME. Dargestellt ist folgender Ablauf:

Ein `StoreManager` kann mittels der UML-Komponente `GUI::Reporting` den Lagerbestand überprüfen. Als Eingabe dient dazu eine `storeid`, worauf ein Button *Create Report* zu drücken ist. Als Reaktion wird die Methode `getStockReport()` der UML-Komponente `Application::Reporting` aufgerufen. Diese wiederum greift auf die Datenkomponente `Data::Store` zu, um in einer Schleife einen passenden Report zu erstellen (die Schleife ist in einer Transaktion mit `tx.begin` … `tx.commit` eingeklammert). Als Ergebnis wird ein `ReportTO`-Objekt erzeugt, das zurück an die UML-Komponente `GUI::Reporting` gesendet wird. Letztlich wird das Ergebnis als Report im Store-Manager-GUI dargestellt.

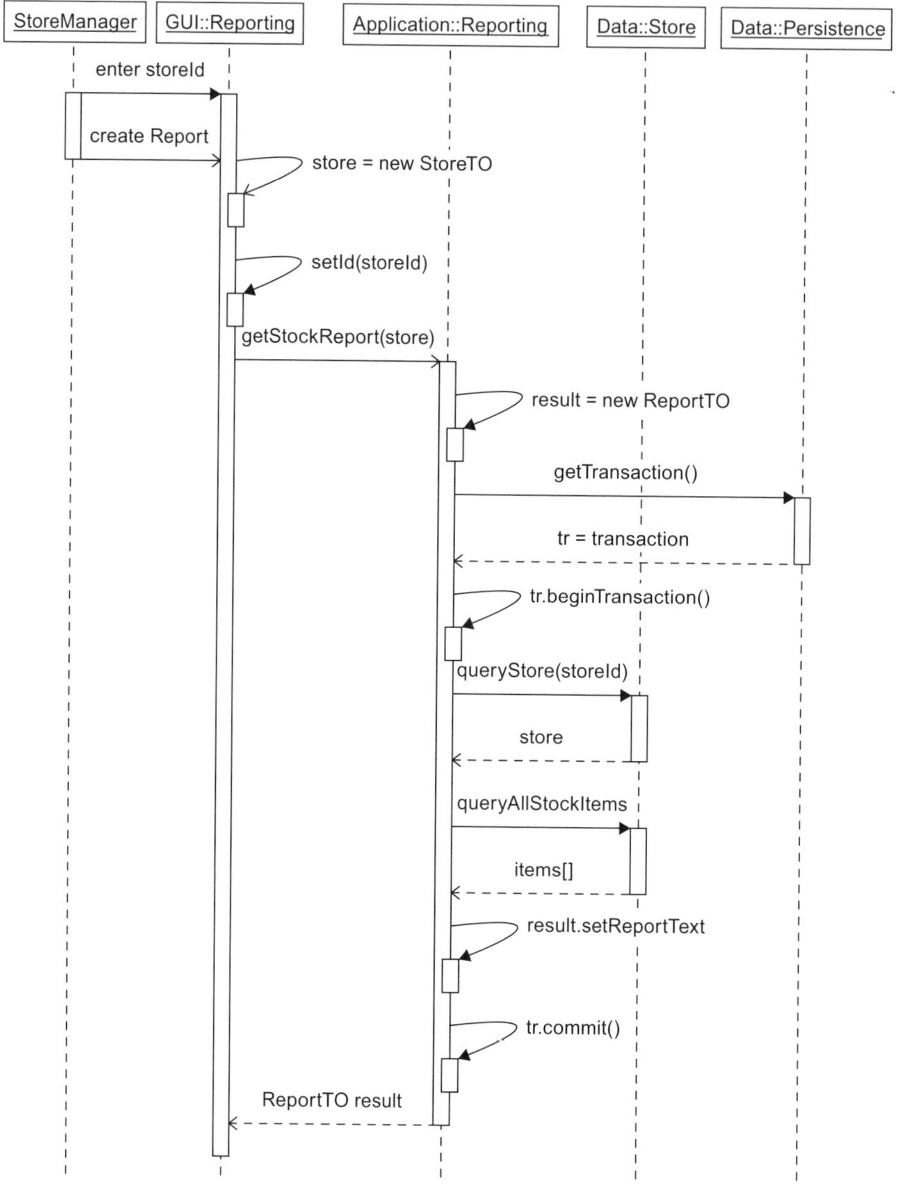

Abb. 3-15 *Laufzeitsicht – Beispiel-Sequenzdiagramm »Lagerbestandsreport«*

Kommunikationsdiagramm

Abbildung 3–16 zeigt den gleichen Ablauf wie Abbildung 3–15, diesmal jedoch als UML-Kommunikationsdiagramm. Klar zu sehen ist die »größere optische Freiheit« bei der Anordnung der dort dargestellten Diagrammelemente.

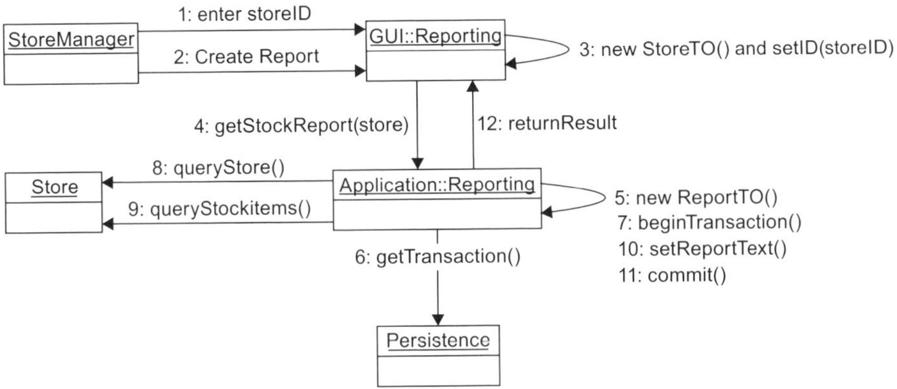

Abb. 3–16 *Laufzeitsicht – Beispiel-Kommunikationsdiagramm »Lagerbestandsreport«*

3.3.7 Verteilungssicht bzw. Infrastruktursicht

Inhalte der Verteilungssicht

Verteilungssichten, auch Infrastruktursichten genannt, erläutern die (technische) Umgebung, in der ein Softwaresystem abläuft. Sie unterstützen also beispielsweise bei Betrieb und Deployment eines Softwaresystems. In dieser Sicht werden z.B. konkrete UML-Komponenten aus der Bausteinsicht in Knoten der Verteilungssicht platziert. Die Beschreibungen enthalten also auch Systemsoftware oder Hardwarebausteine wie Application Server, Datenbankmanagementsysteme, Netzwerkverbindungen, Server usw.

Generell werden in dieser Sicht Artefakte (Arbeitsergebnisse, z.B. Document, File, Software, »executable«, ».war«, ».ear«, Script, Source, Library) den bzw. »ihren« Ausführungsknoten zugeteilt (z.B. Rechner, Server, »device«, Datenbank bzw. Datenbanksystem bzw. Datenbankmanagementsystem, EJB-Container, »container«, OS, Workflowmanagementsystem). Eine derartige Zuordnung kann dabei nicht nur »1:1« erfolgen, vielmehr können natürlich auch mehrere Artefakte einem oder mehreren Knoten zugeteilt werden, also generell »m:n«-Zuordnungen stattfinden.

Ebenfalls sinnvoller Inhalt der Verteilungssicht ist die ganz konkrete Abbildung des Softwaresystems »in die Realität«. Das kann z.B. in Form von Verweisen auf Build- und Deploy-Skripte bzw. deren Beschreibungen geschehen. Eventuell ist hierfür auch ein eigener Dokumentationsabschnitt passend (siehe auch Abschnitt 3.5).

Stakeholder der Verteilungssicht

Die Verteilungssicht betrachtet die »reale Softwarebetriebsumgebung«. Als primäre Stakeholder finden sich:

- die Betreiber des Softwaresystems als besonders wichtige Zielgruppe,
- die Systemarchitekten sowie die Softwarearchitekten,
- Entwickler, damit diese wissen, in welchen Umgebungen und Netzen bzw. wie verteilt ihre Software abläuft.

Typische Beschreibungselemente der Verteilungssicht-Notation

Das zentrale UML-Mittel dieser Sicht sind die UML-Einsatzdiagramme (engl. Deployment Diagram). Darin können Knoten für beliebige technische Elemente verwendet werden. Kanäle in Form von Assoziationen verbinden Knoten. Ferner kommen UML-Komponenten- und UML-Paketsymbole für die Laufzeitelemente (Softwaresysteme) zum Einsatz. Auch hier gilt, dass weniger oft mehr ist.

In Ausnahmefällen kann es als Ergänzung für manche Zielgruppen (z.B. Netzwerkadministratoren) hilfreich sein, UML-Einsatzdiagramme mit Netzwerksymbolen – wie sie z.B. in Visio angeboten werden – zu verfeinern. Zum Beispiel gibt es dort Symbole für Bandlaufwerke, Datenbanksysteme, Mainframes, PCs, Server usw. Diese Symbole sollten aber nur ausnahmsweise, d.h. wenn Ihre Stakeholder dadurch besonders gut bedient werden, als UML-Diagrammergänzung genutzt werden. In UML selbst sind stattdessen auch entsprechende Stereotypen von UML-Knoten bzw. UML-Komponenten nutzbar, vorausgesetzt, Ihre spezifische Zielgruppe kennt diese UML-Notationsform gut.

Die typischen Symbole der Infrastruktursicht finden sich in der folgenden Tabelle:

Typ	Beschreibung
UML-Knoten	UML-Knoten sind das zentrale Element dieser Sicht. Auf bzw. in ihnen laufen andere Bausteine ab.
Kanäle/Kommunikationspfade	Kanäle bzw. Kommunikationspfade zwischen Knoten werden als reguläre UML-Assoziationen dargestellt. Sie können die Verbindung näher beschreiben, z.B. »1-Gbit/s-Ethernet« oder »Physische CD«.
UML-Komponente	UML-Komponenten werden typischerweise auf Knoten platziert, um darzustellen, dass sie dort z.B. in einem Application Server unter UNIX ablaufen.
UML-Paket	UML-Pakete dienen zur Darstellung von Gruppen, Mengen oder Strukturen von Bausteinen, die analog zu UML-Komponenten auf bzw. in Knoten platziert werden. Dies könnten z.B. EAR-»Deployables« aus Java EE sein. →

Typ	Beschreibung
UML-Abhängigkeits-beziehung	Diese dienen der Darstellung von Beziehungen zwischen UML-Knoten.
Legende/Kommentar	Verbale Legenden bzw. Erläuterungen erfolgen als Kommentar im Diagramm.

Beispieldiagramme einer Verteilungs- bzw. Infrastruktursicht

Mit zwei Beispieldiagrammen erläutern wir die Verteilungs- bzw. Infrastruktursicht näher.

Abbildung 3–17 zeigt zunächst ein »angereichertes« semiformales UML-Deployment-Diagramm für einen Mini-Webshop. Es besteht aus zwei UML-Knoten, die einen PC, der als Client auf den Webshop zugreifen kann, sowie den Webshop-Server zeigen. Der PC ist ein »Standard«-Microsoft-Windows-PC mit ≥ 3 GB RAM. In ihm sind zwei Java-Deployment-Artefakte `ShopView.jar` und `ShopAPI.jar` installiert. Als Ablaufumgebung dient das Java Runtime Environment (JRE) 1.6.x.

Der PC greift über eine TCP/IP-Verbindung, deren Bandbreite hier nicht näher spezifiziert ist, auf den Webshop-Server `ShopServer` zu. Dieser läuft unter Sun/Oracle Solaris. Er besitzt 8 GB RAM und 1 TB Plattenplatz. Zur Verwaltung der Shop-Daten wird auf eine IBM DB/2-Datenbank zugegriffen.

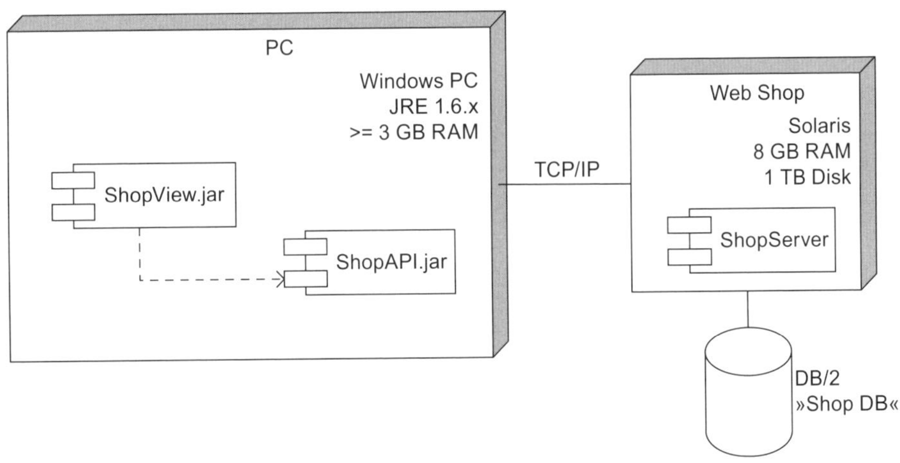

Abb. 3–17 *Verteilungs- oder Infrastruktursicht – Deployment-Diagramm »Web Shop«*

Als zweites Beispieldiagramm einer Verteilungssicht dient ein UML-Deployment-Diagramm, das die wesentlichen physischen Bausteine des CoCoME-Systems in einer Gesamtübersicht zeigt (siehe Abb. 3–18).

Von links nach rechts findet sich als Erstes der UML-Knoten »Kassenplatz-PC« (`CashDeskPC`). In diesem UML-Knoten sind die UML-Komponenten `CashDesk` (die Kern-Kassen-Software) sowie ein `CashDeskChannel` enthalten. Letzterer dient der Kommunikation mit den Peripheriegeräten wie `Printer`, `CardReader`, `Bar Code Scanner`, `Display` usw. Technisch sind diese Geräte per RS-232-Schnittstelle angebunden. Die Schnittstelle bzw. Verbindung zur Bank ist hingegen per Java Remote Method Invocation (RMI) realisiert.

In der Mitte des Diagramms findet sich der `StoreServer-Knoten`. Er enthält die vier UML-Komponenten `Coordinator`, `extCommChannel`, `Application` und `Data` sowie deren Sub-UML-Komponenten. Ein `StoreServer`–Knoten kann mit beliebig vielen Kassenplatz-PCs (`CashDeskPC-Knoten`) verbunden sein. Technisch wird für diese Verbindungen wieder Java RMI genutzt.

Zu einem `StoreServer-Knoten` gehören ferner beliebig viele `StoreClient-Knoten`. Diese sind ebenfalls per Java RMI angebunden. In jedem `StoreClient-Knoten` läuft ein `Inventory`-GUI-Baustein, dargestellt als UML-Komponente.

Ganz rechts im Diagramm findet sich das Gesamtunternehmen mit einem `EnterpriseServer-Knoten`, an den per Java Database Connectivity (JDBC) beliebig viele `StoreServer-Knoten` angebunden sind. Der `EnterpriseServer-Knoten` beinhaltet die UML-Komponenten `Database`, `componentData` und `componentReporting`. Auf den `EnterpriseServer-Knoten` greifen beliebig viele `EnterpriseClient-Knoten` ebenfalls per Java RMI zu. Ein `EnterpriseClient-Knoten` hat eine GUI-UML-Komponente für das `Inventory-Reporting`.

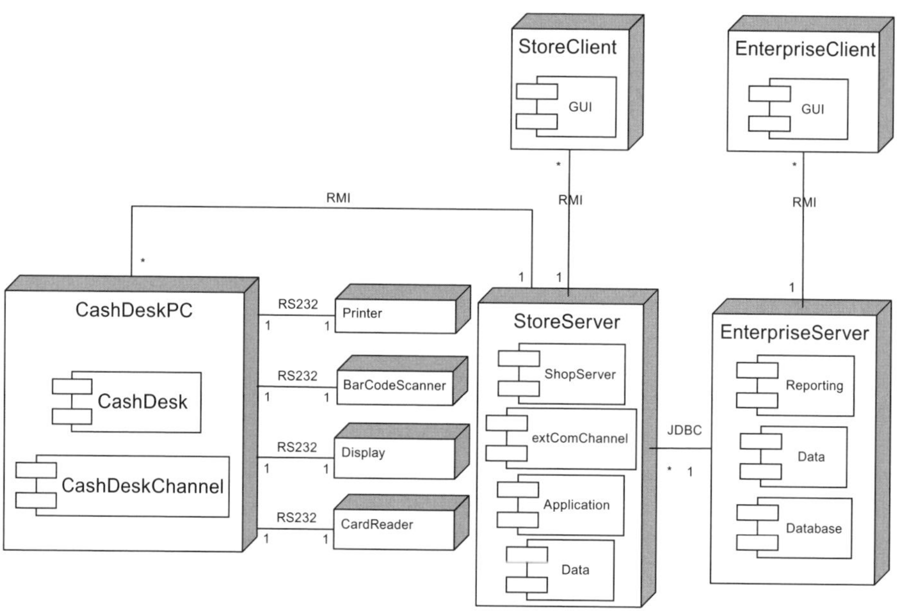

Abb. 3–18 Verteilungs- bzw. Infrastruktursicht – Deployment-Diagramm »CoCoME komplett«

3.3.8 Wechselwirkungen zwischen Architektursichten

Der Entwurf einer bestimmten Architektursicht hat oftmals Einfluss auf andere Sichten. Änderungen einer Sicht ziehen Anpassungen anderer Sichten nach sich. Deshalb bietet sich ein iterativer Entwicklungsprozess an, bei dem nach jeder Änderung alle abhängigen Sichten aktualisiert werden. Spezielle Wechselwirkungen sollten aus folgenden Gründen dokumentiert werden:

- Entwurfsentscheidungen werden nachvollziehbar.
- Auswirkungen von Änderungen werden leichter erkennbar.
- Zusammenhänge zwischen Systemteilen werden leichter verständlich.

Zwischen Architektursichten bestehen Wechselwirkungen:

- Startpunkt sind die Kontextsichten, die das Softwaresystem als Blackbox mit seinen Nachbarn interagieren lassen.
- Aus der Kontextsicht werden die Baustein- und die Laufzeitsicht abgeleitet. Diese stehen untereinander in Beziehung, d.h., Bausteine interagieren zur Laufzeit.
- Die Verteilungs- oder Infrastruktursicht steht ebenfalls in einem (technischen) Kontext. In den technischen Knoten und Elementen der Verteilungs- bzw. Infrastruktursicht werden wiederum die Elemente der Bausteinsicht platziert.

3.3.9 Hierarchische Verfeinerung von Architektursichten

Allgemein formuliert lässt sich sagen, dass die Architekturebene eine »Top-Level-Beschreibung« eines Softwaresystems darstellt. Sie dient damit vor allem zwei Zwecken: Erstens soll eine solche Beschreibung einen Gesamteindruck des Systems für einen tieferen Einstieg und weitere Verfeinerungen[4] ermöglichen, zweitens soll sie eine abstrahierte (technische) Zusammenfassung des Systems liefern, die in organisatorisch oder technisch noch darüber liegenden Ebenen als Einstiegsreferenz genutzt werden kann.

Bereits in Kapitel 2 wurden allgemein gehaltene Erklärungen zu den Begriffen Blackbox und Whitebox gegeben. Wir wenden diese Begriffe an, um die hierarchische Verfeinerung von Architektursichten zu erläutern.

Die Hierarchie beginnt grundsätzlich mit der Kontextsicht, die das gesamte System als *Blackbox* darstellt (oberste Ebene). Wie in Kapitel 2 eingeführt, zeigt eine Blackbox externe Schnittstellen und beschreibt Funktionalität nach dem Geheimnisprinzip (Einsatz von »Information Hiding«). Die oberste Ebene der Hierarchie ist also in jedem Fall noch rein der Architektur zuzuordnen.

Bereits die erste Verfeinerungsebene stellt das Gesamtsystem als *Whitebox* dar. Eine Whitebox zeigt nach Kapitel 2 die innere Struktur eines Bausteins,

---

4. Wir nutzen den Begriff Verfeinerung hier im Sinne von Dekomposition bzw. Zerlegung.

Abhängigkeiten und Arbeitsweisen. Die inneren Bausteine sind wiederum (zu verfeinernde) Blackboxes.

An dieser Stelle beginnt der (in der Praxis durchaus fließende) Übergang zum Softwaresystemdesign. Zwar kann die Architektur die Whitebox-Beschreibungen noch weiter verfeinern, sie muss dies aber nicht. Sie sollte allerdings, wo nötig, besonders wichtige Teilbereiche hinreichend fein spezifizieren. Abbildung 3–19 zeigt eine Beispielhierarchie von Verfeinerungen der Bausteinsicht. Sie beginnt mit der Kontextsicht, die zunächst den Baustein `System` in die Bausteine `A` und `B` verfeinert (der Einfachheit halber wurden bei dieser ersten Verfeinerung in der Abbildung die Schnittstellen zu `Nachbarsystem1` und `Nachbarsystem2` weggelassen). Die Bausteine `A` und `B` werden sodann in `C,D` und `E,F` weiter verfeinert.

Das Softwaresystemdesign beginnt spätestens, sobald es um eine die Verfeinerung der Module oder Komponenten hin zu ganz konkreten OO-Klassen geht[5]. Spätestens wenn dieser Punkt erreicht ist, müssen Architektur und Softwaresystemdesign bzw. -entwicklung besonders eng kooperieren, um spätere »Brüche« zu vermeiden.

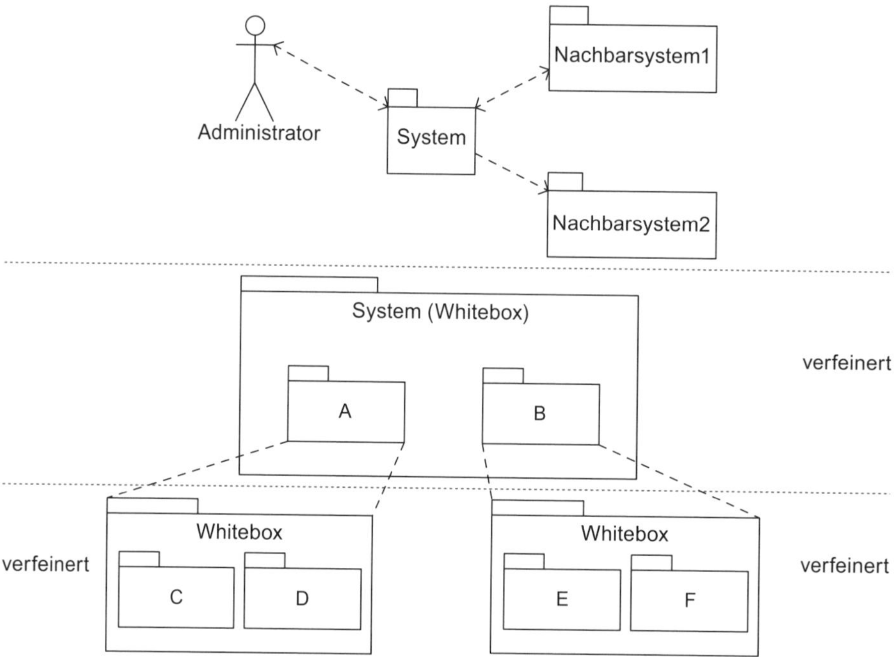

Abb. 3–19 *Hierarchie und Verfeinerung von Bausteinen der Bausteinsicht*

5. Im Rahmen von modellgetriebener Entwicklung und modellgetriebenen Architekturen kann die Verfeinerung in mehreren Schritten sogar bis hin zur Codeebene reichen.

Zu beachten ist, dass sukzessive Verfeinerung keinesfalls auf die Bausteinsicht beschränkt ist. Insbesondere die Laufzeitsicht kann entsprechend verfeinert werden. Im Beispiel aus Abbildung 3–19 ist u.a. der Baustein `A` in die Bausteine `C` und `D` verfeinert worden. Folglich könnte es jetzt z.B. auch ein Laufzeitsichtdiagramm für die Kommunikation zwischen den Bausteinen `C` und `D` geben.

Blackbox: Beschreibung

Zur Beschreibung von Blackbox-Bausteinen bietet es sich an, einem (sinnvollerweise) stets ähnlichen Muster zu folgen. In der folgenden Tabelle sind typische Informationen hierfür zusammengefasst:

Überschrift	Inhalt
Zweck/Verantwortlichkeit	Um welchen (Blackbox-)Baustein geht es? Was ist in knappen Worten seine Verantwortlichkeit?
Ein-und Ausgabeschnittstelle(n)	Was liefert der Baustein anderen? Welche Aufrufsemantik (call-return, synchron-asynchron, push/pull, events) wird unterstützt?
Erfüllte Anforderungen	Verweise auf die Anforderungen
Variabilität	Veränderungen oder Flexibilität, die der Baustein haben soll bzw. kann
Leistungsmerkmale	Quality of Service (QoS) bzw. Dienstgütequalität
Ablageort/Datei	Wo befindet sich der Sourcecode zu diesem Baustein?
Sonstige Verwaltungsinformationen	Autor, Version, Datum, Änderungshistorie
Offene Punkte	Noch zu Klärendes

Ein Beispiel eines Diagrammausschnitts für einen Blackbox-Baustein zeigt Abbildung 3–20. Dargestellt ist dort eine UML-Komponente für das »`EmailManagement`«, das z.B. eine Ergänzung für CoCoME sein könnte. Die Abbildung zeigt die UML-Komponente selbst sowie mehrere ihrer Schnittstellen wie `Email empfangen`, `Email abholen`, `Betrieb überwachen` und `Email versenden`. Wie der `EmailManagement`-Baustein intern realisiert ist, wird hingegen nicht explizit dargestellt.

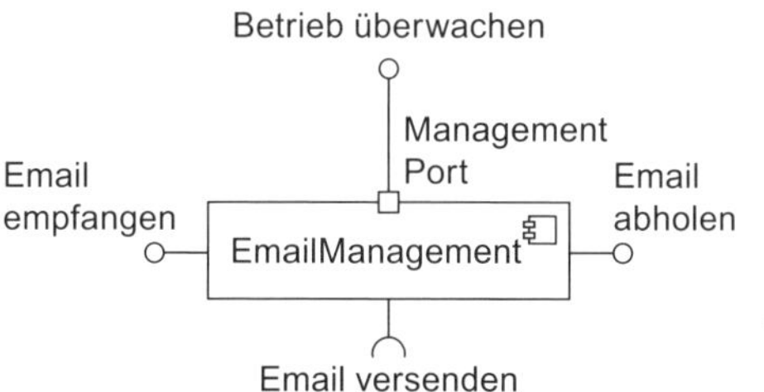

Abb. 3–20 *Blackbox-Sicht einer UML-Komponente »EmailManagement«*

Whitebox: Beschreibung

Wenn Blackbox-Bausteine verfeinert werden, so kommen Whitebox-Sichten zum Tragen. Auch für diese bietet es sich an, einer festgelegten Schablone zu folgen. Die folgende Tabelle kann hierbei helfen:

Whitebox-Sichten sollten nach einer festen Struktur beschrieben werden:	
Überschrift	**Inhalt**
Übersichtsdiagramm	Ein Diagramm, das die innere Struktur dieser Whitebox zeigt.
	Zudem Darstellung der Abbildung/Delegation der äußeren Schnittstellen auf die inneren.
Lokale Bausteine	Tabelle oder Liste der lokalen Blackbox-Bausteine. Deren interne Struktur kann in einer weiteren Verfeinerungsebene dargestellt werden.
Lokale Beziehungen	Tabelle oder Liste der Abhängigkeiten und Beziehungen zwischen den lokalen Bausteinen.
Entwurfs-entscheidungen	Gründe, die zu dieser Struktur geführt haben – oder zur Ablehnung von Alternativen. Auswirkungen dieser Entscheidungen.

Als Whitebox-Verfeinerung von Abbildung 3–20 könnte diese z.B. in POP3-, SMTP- und SNMP-Bausteine sowie ggf. ergänzend in andere, selbst entwickelte Bausteine zerlegt werden.

3.4 Technische oder querschnittliche Konzepte in Softwarearchitekturen

Durch den vorangegangenen Abschnitt, der Sichten als ein zentrales Mittel der Beschreibung von Softwarearchitekturen vorstellte, wurden die Grundlagen solcher Beschreibungen formuliert. Es folgen in thematisch motivierenden Kurzdarstellungen – also explizit nicht in Form von »fertigen Lösungen« – weitere sogenannte »technische« oder »querschnittliche Konzepte«. Diese Konzepte können für bestimmte Architekturbeschreibungen wichtig sein, müssen aber für eine gegebene spezifische Architektur keinesfalls alle relevant sein.

Derartige technische oder querschnittliche Konzepte umfassen z.B. Ablaufsteuerung, Fehlerbehandlung, Integration, Internationalisierung, Persistenz, Verteilung usw. Hierzu wird die Thematik dieser Konzepte zunächst motiviert und dann werden zwei Beispiele in Kurzform vorgestellt. Es wird hierbei keinerlei Anspruch auf Vollständigkeit erhoben.

3.4.1 Technische bzw. querschnittliche Konzepte: Beispieldimensionen

Technische bzw. querschnittliche Konzepte in Softwarearchitekturen haben – wie der Name andeuten soll – häufig die Eigenschaft, über mehrere Teile der oder gar die gesamte Architektur hinweg zu wirken. Gleichzeitig sind mehrere solcher

Konzepte jedoch häufig orthogonal zueinander zu betrachten. Abbildung 3–21 illustriert eine solche Orthogonalität, indem sie die Konzepte Fehlerbehandlung, Logging und Persistenz in verschiedenen Dimensionen eines Koordinatenkreuzes anordnet. Insbesondere Fehlerbehandlung und Logging werden in vielen Fällen in nahezu allen Teilbereichen eines Softwaresystems verwendet werden, sind jedoch selbst in der Regel unabhängig voneinander (wobei im Rahmen der Fehlerbehandlung ggf. auch Logging für Fehlerprotokolle genutzt wird). Persistenz findet sich zwar in gängigen Mehrschichtenarchitekturen (vgl. z.B. [DE++09]) oft nur in einem Bereich gekapselt wieder, wird aber normalerweise eine Fehlerbehandlung beinhalten und ggf. auch Logging nutzen.

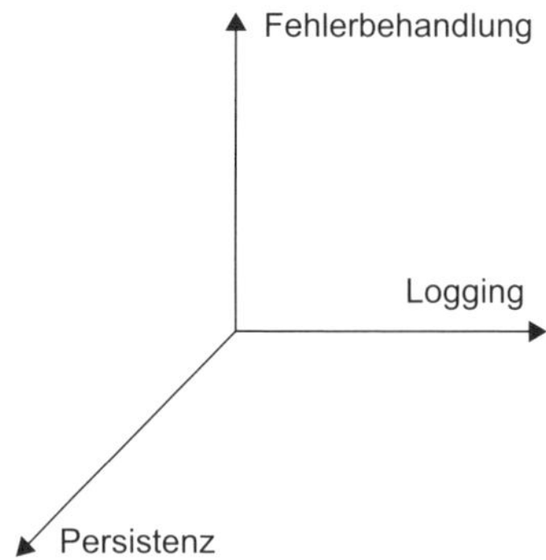

Abb. 3–21 *Beispieldimensionen in einer Softwarearchitektur*

Als weiteres Beispiel sind in Datenbankföderationsarchitekturen oder generell in heterogenen verteilten Informationssystemen (vgl. [CKH05]) die Dimensionen Autonomie, Heterogenität und Verteilung typische querschnittliche Konzepte, die in zugehörigen Softwarearchitekturen zu behandeln sind. Ähnliche Orthogonalitäts- bzw. Querschnittsbetrachtungen lassen sich im Prinzip für alle technischen oder querschnittlichen Konzepte von Softwarearchitekturen durchführen.

3.4.2 Beispiel: Fehlerbehandlung

Fehlbedienung, Teilausfälle und ähnliche »Fehlerfälle« sind normaler Alltag bei der Nutzung und Ausführung von Softwaresystemen. Im Rahmen der Softwarearchitektur wird vor allem betrachtet, wie mit solchen – vorhersehbaren – Fehlern zur Laufzeit des Systems umgegangen werden kann. Dazu kann z.B. das Abfangen von formal unzulässigen Benutzereingaben gehören, es kann eine »vernünftige« Reaktion der Software beim Ausfall eines angeschlossenen Datenbanksystems sein usw.

Typische Aufgaben, die für die Fehlerbehandlung durch Softwarearchitektur und Entwicklung zu lösen sind, beinhalten u.a.:

- Identifikation von Fehlerfällen
- Definition angemessener Reaktionen auf vorhersehbare Fehler, dabei:
  - Kategorien und Schweregrad einordnen
  - fachliche und technische Fehler unterscheiden
- Auswirkungen von Fehlern möglichst gering halten
- Diagnose von Fehlerursachen erleichtern, z.B. meldet das Softwaresystem:
  - Was ging schief?
  - Wo ist es passiert?
  - Warum ging es schief?
- Fehlerprävention durch das Softwaresystem, z.B.:
  - Frühzeitig vor erkennbaren Gefahren warnen
  - Verarbeitungstoleranzen erlauben
- Festlegung der Technologien zur Fehlerbehandlung, z.B.:
  - C-Funktionsaufrufe liefern einen Statuscode.
  - Java-Exceptions liefern eine Fehlerbeschreibung mit obigen Merkmalen.

Es ist (auch) Ihre Aufgabe als Softwarearchitekt, dafür Sorge zu tragen, dass eine durchgängige Fehlerbehandlung Teil des Softwaresystems wird, denn Programme, die nur im »Good Case« funktionieren, sind wenig praxistauglich.

3.4.3 Beispiel: Sicherheit

Ein weiteres typisches querschnittliches Konzept in Softwarearchitekturen ist das Thema Sicherheit – leider ein Thema, das in realen Softwareprojekten oft erst viel zu spät behandelt wird.

Sicherheit ist ein besonders vielseitiges Thema, da es quasi die gesamte Softwareanwendung betrifft. Es beginnt an der Oberfläche z.B. mit Benutzer-Login und Schutz vor Scripting-Angriffen, geht durch den gesamten Code, z.B. um Buffer-Overflow-Attacken zu verhindern, und reicht bis zur Datenbank mit ihren Nutzern, die nur bestimmte Zugriffsrechte erhalten u.a.m.

Neben der Software müssen häufig auch organisatorische Maßnahmen getroffen werden, wie z.B. die Festlegung von Benutzergruppen und Rollen, die mit der Administration abzustimmen sind, die Planung regelmäßige Sicherheits-Audits, die Einbeziehung des Betriebsrats bei sensiblen personenbezogenen Daten usw.

Allgemeiner formuliert sind beim Thema Sicherheit mindestens folgende Fragen zu behandeln:

- Authentifizierung (authentication)
  - Feststellung der Absenderidentität
- Autorisierung (authorization)
  - Einräumung von Nutzungsrechten anhand der Identität

- Integrität (integrity)
  - Erkennung der Manipulationen von gesicherten Daten
- Vertraulichkeit (confidentiality)
  - Daten unzugänglich für Unbefugte übertragen und speichern
- Unleugbarkeit (non-repudiation)
  - Eingegangene Nachrichten können nicht vom Sender abgestritten werden.
- Verfügbarkeit (availability)
  - Maßnahmen gegen unvorhergesehene oder mutwillige Systemstörung

3.5 Architektur und Implementierung

Irgendwann müssen Sie Ihre Softwarearchitektur Realität werden lassen, d.h., aus Ihren Architekturbeschreibungen und schrittweisen Verfeinerungen soll ablauffähiger Code entwickelt werden[6]. Dafür notwendig (oder mindestens sehr hilfreich) sind dokumentierte Vorgaben und Regeln, wie diese Abbildung erfolgen soll, also z.B. Vorgaben wie: »UML-Komponente XY wird als Java-Klasse mit den entsprechenden Schnittstellen implementiert«, oder: »Wir nutzen make mit den folgenden makefiles, um das C-Executable zu erzeugen«, oder: »Wir nutzen für unser Projekt die Code-Strukturvorgaben und Build-Richtlinien von Java EE nach Sun/Oracle analog zu Duke's Bankbeispiel (mit Referenz darauf)« usw.

Ob diese Vorgaben Teil der Architektur – also Ihrer Verantwortung – sind oder ob Sie mit der Entwicklungsgruppe zusammenarbeiten und die Regeln dort erstellt werden, hängt von der Projektorganisation ab. Gerade in größeren Projekten bzw. Organisationen werden sie häufig Teil der Design- und Implementierungsaktivitäten und entsprechend personell dort verortet sein. In kleineren Teams mag sich dies tendenziell anders darstellen. Wie umfassend und in welcher Form solche Regeln formuliert werden, wird ebenfalls projektindividuell sein, aber sowohl bei der Entwicklung als auch der späteren Wartung Ihrer Software werden diese Regeln Ihnen helfen.

Im vorliegenden Buch streifen wir dieses Thema nur kurz und werden es deshalb hier nicht weiter vertiefen. Im Folgenden zeigen wir nur noch ausschnittsweise unser CoCoME-Beispiel in diesem Kontext.

6. Wenn Sie nicht gerade den vollständigen Code modellgetrieben generieren. Dann liegen Ihre Regeln aber in Ihrem Modell und im Generator.

3.5.1 Beispiel Implementierung

Das CoCoME-System folgt einigen einfachen Implementierungsregeln:

- **Design:**
  Der Code von CoCoME folgt einer spezifischen vorgegebenen Struktur, damit die einzelnen Softwarebausteine leicht wiederzufinden sind. Die CoCoME-UML-Komponenten werden jeweils auf *Java packages* abgebildet. Die Schnittstellen, die eine solche Komponente anbietet, sind Teil des jeweiligen *Java packages*. Die Java-Implementierungsklassen dieser *interfaces* sind jeweils in einem *subpackage* enthalten, welches stets »impl« heißt. Entsprechend können die CoCoME-Beispieldiagramme auf diese Code-Struktur abgebildet werden. Einen Ausschnitt der CoCoME-Code-Struktur zeigt Abbildung 3–22.
- **Build:**
  CoCoME nutzt Ant, um das gesamte Projekt mit einer Ant-Build-Datei (build.xml) zu bauen. Es sind *Ant targets* für Übersetzung, Paketierung u.Ä. vorhanden. Im Ergebnis wird eine CoCoME.jar-Datei erzeugt.
- **Run:**
  Die CoCoME.jar-Datei kann direkt über eine Konsole mit »java ...« gestartet werden. Die Ant-Build-Datei enthält ferner hierfür ein schon vorbereitetes Ant Target. In der Datei cocome.properties können einige Grundeinstellungen für CoCoME konfiguriert werden, wie z.B. die Anzahl der Clients und der Filialen. Weitere Details finden sich hierzu in der Datei readme.txt sowie in Code-Kommentaren und in der Javadoc-basierten Code-Dokumentation von CoCoME.

Abb. 3–22 *Beispielausschnitt – Einige Java-Dateien von CoCoME*

3.6 Übliche Dokumenttypen für Softwarearchitekturen

Zur Beschreibung der in den vorangegangenen Abschnitten dargestellten Architekturinformationen kommt üblicherweise eine Reihe verschiedener Dokumente zum Einsatz. Dieser Abschnitt gibt hierüber einen ersten Überblick.

3.6.1 Zentrale Architekturbeschreibung

Die zentrale Architekturbeschreibung ist (sinnvollerweise) das Kerndokument für eine Softwarearchitektur. Sie enthält, soweit möglich, alle architekturrelevanten Informationen wie

- Aufgabenstellung, Ziele (Vision), Qualitätsanforderungen und Stakeholder
- Technische und organisatorische Rahmenbedingungen
- Sichten, Entscheidungen, verwendete Muster
- Technische Konzepte
- Qualitätsbewertungen
- Erkannte Risiken
- usw.

Hier bietet sich der Einsatz eines passenden Schablonendokuments, also einer Art »Architektur-Dokumentations-Schablone« an. Zum Beispiel folgt die Dokumentenschablone unter [ARC42] zu einem guten Teil den in den vorangegangenen Abschnitten dieses Kapitels vorgestellten Inhalten.

Eine zentrale Architekturbeschreibung kann durchaus einen größeren Umfang annehmen, sodass ihre Beschreibung (und Pflege) in einem einzelnen Dokument ggf. nur noch bedingt sinnvoll ist. Die Inhalte einer solchen Beschreibung können mit verschiedenen Werkzeugen verwaltet werden. Einige typische Optionen sind:

- **Dokumente:**
  Dokumente, die mit gängigen Textverarbeitungen erstellt werden können, sind in der Regel recht einfach zu nutzen und zu verwalten, solange sie nicht zu groß werden.
- **CASE-/MDA-/UML-Tools:**
  Modellierungswerkzeuge können mittels oft mächtiger Reportgeneratoren recht hilfreich bei der Erstellung von Dokumentationen sein (siehe auch Kap. 6). Nicht unterschätzt werden sollte allerdings (gerade bei kleineren Projekten) der Aufwand, den die projektspezifische Anfangskonfiguration solcher Werkzeuge annehmen kann. Von Vorteil ist der in der Wartung dann oft deutlich höhere Automatisierungsgrad für das wiederholte Generieren einer Architekturdokumentation, da z.B. UML-Diagramme oder gar Codestücke ohne »Copy & Paste« in eine neue Dokumentenversion eingebaut werden können.

- HTML-Seiten oder Wikis;
  Eventuell erlauben »potenziell etwas pragmatischere« Werkzeuge wie Wikis einen Mittelweg zwischen Dokumentation und Modellierungswerkzeugen.
- Beliebige Mischformen

In Kapitel 6 wird eine Reihe weiterer Softwarewerkzeuge behandelt, die für Softwarearchitekturen nützlich sein können.

3.6.2 Architekturüberblick

Der Architekturüberblick dient als schnell lesbare Kurzfassung (möglichst nicht mehr als 30 Seiten) der zentralen Architekturbeschreibung. Er betrachtet vergleichbare Inhalte, beschränkt sich aber auf die wesentlichen Punkte wie zentrale Sichten, Hauptqualitätsanforderungen und Kernentscheidungen.

Falls für die Erstellung einer ausführlichen zentralen Architekturbeschreibung z.B. aus zeitlichen oder Aufwandsgründen keine Möglichkeit besteht, kann der Architekturüberblick als Minimalersatz für eine komplette Beschreibung dienen.

3.6.3 Dokumentübersicht

Die Dokumentübersicht ist ein Verzeichnis. Das Verzeichnis dient (pro Projekt bzw. pro zu beschreibender Softwareanwendung) als Index für alle jeweils architekturrelevanten Dokumente und nennt auch deren Abhängigkeiten. Sinnvollerweise sollten organisatorisch Richtlinien festgelegt werden, wie dieses Verzeichnis auszusehen hat und an welcher Stelle es zu finden ist. Zudem sollten Hinweise enthalten sein, welche Dokumente sinnvollerweise von wem, also von welcher Projektrolle in welcher Reihenfolge zu lesen sind.

3.6.4 Übersichtspräsentation

Eine Übersichtspräsentation ist ein Foliensatz, anhand dessen die Architektur in maximal einer Stunde (technisch) präsentiert werden kann.

Eine managementtaugliche Variante davon sollte die zentralen Aussagen und besonders auch den Geschäftsnutzen in 10 Minuten zusammenfassen können.

3.6.5 »Architekturtapete«

Mit einer »Architekturtapete« sollen viele Architekturaspekte in einem Gesamtüberblick dargestellt werden. Praktisch ist dies oft eine Sammlung von Postern, z.B. Sichtendarstellungen zzgl. Verfeinerungen, Qualitätsaspekten usw. Diese werden gemeinsam z.B. an einer Wand oder auf Metaplanwänden aufgehängt und erlauben die interaktive Diskussion z.B. zwischen Architektur und Entwicklung über spezielle Themen.

Achtung: Eine »Architekturtapete« kann, als Diskussionsgrundlage eingesetzt, sehr hilfreich sein. Zu vermeiden ist hingegen, sie dogmatisch zu sehen, denn dann wirkt sie schnell abschreckend auf diejenigen, die das Softwaresystem umsetzen, testen und betreiben sollen.

3.6.6 Handbuch zur Dokumentation

Das Handbuch erläutert die Funktionsweise und die Struktur der gesamten Dokumentation. Sie ist auch der geeignete Ort, um Notationen gesammelt zu erläutern.

3.6.7 Technische Informationen

Hierbei handelt es sich um ein oder mehrere Dokumente mit wichtigen Informationen für Projektentwickler und Tester. Darin sollten Informationen zu den Entwicklungsmethoden, Programmierrichtlinien sowie zum Bau, Start und Test des Systems hinterlegt sein (vgl. hierzu auch Abschnitt 3.5).

3.6.8 Dokumentation von externen Schnittstellen

Ein besonderes Augenmerk sollte auf die Dokumentation von insbesondere extern sichtbaren Schnittstellen des Softwaresystems gelegt werden. Diese sind für das Zusammenwirken des Gesamtsystems in seinem Kontext von zentraler Bedeutung.

Leider (allzu) häufig werden externe Schnittstellen in realen Projekten zu »Zeit fressenden Problemstellen«. Widmen Sie ihnen eher früher als später die nötige Aufmerksamkeit, denn gerade dort »liegt der Teufel oft im Detail«. Folglich macht sich etwas stärkerer und recht frühzeitiger Beschreibungsaufwand an dieser Stelle oft bezahlt (deutlich mehr als »ganz besonders schöne Diagramme« oder »das letzte Quäntchen syntaktischer UML-Feinheit« in einer Sichtenbeschreibung).

3.6.9 Template

Bei Schnittstellenbeschreibungen bietet es sich an, wieder einem gleich bleibenden Muster zu folgen. Die folgende Tabelle stellt eine Reihe typischer Elemente aus Schnittstellenbeschreibungen zusammen:

Überschrift	Inhalt
Identifikation	Genaue Bezeichnung und Version der Schnittstelle
Bereitgestellte Ressourcen	Welche Ressourcen stellt dieses Element bereit? ■ Syntax der Ressource: API, Methodensignaturen (z.B. *CORBA-IDL, WSDL*) ■ Semantik der Ressource: Welche Auswirkungen hat ein Aufruf dieser Ressource? • ausgelöste Events • geänderte Daten • geänderte Zustände • sonstige wahrnehmbare Nebenwirkungen • Restriktionen bei der Benutzung der Ressource
Fehlerszenarien	Beschreibung der Fehlersituation und deren Behandlung
Variabilität und Konfigurierbarkeit	Kann das Verhalten verändert oder konfiguriert werden (beispielsweise über Konfigurationsparameter)?
Qualitäts-eigenschaften	Welche Qualitätseigenschaften (Verfügbarkeit, Performance, Sicherheit, Parallelisierbarkeit, etc.) gelten für diese Schnittstelle?
Entwurfs-entscheidungen	Welche Gründe haben zum Entwurf dieser Schnittstelle geführt? Welche Alternativen gibt es und warum wurden sie verworfen?
Hinweise	Hinweise oder Beispiele zur Benutzung

3.7 Praxisregeln zur Dokumentation

Für jedwede Art von Architekturdokumentation gilt – wie gleichermaßen für viele andere vorgehens- oder technisch orientierte Dokumentationen – eine Reihe von bewährten Regeln. Diese dienen vor allem der praxistauglichen Lesbarkeit und Zweckdienlichkeit solcher Dokumentationen.

3.7.1 Regel 1: »Schreiben aus der Sicht des Lesers«

Versuchen Sie Ihre Dokumentation aus der Betrachtungsweise Ihrer Leser zu erstellen, denn sonst fühlen sich diese in ihren Anforderungen nicht ernst genommen. Naturgemäß werden Dokumente häufiger gelesen als geschrieben – und Dokumentation wird tatsächlich gelesen.

Versuchen Sie zu starken Fachjargon zu vermeiden (in der Praxis ist dies in Dokumenten stets eine Gratwanderung). Besonders zentrale Fachbegriffe sollten separat erläutert werden, z.B. in Form eines Glossars.

Augenmerk sollten Sie auf die Struktur von Dokumenten legen, um Ihre Gedanken und Ideen in eine zielführende Reihenfolge zu bringen. Einmal mehr ist hier die Verwendung passender Dokumentenschablonen zu empfehlen.

3.7.2 Regel 2: »Unnötige Wiederholung vermeiden«

Versuchen Sie soweit möglich Wiederholungen zu vermeiden bzw. setzen Sie sie, wenn nötig, nur sparsam und gezielt ein. Im Ergebnis

- vereinfachen Sie dadurch normalerweise die Verwendung der Dokumentation und
- vereinfachen deren Pflege bzw. Änderungen merklich.

Stellen Sie sich bei Wiederholungen (auch in leichter Variation) die Fragen:

- Ist die Variation Absicht?
- Ist dieser Variation Bedeutung beizumessen?

Dokumentation aus unterschiedlichen Sichtweisen ist allerdings typischerweise nicht als Wiederholung einzuordnen, sondern dient vielmehr zur Vertiefung des Verständnisses über einen Sachverhalt.

3.7.3 Regel 3: »Mehrdeutigkeit vermeiden«

Architekturdokumentation lässt häufig bewusst spätere Designentscheidungen als geplanten Handlungsspielraum offen. Zu viel Interpretationsspielraum bei Architekturvorgaben führt jedoch auch leicht zu ungeplanter Mehrdeutigkeit.

Um hier Abhilfe zu schaffen, könnten formale Beschreibungssprachen eingesetzt werden. Allerdings ist deren Einsatz in der Praxis recht (zu) selten.

Werden symbolische Notationen verwendet (wie z. B. UML), so sollten Sie die Bedeutung der Symbole erklären oder eine Referenz auf die Begriffserklärung einbauen.

3.7.4 Regel 4: »Standardisierte Organisationsstruktur bzw. Schablonen«

Gerade wenn Sie häufiger Architekturdokumente schreiben, ist deren (einheitliche) Struktur von Wichtigkeit. Sie bietet Ihren Lesern einen Wiedererkennungswert. Zudem vereinfacht eine solche die Referenzierbarkeit von Dokumentteilen (z. B. in der Form: »Siehe Bausteinsicht aus dem Kunden-Management-System«).

Wenn die Struktur festgelegt ist, sollte der Leser darüber informiert werden. Ferner ergibt sich anhand einer festen Struktur leicht eine Übersicht über bereits abgeschlossene und noch zu erledigende Teile der Dokumentation. Ebenfalls unterstützt wird die Qualitätssicherung der Dokumentation, da alle von Dokumenten abzudeckenden Aspekte vorab definiert sind.

3.7.5 Regel 5: »Begründen Sie wesentliche Entscheidungen schriftlich«

Um Ihre Leser dabei zu unterstützen, Ihre Architekturen und Entwürfe nachzuvollziehen, ist es sehr hilfreich, wesentliche Entscheidungen kurz zu begründen.

Begründungen können z.B. durch Verweise auf entsprechende Unternehmensrichtlinien (».NET oder Java EE ist bevorzugt für Anwendungen der Art X einzusetzen.« oder: »Die Datenhaltung der Kundenstammdaten erfolgt ausschließlich auf dem Mainframe in der zentralen Kunden-Datenbank.«) erfolgen.

Ebenfalls von Interesse können explizit verworfene andere Optionen sein, aber auch die Diskussion von Vor- und Nachteilen einer Lösung, z.B. in der Form: »Die Nutzung eines selbst entwickelten Persistenz-Frameworks mag zwar zu höherer Flexibilität führen, rechtfertigt aber gegenüber bestehenden Frameworks wie Y nicht den resultierenden Entwicklungs- und langfristigen Wartungsaufwand.«

Im Ergebnis kann u.a. Zeit bei Diskussionen gespart werden, wenn Entscheidungen unter neuen Bedingungen überdacht werden müssen. Insgesamt helfen Begründungen somit Ihren Lesern, Ihre Entscheidungen zu verstehen und für sich im Nachhinein nachzuvollziehen

3.7.6 Regel 6: »Überprüfung auf Gebrauchstauglichkeit«

Ein bedeutsamer Punkt für Dokumentation ist der tatsächliche praktische Nutzen für Ihren Leserkreis. Bevor Sie eine Dokumentation abschließend veröffentlichen, sollten Sie daher unbedingt von passenden Vertretern Ihrer Zielgruppe Reviews durchführen lassen – und diese anschließend einarbeiten. Letztlich kann nur der anvisierte Nutzerkreis entscheiden, ob die richtigen Informationen in der richtigen Weise dargeboten werden.

Neben den Reviews sollte auch der Reviewprozess an sich begutachtet werden. Installieren Sie also einen Verbesserungsprozess für Dokumentation, anhand dessen auch die Dokumentationsrichtlinien selbst regelmäßig auf Schwachstellen hin überprüft werden.

3.7.7 Regel 7: »Übersichtliche Diagramme«

Eine Regel – von der es allerdings durchaus des Öfteren begründbare Abweichungen geben kann – lautet: »Vermeiden Sie zu große Diagramme.« Laut Ergebnissen der Kognitionswissenschaft sind fünf bis neun Elemente (7+/–2) in Diagrammen für Menschen noch gut überschaubar.

Beachten Sie: Die Architekturtapete aus Abschnitt 3.6.5 ist eine klare Ausnahme dieser Regel.

3.7.8 Regel 8: »Regelmäßige Aktualisierungen«

Aktualisieren Sie Ihre Dokumentation bzw. etablieren Sie einen Prozess, der Dokumentation nicht nur während der Entwicklung regelmäßig anpasst, sondern dies auch als Teil von Wartungsarbeiten durchführt.

Mangelnde Aktualisierung ...

- führt zu unvollständiger Dokumentation;
- lässt Nutzen und Nutzung der Dokumentation sinken;
- lässt Dokumentation sich nicht als maßgebliche Quelle für Informationen etablieren und es erfolgt unnötiges Nachfragen.

Noch unbeantwortete Fragen in einer Dokumentation verlangen ebenfalls nach zeitnaher Aktualisierung. Ändern sich jedoch Designentscheidungen sehr schnell, so sollten Sie auch nicht zu oft aktualisieren (sonst tun Sie bald nichts anderes mehr ...), sondern ggf. warten, »bis sich der Staub etwas gelegt hat«. Hilfreich ist es, hierfür relativ fixe Synchronisationszeitpunkte festzulegen.

3.8 Beispiele weiterer Architektur-Frameworks

Neben dem in Kapitel 2 genannten umfassenden Standard ANSI/IEEE 1471-2000/ISO/IEC 42010:2007 und dem in den vorangehenden Abschnitten beschriebenen pragmatischen iSAQB-Ansatz gibt es eine Vielzahl weiterer Ansätze zur Beschreibung von Softwarearchitekturen bzw. Architektur-Frameworks. Um Ihnen einen Eindruck davon zu vermitteln – und ggf. Neugier für weitere Recherche zu wecken –, zeigen wir in diesem Abschnitt in Kurzform einige Beispiele, auch hier ohne Anspruch auf Vollständigkeit.

Einige bekanntere Framework-Ansätze für Softwarearchitektur oder noch weiter gehende Ansätze für Unternehmensarchitektur (Enterprise Architecture) sind u. a.:

- 4+1 (Kruchten)
- Department of (US) Defense Architectural Framework (DoDAF)
- Model Driven Architecture der Object Management Group (OMG-MDA)
- RM-ODP (Reference Model of Open Distributed Processing, ISO/IEC/ITU-T)
- Standards und Architekturen für E-Government-Anwendungen (SAGA) als Framework der deutschen Bundesverwaltung
- SAPs Enterprise Architecture Framework
- The Open Group Architecture Framework (TOGAF®)
- Zachman Framework (IBM)

In den folgenden Abschnitten gehen wir kurz auf drei dieser Frameworks ein.

3.8.1 4+1-Framework

Das 4+1-Framework von Kruchten [Kru95] ist ein viel zitiertes Framework zur Beschreibung von Softwarearchitekturen mittels Sichten. Der iSAQB- und der arc42-Ansatz basieren auf ähnlichen Ideen.

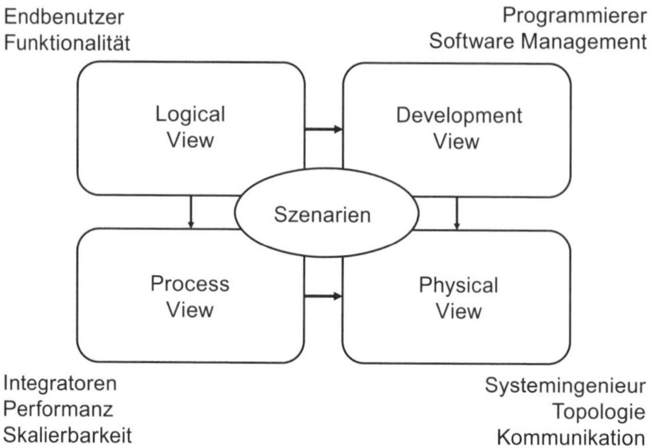

Abb. 3–23 *Das 4+1-Framework (vgl. [Kru95])*

Im 4+1-Framework werden Logical View, Development View, Process und Physical View unterschieden, die um Anwendungsszenarien herum angeordnet werden (vgl. Abb. 3–23). Die einzelnen Views adressieren unterschiedliche Stakeholder wie folgt:

- Der Logical View betrachtet das Softwaresystem aus funktionaler Sicht, z. B. in Form von Top-Level-Klassendiagrammen.
- Im Development View wird das Softwaresystem aus der Entwicklungsperspektive betrachtet, z. B. durch UML-Komponenten-Diagramme.
- Der Process View ähnelt der iSAQB-Laufzeitsicht.
- Im Physical View wird – ähnlich der Verteilungs- bzw. Infrastruktursicht – die Abbildung des Softwaresystems auf konkrete technische Systeme betrachtet.

3.8.2 RM-ODP

Das Reference Model of Open Distributed Processing (RM-ODP, auch: ITU-T Rec. X.901-X.904 and ISO/IEC 10746) [RM-ODP] ist ein bekanntes normiertes Referenzmodell zur Beschreibung insbesondere von verteilten Softwaresystemen. Es nutzt Grundlagen, die im Rahmen von Arbeiten des Advanced Networked Systems Architecture (ANSA)-Projekts entstanden.

In RM-ODP finden sich u. a.

- ein Objektmodellierungsansatz zur Spezifikation von (Software-)Systemen,
- ein View-Ansatz,
- die Definition einer Infrastruktur für verteilte Softwareanwendungen.

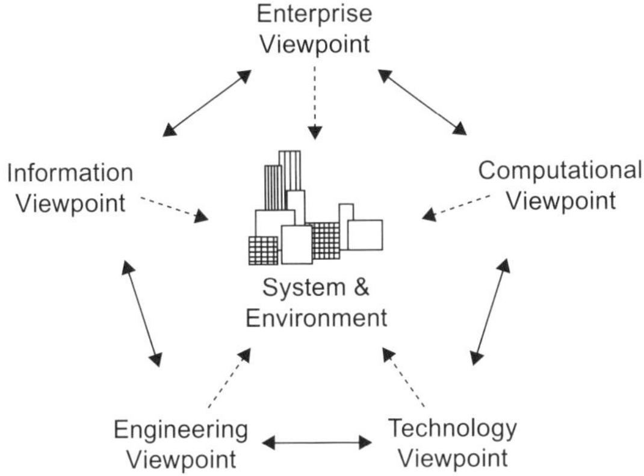

Abb. 3–24 *RM-ODP Viewpoints (vgl. [RM-ODP])*

Zum Beispiel beinhaltet RM-ODP folgende Viewpoints, die in Abbildung 3–24 illustriert sind:

- **Enterprise Viewpoint:**
  In diesem Viewpoint werden für ein Softwaresystem Einsatzzweck, Nutzungsbereich und Regeln dargestellt.
- **Information Viewpoint:**
  Hier werden die Inhalte und Bedeutungen der durch das Softwaresystem zu verarbeitenden Daten festgelegt. Der Information Viewpoint beinhaltet also ein Datenmodell.
- **Computational Viewpoint:**
  Hierin wird das Softwaresystem als in Objekte zerlegte funktionale Elemente mit deren Schnittstellen betrachtet.
- **Engineering Viewpoint:**
  Hier werden Mechanismen und Funktionen zur verteilten Interaktion der Objekte des Softwaresystems betrachtet.
- **Technology Viewpoint:**
  Die Abbildung, Verteilung und Verbindung der Artefakte des Softwaresystems auf physikalische Ressourcen werden hier dargestellt.

3.8.3 SAGA

Ein Beispiel für einen behördlichen Ansatz ist SAGA (Standards und Architekturen für E-Government-Anwendungen) [SAGA08], der federführend durch das Bundesministerium des Innern (BMI) erstellt wurde. SAGA verfolgt primär Ziele wie Interoperabilität, Kosten- und Risikoreduktion, Offenheit, Skalierbarkeit und Wiederverwendbarkeit von Anwendungen im E-Government-Umfeld. Als

Standard des Bundes wird SAGA-Orientierung mittlerweile häufiger in öffentlichen Ausschreibungen gefordert.

Innerhalb von SAGA sind Empfehlungen für Softwarearchitekturen ein Teilbereich. SAGA selbst orientiert sich dort an RM-ODP. Hinzu kommen Methoden zur Daten- und Prozessmodellierung, aber auch technischer orientierte Vorgaben z.B. für eine sichere Infrastruktur, Standards und Technologien z.B. zur Datenbeschreibung (wie XML, XSD), Middleware-Technologien (wie Java EE, .NET) u.a.m.

4 Entwurf von Softwarearchitekturen

In Kapitel 2 haben wir die Grundlagen von Softwarearchitekturen vorgestellt. Darauf aufbauend erläuterte Kapitel 3, wie Softwarearchitekturen beschrieben und dokumentiert werden können. Dabei gibt die Softwarearchitektur einen Konstruktionsweg vor, um die funktionalen und nichtfunktionalen Anforderungen aus dem Requirements Engineering in einem fertig konstruierten Softwaresystem umzusetzen. Das Finden dieses Konstruktionswegs oder, anders gesagt, der Entwurf der Softwarearchitektur ist Gegenstand dieses Kapitels.

Wie der Entwurf eines neuen Algorithmus für ein komplexes, nicht vollständig formalisiertes Problem ist auch der Architekturentwurf ein kreativer, schöpferischer Prozess. Das Erstellen einer Softwarearchitektur ist dabei deutlich mehr als der Entwurf eines einzelnen Architekten im stillen Kämmerlein, der so lange meditiert, bis ihn die Muse geküsst hat und eine geniale Eingebung ihm die richtige Architektur aufzeigt. Gerade bei komplexen Softwaresystemen ist ein derartiges Vorgehen zum Scheitern verurteilt. Man kann nicht davon ausgehen, dass ein unabgestimmter Entwurf von allen anderen Projektbeteiligten widerspruchsfrei akzeptiert und umgesetzt wird. Genauso wenig ist die Annahme realistisch, dass ein Einzelner alle Anforderungen und Konsequenzen seiner Entscheidungen allein überblicken kann. Kommunikation zwischen allen Beteiligten ist ein wesentlicher Erfolgsfaktor, der im Vorgehen berücksichtigt werden muss.

Im ersten Abschnitt werden wir zunächst das Vorgehen beim Architekturentwurf im Überblick darstellen. Dann folgen bewährte Entwurfsprinzipien und Heuristiken, wie z.B. Top-down und Bottom-up, »Divide et impera« oder das So-einfach-wie-möglich-Prinzip. Im dann folgenden Abschnitt zeigen wir noch eine Reihe von architekturzentrierten Entwicklungsansätzen und spannen so den Bogen zu existierenden und weit verbreiteten Methoden und Prozessen. Im Anschluss legen wir Ihnen eine Reihe von Techniken zurecht, die – geeignet angewendet – die Qualität des Entwurfs nachhaltig stärken. Zum Schluss folgen Architektur- und Entwurfsmuster, die für jeden Architekten eine Fülle von guten Ideen und Lösungsbausteinen bereithalten.

4.1 Einbettung in den iSAQB-Lehrplan

Nachfolgend finden Sie einen Extrakt zum Kapitel »Entwurf von Softwarearchitekturen« aus dem iSAQB-Lehrplan.

4.1.1 Was sollen die Teilnehmer können?

- Vorgehen und Heuristiken für den Architekturentwurf beherrschen
- Softwarearchitektur aus funktionalen und nichtfunktionalen Anforderungen durch hierarchische (De-)Komposition ableiten und eine sichtenbasierte Beschreibung erarbeiten
- Techniken für einen guten Entwurf beschreiben und erklären können
- Wichtige Architekturmuster erklären können

4.1.2 Was sollen die Teilnehmer verstehen?

- Ursachen von schlechter Kopplung und Kohäsion
- Den bedarfsgerechten Einsatz von Architektur- und Entwurfsmustern
- Den Einsatz von sprachunabhängigen Entwurfsmustern

4.1.3 Was sollen die Teilnehmer kennen?

- Entwurfsmuster auf Codebasis
- Weitere Quellen und Sprachen für Muster

4.2 Überblick über das Vorgehen beim Architekturentwurf

Wie bereits in Kapitel 2 ausgeführt, bewegt sich der Architekt beim Entwurf in mindestens zwei Dimensionen (siehe Abb. 4–1): einerseits mit einem Top-down- und Bottom-up-Wechsel der Abstraktionsstufen und andererseits in einem stetigen iterativen und inkrementellen Wechselspiel zwischen den Tätigkeiten im Architekturentwurf.

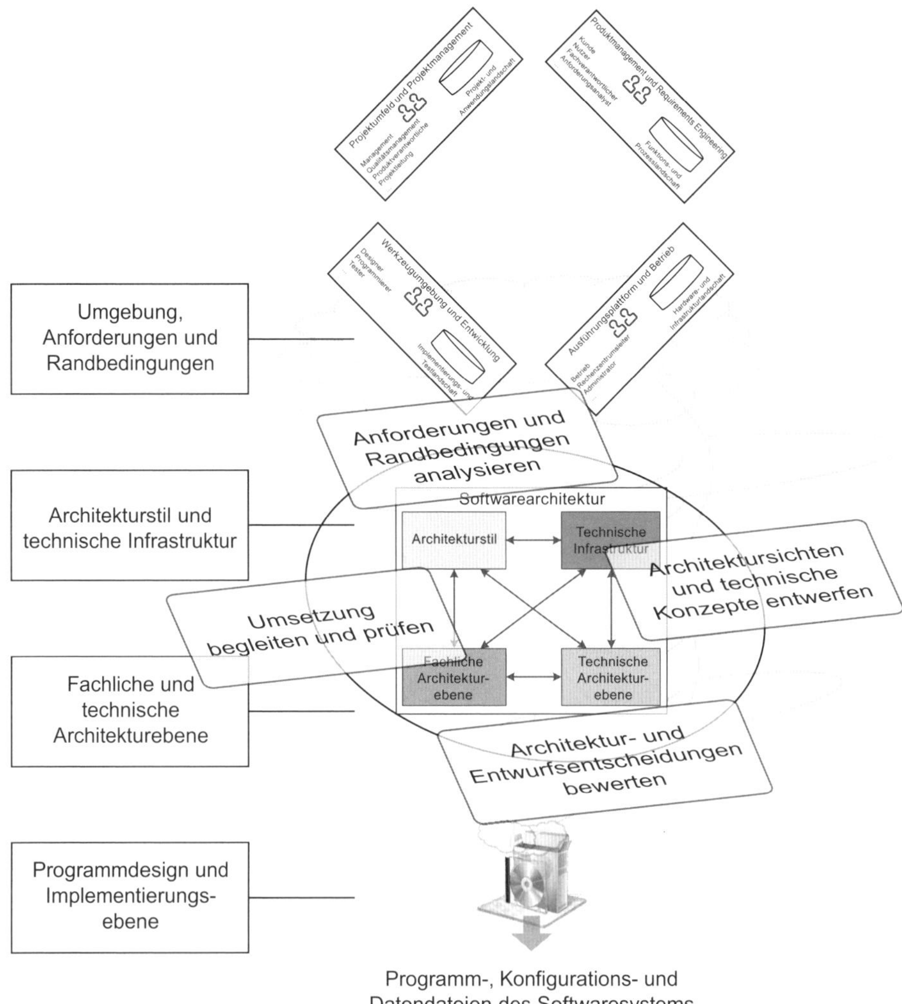

Abb. 4–1 *Der Softwarearchitekturentwurf im Überblick – iterativ und inkrementell sowie Top-down und Bottom-up*

Wir unterscheiden zwischen den folgenden vier Abstraktionsstufen (vgl. Kap. 2):

- Vorgaben und Randbedingungen
- Softwarearchitektur mit Abstraktionsstufen, z.B.:
  - Architekturstil und technische Infrastruktur
  - Fachliche und technische Architekturebene
- Programmdesign und Implementierung

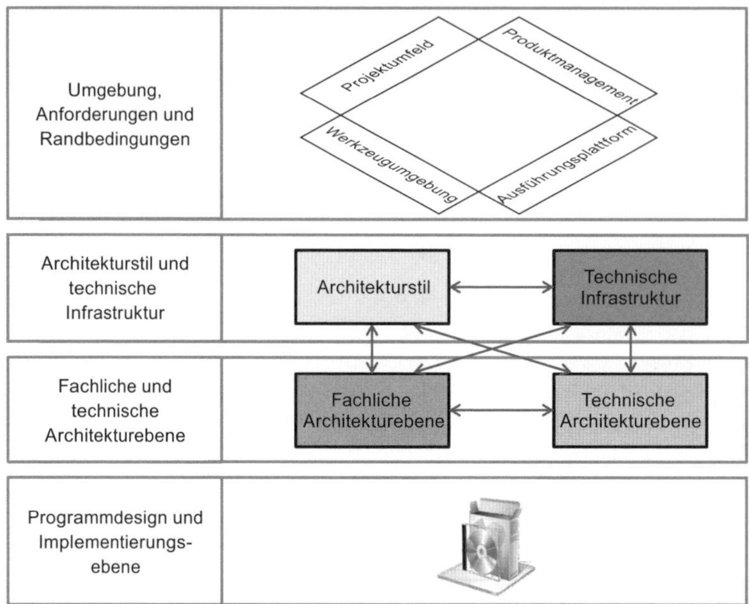

Abb. 4–2 *Die vier Abstraktionsstufen*

Anzumerken ist, dass auch eine andere Anzahl und Struktur der Abstraktionsstufen für die Softwarearchitektur möglich ist. Insbesondere andere Ansätze, z.B. die Model Driven Architecture (MDA), enthalten weiter ausdifferenzierte Abstraktionsstufen (vgl. auch Kap. 2 und Abschnitt 3.3). Die von uns vorgeschlagenen Abstraktionsstufen lassen sich aber in der Regel auf diese Ansätze projizieren und liefern eine allgemeine oberste Strukturierung.

Wie Abbildung 4–1 illustriert, wird zwischen diesen Abstraktionsstufen sowohl Top-down als auch Bottom-up gewechselt. So wechselt der Architekt im Entwurf von der Abstraktionsstufe der Vorgaben und Randbedingungen über die Abstraktionsstufen in der Softwarearchitektur bis zu der untersten Abstraktionsstufe, dem Softwareprogramm selbst, dem Programmdesign und der Implementierung.

Die oberste Abstraktionsstufe, Vorgaben und Randbedingungen, ist der Input für den Architekturentwurf. Die funktionalen und nichtfunktionalen Anforderungen oder Architekturstandards, die zu beachten sind, liegen in dieser Abstraktionsstufe. Die Softwarearchitektur selbst ist auf den zwei folgenden Abstraktionsstufen angesiedelt.

Auf der Abstraktionsstufe »Architekturstil und technische Infrastruktur« wird beispielsweise festgelegt, dass eine Drei-Schichten-Architektur mit einer Rich-Internet-Verteilung verwendet werden soll. Auf der darunter liegenden Anwendungsarchitektur- und technischen Architekturebene erfolgt der Entwurf der konkreten fachlichen und technischen Komponenten sowie von deren Zusammenspiel.

Die letzte Abstraktionsstufe, Programmdesign und Implementierung, ist auf der Realisierungsebene angesiedelt. Sie repräsentiert somit das Ziel der darüber entworfenen Softwarearchitektur, das entwickelte Softwaresystem. Dabei definiert die Softwarearchitektur auch die entsprechenden Architekturvorgaben und -regeln, die von den Programmierern zu berücksichtigen sind.

Dem kreativen und schöpferischen Charakter des Architekturentwurfs ist es geschuldet, dass der Entwurfsprozess selbst iterativ und inkrementell ist: iterativ, um Feedback sowie Erkenntnisse einzuarbeiten, und inkrementell, um kontinuierlich die Entwicklung vorwärtszubringen. Deshalb können die einzelnen Tätigkeiten im Softwarearchitekturentwurf nicht sinnvoll in eine lineare Ordnung gebracht werden. Vielmehr sind sie gleichberechtigte Bereiche, denen sich der Softwarearchitekt je nach konkreter Projektsituation entsprechend zuwenden muss. Es gibt keine vordefinierte Abfolge zwischen den in Abbildung 4–3 dargestellten vier Tätigkeiten des Entwurfsprozesses:

- Anforderungen und Randbedingungen analysieren
- Architektursichten und technische Konzepte entwerfen
- Architektur und Entwurfsentscheidungen bewerten
- Umsetzung begleiten und prüfen

Abb. 4–3 *Die vier Tätigkeiten des Entwurfsprozesses*

Im Rahmen des Architekturentwurfs führt der Softwarearchitekt diese vier Tätigkeiten quasi gleichzeitig in beliebiger, für den Projektkontext sinnvoller Abfolge entsprechend den Projektnotwendigkeiten aus. Dabei folgt er aber folgendem grundlegendem Prinzip:

Im Rahmen der ersten Tätigkeit – Anforderungen und Randbedingungen analysieren – wird der vorliegende Input in der Regel aus der nächsthöheren Abstraktionsstufe heraus analysiert mit dem Ziel, die zentralen Entscheidungskriterien für den anstehenden Entwurf herauszuarbeiten. Beispielsweise werden hier die Kriterien für die Zerlegung des Systems in einzelne Bausteine erarbeitet.

Bei der nächsten Tätigkeit, der Entwicklung von Architektursichten und technischen Konzepten, erfolgt der Entwurf selbst. Entwurf bedeutet im Kern, Entscheidungen zu treffen. Dabei gilt es Lösungsbausteine zu identifizieren, daraus Gesamtlösungen für die betrachtete Abstraktionsebene zu entwickeln und schließlich anhand der Entscheidungskriterien aus dem ersten Aufgabenbereich die bestmögliche auszuwählen.

Im Rahmen der nächsten Tätigkeit werden dann Architektur und Entwurfsentscheidungen bewertet. Dabei können z.B. zuvor definierte Anforderungsszenarien am Architekturmodell durchgespielt und so die Architektur überprüft werden.

Die letzte Tätigkeit umfasst die Begleitung und Überprüfung der Umsetzung der Architektur auf der nächstniedrigeren Abstraktionsstufe. Hierbei kann der Architekt aber auch aktiv unterstützen. Ein Architekt darf auch programmieren.

Der Architekturentwurf ist somit ein kontinuierlicher Fluss zwischen Top-down und Bottom-up innerhalb der Abstraktionsstufen, einhergehend mit dem stetigen Wechsel der Tätigkeiten, die iterativ und inkrementell durchgeführt werden. Dabei wechselt ein Architekt in beiden Dimensionen – Abstraktionsstufe wie auch Tätigkeitsbereich – stetig und kontinuierlich im Rahmen des Entwurfsprozesses. Der Wechsel innerhalb dieser Dimensionen ist dabei kein chaotischer und sprunghafter Schritt, sondern vielmehr ein bewusster Vorgang des Architekten.

Dabei beeinflussen und befruchten sich Softwarearchitektur, System und Organisation kontinuierlich. Das iterative und inkrementelle wie auch Top-down- und Bottom-up-basierte Vorgehen helfen beim Umgang mit Unsicherheiten, die mit dem Entwurf einhergehen. So können Entwurfsprobleme früh entdeckt werden. Deshalb ist es wichtig, beim Entwurf zentrale Sichten, Abstraktionsebenen, Funktionalitäten und nichtfunktionale Anforderungen möglichst früh zu berücksichtigen.

Durch den Wechsel der Abstraktionsebenen kommt der Architekt auch mit unterschiedlichen Stakeholdern in Berührung. Befindet er sich im Bereich der Vorgaben und Randbedingungen, wird er verstärkt mit dem Kunden und dem Requirements Engineer sprechen. Auf der Ebene von Programmdesign und Implementierung sind die Programmierer und Tester geeignete Gesprächspartner. So hat der Architekt die Aufgabe, die zentrale Kommunikationsschnittstelle während des Entwurfs auszufüllen.

So kann beispielsweise einem Architekten, der sich gerade im Aufgabenbereich »Architektursichten und technische Konzepte entwerfen« auf der Abstraktionsstufe »Architekturstil und technische Infrastruktur« befindet, auffallen, dass zwei unterschiedliche Verteilungsarchitekturen anhand der zuvor abgeleiteten Entscheidungskriterien gleichwertig sind. Sowohl eine Rich-Internet-Anwendung als auch eine Fat-Client-Lösung würde alle gegebenen Entscheidungskriterien gleich gut erfüllen.

Dann würde der Architekt die Abstraktionsstufe wechseln: In der Stufe »Vorgaben und Randbedingungen« würde er mit dem Anforderungsanalysten sprechen, ihm die zwei Alternativen erläutern und deutlich machen, dass ggf. Anforderungen fehlen, anhand derer dann eine Lösung zu favorisieren wäre. Der

Anforderungsanalyst könnte dies unter Beteiligung des Architekten mit den Stakeholdern diskutieren. In der Konsequenz würde eventuell der Anforderungskatalog auf dieser Ebene ergänzt werden.

Der Architekt würde dann wieder zu dem Aufgabenbereich »Anforderungen und Randbedingungen analysieren« auf der Abstraktionsstufe »Architekturstil und technische Infrastruktur« wechseln. Hier würde er den bereits erstellten Kriterienkatalog um die Aspekte ergänzen, die sich aus der zusätzlichen Anforderung ergeben. Mit dem erweiterten Kriterienkatalog würde er dann wieder in den Aufgabenbereich »Architektursichten und technische Konzepte entwerfen« auf der Abstraktionsstufe »Architekturstil und technische Infrastruktur« wechseln. Dort könnte er nun anhand des zusätzlichen Entscheidungskriteriums die bessere Alternative auswählen.

Das gerade beschriebene Vorgehen läuft natürlich nicht so »maschinell« ab wie hier dargestellt. Trotzdem spiegelt es einen sehr typischen und realistischen Ablauf im Rahmen des Architekturentwurfs wider. Dieser wird durch eine Reihe von Telefonaten, Gesprächen und Workshops begleitet. Auch wenn es für die Beteiligten nicht immer transparent ist, so muss sich der Architekt doch stets bewusst sein, auf welcher Ebene er sich in den zwei Dimensionen gerade bewegt. Nur so kann er das richtige Ziel, die passende Kommunikationsebene und eine effektive Lösung erreichen.

Steht man jedoch am Anfang eines Entwurfs, gilt es zuerst möglichst viele Informationen zu sammeln:

- für das Projekt benötigtes Domänenwissen und technisches Hintergrundwissen erarbeiten,
- in der Organisation vorhandene Systeme ermitteln und auf Wiederverwendbarkeit prüfen,
- von Dritten angebotene Systeme ermitteln, die eine ähnliche Aufgabe oder wenigstens Teile davon erfüllen wie das zu entwickelnde System,
- passende technische Literatur für benötigte Lösungsansätze und Vorgehensmuster sichten.

Dies sind nur einige Beispiele für sinnvolle Informationsquellen.

Basierend auf dieser ersten Analyse sollte die zentrale Systemidee definiert werden: Was ist die Kernaufgabe? Hierzu sollten die Hauptaufgabe und die Verantwortlichkeit des Systems in wenigen Sätzen beschrieben werden mit Bezug auf die wichtigsten Begriffe und Aspekte der Fachdomäne. Daraus erschließt sich meist schon ein erster Rahmen für die Architektur. Denn mit diesen Informationen kann man das System bereits in eine der drei Systemkategorien einteilen (vgl. Kap. 2, Abb. 2–3): Informationssystem, mobiles System oder eingebettetes System.

Je nach Systemkategorie sind sofort die nächsten Entwurfsschritte und Fragen offensichtlich: Handelt es sich um ein Informationssystem, so wird man auf eine Schichtenarchitektur zurückgreifen. Es muss geklärt werden, ob ein interaktives System oder ein Batchsystem gewünscht ist. Welche Geschäftsprozesse sollen unterstützt werden? Sind Transaktionen auf aktuellen Organisationsdaten notwendig? Welche Verfügbarkeit und Performanz ist erforderlich?

Ist hingegen ein eingebettetes System angedacht, so wird man sich eher fragen: Soll es auf einer speziellen Hardware laufen oder diese steuern? Gibt es festgelegte Zeitgarantien für zeitkritische Operationen? Ist eine ereignisbasierte Steuerung notwendig? Besteht der Bedarf einer parallelen Steuerung?

Diese und weitere Fragestellungen helfen dem Architekten, sich weiter vorzuarbeiten. Dabei darf er aber auf keinen Fall die Einflussfaktoren und Randbedingungen aus den Augen verlieren, wie z.B. organisatorische und politische Aspekte, technische und betriebsbedingte Randbedingungen und natürlich die funktionalen und nichtfunktionalen Anforderungen.

Organisatorische Faktoren können dabei beispielsweise sein: die Organisation und Struktur beim Kunden, im Team oder bei den Entscheidungsträgern; die zur Verfügung stehenden Ressourcen, z.B. Personal, Budget oder zeitliche Vorgaben. Organisationsstandards wie Vorgehensmodelle oder Werkzeuge müssen mit berücksichtigt werden. Und schließlich sollten auch juristische Aspekte überprüft und ggf. berücksichtigt werden. Aber auch technische und betriebsbedingte Faktoren wie bestehende Software- und Hardwareinfrastruktur, Vorgaben für Programmiersprachen und -stile, Referenzarchitekturen, existierende Datenstrukturen oder zu verwendende Bibliotheken und Frameworks dürfen nicht vernachlässigt werden.

Diese und andere Einflussfaktoren und Randbedingungen muss der Architekt kontinuierlich reflektieren. Hierzu bietet die oberste Abstraktionsebene »Vorgaben und Randbedingungen« die entsprechenden Bezugspunkte aus den vier Bereichen:

- Projektumfeld und Projektmanagement
- Produktmanagement und Requirements Engineering
- Ausführungsumgebung und Betrieb
- Werkzeugumgebung und Entwicklung

Aus diesen Schnittstellenbereichen kommen die Vorgaben und Randbedingungen. Allerdings stehen diese im Wechselspiel mit der Architektur. Kann der Architekt glaubhaft argumentieren, dass eine Änderung von Vorgaben oder Randbedingungen aus diesen Schnittstellenbereichen die Architektur vereinfachen kann, dann werden sich die Entscheider ernsthaft überlegen, hier entsprechend aktiv zu werden. Natürlich müssen dann die Konsequenzen zu anderen Architekturen, Systemen und Organisationen berücksichtigt werden. So entstehen – destilliert durch das Requirements Engineering vom Anforderungsträger – die funktionalen und nichtfunktionalen Anforderungen für den Architekturentwurf. Der Architekturentwurf liefert die Möglichkeit, die Realisierbarkeit der Anforderungen und deren Konsequenzen für das Requirements Engineering zurückzuspiegeln. Zeigt sich hierbei, dass Änderungen von wenigen Anforderungen die Architektur deutlich vereinfachen würden, so ist es die Aufgabe des Architekten, diese Optionen mit den entsprechenden Schnittstellenrollen und Entscheidungsträgern zu diskutieren.

4.3 Entwurfsprinzipien und Heuristiken

Als Heuristiken bezeichnet man Verfahren, die helfen sollen, Probleme ressourcensparend zu lösen.

Je nach Ausgangspunkt und Problemstellung können bei deren Lösung unterschiedliche Verfahren helfen, die in diesem Kapitel vorgestellt werden, wie z.B. Top-down und Bottom-up, »Divide et impera« oder die Trennung von Verantwortlichkeiten.

Im Gegensatz zu Referenzarchitekturen, die klar aufzeigen, wie eine konkrete Softwarearchitektur aussehen sollte, repräsentieren Architekturprinzipien [VA++09] bewährte Grundsätze, die allerdings noch nichts darüber aussagen, wie diese Prinzipien in konkreten Fällen angewendet werden.

Für die meisten der nachfolgend behandelten Prinzipien spielen zwei Hauptprobleme eine wichtige Rolle: die Reduktion der Komplexität und die Erhöhung der Flexibilität bzw. Änderbarkeit einer Softwarearchitektur.

4.3.1 Top-down und Bottom-up

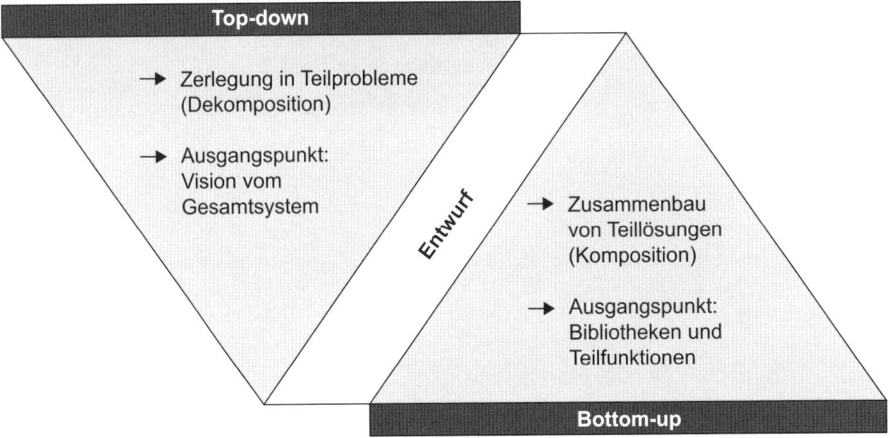

Abb. 4–4 *Top-down und Bottom-up*

Die Top-down-Vorgehensweise beginnt mit der Problemstellung. Sie zerlegt diese immer weiter in kleinere Teilprobleme und endet schließlich bei nicht weiter zerlegbaren Miniproblemen, die direkt implementiert werden können.

Die Vorteile dieser Vorgehensweise liegen darin, dass alle Komponenten bekannt sind und das Risiko, ungeeignete Ergebnisse zu erstellen, recht gering ist. Allerdings liegen diese Ergebnisse auch erst spät vor und Verständnisfehler wirken sich am Ende auf das Ergebnis aus.

Vorteile	Nachteile
Gutes Problemverständnis	Kritische Integration am Ende
Maschinen- und sprachunabhängig	Übersehen von existierenden (Teil-)Lösungen
Kein Sich-Verlieren in Details	Gravierende Änderungen bei spät erkannten Problemen
Saubere Schnittstellen/Konsistenz	Spätes Feedback, ob der Entwurf das Richtige macht
Entwurf noch im Produkt erkennbar	

Tab. 4–1 *Top-down*

Die Bottom-up-Vorgehensweise beginnt dagegen mit der konkreten Maschine und baut darauf weitere »abstrakte Maschinen«. Die Entwickler beginnen mit der Implementierung ohne vollständige Kenntnis aller Systemdetails. Die Teillösungen werden zusammengebaut, bis schließlich eine vollständige »Problemlösungsmaschine« entsteht.

Im Gegensatz zur Top-down-Methode erzielt man hier sehr schnell Ergebnisse und Risiken werden frühzeitig erkannt. Allerdings können Teilergebnisse unter Umständen für weitere Schritte ungeeignet sein.

Vorteile	Nachteile
Hoher Wiederverwendungsgrad	Potenziell werden nicht alle Teile benötigt
Hohe Funktionssicherheit durch inkrementellen Test	Orientierung an technischen Gegebenheiten statt an Benutzeranforderungen
Schrittweise Integration	Gefahr der frühzeitigen Optimierung
Beginn mit vermuteten Teilproblemen	Gefahr des »Wildwuchses«

Tab. 4–2 *Bottom-up*

Die beiden Vorgehensweisen schließen sich nicht gegenseitig aus, sondern können sich durchaus ergänzen.

4.3.2 Hierarchische (De-)Komposition

4.3.2.1 Divide et impera

»Divide et impera« ist lateinisch und bedeutet so viel wie »teile und herrsche« (engl. devide and conquer).

Dieser Grundsatz findet in vielen Teilgebieten der Informatik Anwendung und beschreibt einen reduktionistischen Lösungsansatz, bei dem die zu lösende Aufgabe in immer kleinere Teilaufgaben zerlegt wird, bis die Komplexität dieser Aufgaben eine beherrschbare Größe erreicht hat. Dieses Prinzip findet auch in zahlreichen Algorithmen Anwendung und nutzt die Tatsache, dass der Lösungsaufwand bei vielen Problemen sinkt, wenn man sie in kleinere Teilprobleme zerlegt.

Ähnlichkeiten zum Top-down-Entwurf sind klar erkennbar: Ein System oder eine Komponente wird in immer kleinere, relativ unabhängige Komponenten zerlegt. Am Ende erhält man eine Hierarchie bzw. Baumstruktur von Komponenten.

Man könnte beispielsweise einzelne oder mehrere Funktionen kapseln oder Verantwortlichkeiten bzw. unterschiedliche Aspekte eines Problems voneinander trennen.

Für die Lösung des Gesamtproblems sind je nach Algorithmus verschiedene Wege möglich, wie z. B.:

- Die Lösung für das letzte Teilproblem ist zugleich auch die Lösung des Gesamtproblems. Beispielsweise ist beim Suchen im Binärbaum nach dem letzten Suchschritt die passende Stelle im Baum bestimmt.
- Die Teillösungen werden zu einer Gesamtlösung zusammengefügt.
- Die Lösung für das Gesamtproblem wird nach bestimmten Kriterien aus der besten Teillösung ausgewählt. Bei manchen Optimierungsproblemen wird z. B. der Lösungsraum aufgeteilt und aus den Teilräumen die optimale Lösung gesucht. Aus diesen »Teilraumoptima« wird dann die beste Lösung als Gesamtlösung gewählt.

4.3.2.2 Prinzipien bei der Zerlegung

Die Zerlegung ist ein wichtiger Ansatz, um die Komplexität zu reduzieren [Sta11]. Allerdings gibt es einige zentrale Prinzipien, die dabei beachtet werden sollten, wie z. B. die Kapselung. Ohne die Kapselung können ungewollte Abhängigkeiten zwischen einzelnen Systemteilen entstehen. Kapseln Sie die Komplexität in Komponenten und betrachten Sie diese als Blackbox. Komponenten sollten keine Annahmen über den inneren Aufbau anderer Komponenten machen.

Wichtig sind ebenfalls eine geringe Kopplung und eine hohe Kohäsion, doch dazu später mehr.

Bereits etablierte und erprobte Strukturen sollten Sie wiederverwenden, anstatt das Rad neu zu erfinden.

Entwerfen Sie in Iterationen und ermitteln und bewerten Sie Stärken und Schwächen anhand eines prototypischen Entwurfs.

Zerlegen Sie in möglichst voneinander unabhängige Elemente und trennen Sie Verantwortlichkeiten klar und verständlich.

4.3.2.3 So-einfach-wie-möglich-Prinzip

Wie bereits Albert Einstein sagte: »Mache die Dinge so einfach wie möglich – aber nicht einfacher.«

Schlichtheit und Einfachheit haben wünschenswerte Effekte: Sie erleichtern die Verständlichkeit und verhindern das Verdecken von Problemen durch übermäßige Komplexität. Einfache Strukturen sind verständlicher und dadurch auch leichter veränderbar. Außerdem werden eventuelle Abhängigkeiten leichter gefunden und können leichter entfernt werden.

Dieses Prinzip hängt eng mit dem Begriff der Angemessenheit zusammen, denn Sie sollten die Komplexität in dem Maße einsetzen, wie es Ihnen im jeweiligen Fall angemessen erscheint. Ein angemessener Einsatz von Komplexität ist jedoch Erfahrungssache: Im Zweifelsfall sollte lieber die weniger komplexe Variante gewählt werden.

4.3.2.4 Trennung von Verantwortlichkeiten

Das Prinzip der Trennung von Verantwortlichkeiten wird im Englischen »Separation of Concerns« genannt. Allgemein besagt es, dass unterschiedliche Aspekte eines Problems voneinander getrennt und jedes Teilproblem separat für sich behandelt werden soll. Wie viele andere Prinzipien ist es auf das Prinzip »Divide et impera« zurückzuführen.

Verantwortlichkeiten sollten auf allen Ebenen des Entwurfs betrachtet werden, von einzelnen Klassen bis hin zu ganzen Systemen.

Eine Trennung von fachlichen und technischen Teilen ist besonders wichtig und sollte grundsätzlich angestrebt werden. Dadurch erreichen Sie, dass die fachliche Abstraktion von der konkreten technischen Umsetzung getrennt wird, um beide Aspekte später getrennt voneinander weiterentwickeln oder einzelne Programmteile besser austauschen und wiederverwenden zu können. Ein weiterer Vorteil ist eine Erhöhung der Qualität durch bessere Nachverfolgbarkeit von Änderungen und deren Auswirkungen.

Die Modularität eines Systems gibt an, inwieweit ein System in jeweils in sich geschlossene Bausteine (Module) zerlegt und gekapselt ist. Das Prinzip der Trennung von Verantwortlichkeiten kann zusammen mit dem Geheimnisprinzip dazu genutzt werden, das Prinzip der Modularität umzusetzen. Das Modularitätsprinzip besagt, dass man in sich selbst abgeschlossene Systembausteine mit einfachen und stabilen Beziehungen anstreben sollte. Die Bausteine eines modularen Systems sollten Blackboxes sein und ihr Innenleben nach außen hin verbergen.

4.3.3 Schmale Schnittstellen und Information Hiding

4.3.3.1 Information Hiding

Das Geheimnisprinzip, auch Information Hiding genannt, wurde Anfang der 70er-Jahre von David Parnas beschrieben.

Wie bereits erwähnt, sollte die Komplexität in Komponenten gekapselt werden. Dies erhöht die Flexibilität für Änderungen. Die Komponenten werden als Blackbox betrachtet, der Zugriff auf die innere Struktur wird verwehrt und erfolgt stattdessen über definierte Schnittstellen. Es soll nur der wirklich notwendige Ausschnitt der gesamten Information gezeigt werden, der für die Aufgabe benötigt wird.

4.3.3.2 Verwendung von Schnittstellen

Die wichtigsten Aspekte der Architektur sind Schnittstellen und Beziehungen zwischen den Komponenten. Schnittstellen sind Teil der Basis des Gesamtsystems, durch sie werden die Beziehungen zwischen den Systemteilen ermöglicht. Die einzelnen Bausteine und Teilsysteme kommunizieren und kooperieren über die Schnittstellen miteinander. Auch die Kommunikation mit der Außenwelt findet über Schnittstellen statt.

4.3.4 Regelmäßiges Refactoring und Redesign

Das erste Mal den Schlüssel in die Haustür eines neu gekauften Hauses zu stecken und die Türe zu öffnen – das ist ein wunderbares Gefühl. Man geht durch die einzelnen Räume, es riecht noch nach den letzten Arbeiten der Handwerker – des Malers, Tischlers und der anderen. Alles ist sauber, die Küche aufgeräumt. Nach einigen Wochen ist dieser Duft verfolgen. Und falls man nicht regelmäßig aufräumt, wartet, repariert und entrümpelt, kann auch ein neues Haus in kürzester Zeit zu einem wenig anziehenden Ort werden.

Dies gilt auch für Software und deren Architektur. Software wird in der Regel kontinuierlich weiterentwickelt. Gelingt es nicht, hier regelmäßig aufzuräumen, die aufgrund von Zeitdruck oder Bugfixing entstandenen Ecken und Kanten, hinzugebauten Balkonen und Erkerchen sowie die anderen Errungenschaften zurückzubauen und in die grundlegende Architektur zu integrieren, so degeneriert auch eine noch so gute Softwarearchitektur in kürzester Zeit. Das Ergebnis ist in der Konsequenz erschütternd. Nicht selten sind die Kosten für die Weiterentwicklung und Renovierung der Software so hoch, dass es wirtschaftlich nicht mehr vertretbar ist. Ein völliger Neuanfang erscheint dann nicht ausgeschlossen.

Deshalb ist es notwendig, die Software regelmäßig zu restrukturieren (engl. Refactoring) und ein Redesign durchzuführen. Martin Fowler unterscheidet bei der Definition von Refactoring zwischen dem Substantiv »Refactoring« und der Tätigkeit des »Refactoring«:

- Refaktorisierung (Substantiv) [Fow00]:
  »Eine Änderung an der internen Struktur einer Software, um sie leichter verständlich zu machen und einfacher zu verändern, ohne ihr beobachtbares Verhalten zu ändern.«
- Refaktorisieren (Verb) [Fow00]:
  »Eine Software umstrukturieren, ohne ihr beobachtbares Verhalten zu ändern, indem man eine Reihe von Refaktorisierungen anwendet.«

Refactoring dient dazu, die Abhängigkeiten so anzupassen, dass die inkrementelle Weiterentwicklung erleichtert wird.

Angenommen, im Zuge eines Bugfixing in einer Klasse war ein Zugriff auf eine andere Klasse über mehrere Dereferenzierungen in der Form u.getV().getW().getX().getY().getZ().doSomething() notwendig. Derartige Dereferenzierungsketten sollten vermieden werden, da sie direkte Abhängigkeiten über ganze Klassengeflechte schaffen. Dann bestände ein mögliches Refactoring darin, in der Klasse U eine neue Methode getZ() zu platzieren.

Entscheidend jedoch ist, dass man sich regelmäßig für Refactoring und Redesign Zeit nimmt. Hier müssen bei der Projektkalkulation entsprechende Ressourcen vorgesehen werden.

4.4 Architekturzentrierte Entwicklungsansätze

In diesem Abschnitt werden einige architekturzentrierte Entwicklungsansätze und Konzepte vorgestellt, die ein Softwarearchitekt heute einsetzt, um Architekturen zu entwerfen und umzusetzen. Hier soll lediglich ein knapper Überblick von Entwicklungsansätzen, die architekturzentriert sind, vorgestellt werden. Die Liste ist keineswegs vollständig.

4.4.1 Domain Driven Design

Beim domänengesteuerten Entwurf (engl. Domain Driven Design, DDD) handelt es sich um eine Sammlung von Prinzipien und Mustern, die Entwicklern beim Entwurf von Objektsystemen helfen sollen. Der Begriff »Domain Driven Design« wurde von Eric Evans geprägt.

4.4.1.1 Fachmodelle als Basis

Sie sollten Ihren Entwurf mit der Strukturierung der Fachdomäne beginnen [Sta11]. Entwerfen Sie ein projektweit akzeptiertes Domänenmodell, das auf rein fachlicher Basis strukturiert werden sollte. Dieses Modell verbessert die Kommunikation zwischen Fachexperten und Entwicklern und erlaubt eine präzise Formulierung von Anforderungen. Mit einer direkten Abbildung in Software lässt sich das Domänenmodell sehr leicht testen. Auf Grundlage dieses Modells entsteht eine gemeinsame, domänenspezifische Sprache, deren Elemente in ein Projektglossar aufgenommen werden sollten.

Abbildung 4–5 zeigt die Bausteine eines Domänenmodells auf Basis des Domain Driven Design.

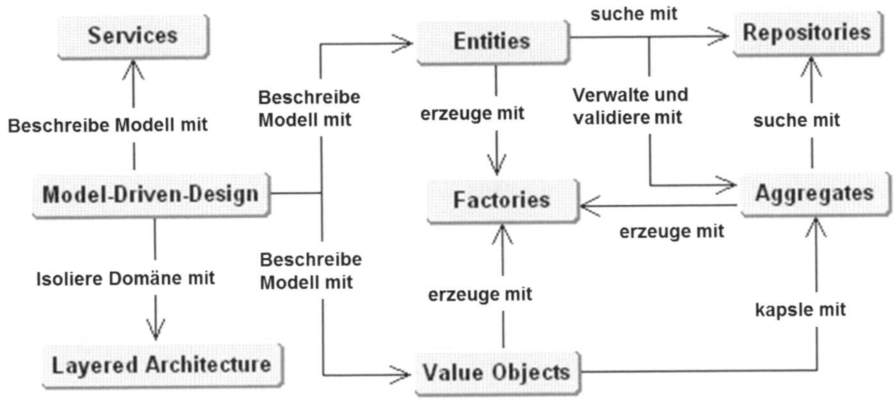

Abb. 4–5 *Bausteine eines Domänenmodells*

4.4.1.2 Systematische Verwaltung der Domänenobjekte

Die Entitäten stellen die Kernobjekte einer Fachdomäne dar und sind in der Regel immer persistent. Sie besitzen innerhalb der Domäne eine gleich bleibende Identität und einen klar definierten Lebenszyklus. Eine Entität ist ein »Ding« in Ihrem System. Es ist oft nützlich, sich Entitäten in Form von Substantiven vorzustellen, wie z.B. Personen oder Orte.

Die Wertobjekte (engl. Value Objects) beschreiben den Zustand anderer Objekte und verfügen über keine eigene Identität. Sie beschreiben einfach solche Objekte, die Identitäten haben. Sie können aus anderen Wertobjekten bestehen, aber niemals aus Entitäten. Wertobjekte sind im Gegensatz zu Entitäten unveränderlich.

Bei den Services handelt es sich um Operationen, die Abläufe oder Prozesse der Domäne darstellen, nicht von Entitäten wahrgenommen werden und für gewöhnlich über keinen eigenen Zustand verfügen. Die Ein- und Ausgaben dieser Operationen sind Entitäten, Aggregate oder Value Objects (also Domänenobjekte).

Für die Verwaltung der Domänenobjekte schlägt Evans drei verschiedene Verwaltungsobjekte vor:

- **Aggregate:**
  Ein Aggregat kapselt vernetzte Domänenobjekte und besitzt grundsätzlich genau eine Entität als Wurzelobjekt, die den einzigen Zugriff zum Aggregat darstellt. Externe Objekte dürfen nur Referenzen auf die Wurzelentität enthalten.
- **Fabrik:**
  Fabriken (engl. Factories) kapseln die nichttriviale Konstruktion komplexer Objektstrukturen. Fabriken haben keinen Zugriff auf andere Schichten und dienen ausschließlich der Konstruktion von Fachobjekten.

- **Repository:**
  Ein Repository bietet allen Arten von Objekten die Möglichkeit, Objektreferenzen anderer Objekte zu erhalten, und kapselt den Zugriff der Fachobjekte auf die darunter liegende Persistenztechnologie.

4.4.1.3 Strukturierung der Fachdomäne

Die Strukturierung der Fachdomäne kann üblicherweise nach zwei Aspekten erfolgen: nach Fachobjekten oder nach Benutzertransaktionen.

- Eine Zerlegung nach Fachobjekten ist dann sinnvoll, wenn
  - Wiederverwendung wichtig ist,
  - die Fachlogik komplex, umfangreich oder flexibel ist,
  - objektorientiertes Paradigma gut verstanden ist.

  Diese Zerlegung entspricht im Großen und Ganzen der objektorientierten Zerlegung.
- Eine Strukturierung nach Benutzertransaktionen ist sinnvoll bei
  - simpler Datenbeschaffung und einfachen Operationen darauf,
  - Integration von Fremdsystemen,
  - einfacher oder wenig umfangreicher Fachlogik,
  - wenig Erfahrung mit objektorientierten Vorgehensweisen.

Eine Benutzertransaktion entspricht einer Aktion, die ein Benutzer des Systems ausführen kann, einschließlich aller systeminternen Operationen wie etwa der Prüfung der Eingabedaten.

Ein wichtiger Punkt ist vor allen Dingen die Bewahrung der konzeptionellen Integrität: Sie sollten möglichst alle Teile nach ähnlichen Aspekten zerlegen und dieses Konzept konsistent anwenden (und am besten dokumentieren).

4.4.2 MDA

MDA steht für »Modellgetriebene Architektur« und bezeichnet ein Konzept zur Generierung von Anwendungen oder Anwendungsteilen aus (UML-)Modellen heraus. Es wurde durch die Object Management Group (OMG) definiert.

Bei der modellgetriebenen Softwareentwicklung (engl. Model Driven Software Development oder kurz MDSD) werden Softwarekomponenten automatisiert durch Transformationen aus Modellen generiert [RH06]. MDSD bezeichnet die Verwendung von Modellen und Generatoren zur Verbesserung der Softwareentwicklung. Es handelt sich um ein Konzept zur Generierung von Komponenten aus Modellen heraus.

Im Zentrum steht das Modell, das typischerweise mithilfe einer domänenspezifischen Sprache (engl. Domain-specific Language, kurz DSL) formuliert wird. Die DSL kann entweder textuell oder grafisch sein. Eine DSL ist allerdings keine Pflicht. MDA, MDSD & Co. sind unabhängig von DSLs.

Um letzten Endes eine ausführbare Anwendung zu erhalten, gibt es zwei Alternativen. Bei der direkten Interpretation werden ausführbare Modelle durch eine virtuelle Maschine direkt interpretiert. Beispiel dafür wäre die ausführbare UML (engl. Executable UML) der OMG (Object Management Group). Die zweite Möglichkeit ist der generative Ansatz, bei dem das Modell mittels einer oder mehrerer Transformationen in eine ausführbare Anwendung übersetzt wird.

Die Model Driven Architecture (MDA), wie sie die OMG definiert, ist im Grunde genommen nichts anderes als eine Spezialisierung des MDSD-Ansatzes und hat nichts mit Architektur zu tun. Während bei der modellgetriebenen Softwareentwicklung die Wahl der verwendeten Modellierungssprachen offen gelassen wird und es keine Einschränkung hinsichtlich der Transformation in lauffähige Anwendungen gibt, hat die MDA hier konkretere Vorstellungen. Zum Beispiel sollte die zu verwendende DSL MDA-konform sein, d.h. mittels der MOF (Meta Object Facility) definiert werden. Die Meta Object Facility bildet das Metamodell. In der Praxis werden meistens UML-Profile verwendet.

Die plattformunabhängigen Aspekte werden im Rahmen des PIM (engl. Platform Independent Model) modelliert. Anschließend wird das PIM auf ein oder mehrere plattformspezifische Modelle (engl. Platform Specific Model, kurz PSM) abgebildet. Das PSM stellt also den Bezug zu einer konkreten Plattform her, woraus letztendlich der Code generiert werden kann.

Der MDSD-Ansatz bringt im Wesentlichen folgende Vorteile mit sich:

- Größere Entwicklungseffizienz
- Fachexperten werden besser integriert.
- Software ist leichter änderbar.
- Verbesserte Umsetzung der Softwarearchitektur
- Die Fachlogik lässt sich relativ einfach auf andere Plattformen portieren.

Jedoch erfordert die modellgetriebene Softwareentwicklung den Aufbau einer Infrastruktur, bestehend aus DSL, Modellierungswerkzeugen, Generatoren, Plattformen etc. und viel Disziplin beim Erstellen der Modelle. Auch erhöht sich der Spezifikationsaufwand und in der Regel ist nur ein Teil des Modells automatisch in Artefakte überführbar.

4.4.3 Referenzarchitekturen

4.4.3.1 Generative Erzeugung von Systembausteinen

Wenn bestimmte Arbeiten immer wiederkehrend auf die gleiche oder zumindest ähnliche Art und Weise zu erbringen sind, lassen sich diese mithilfe generativer Techniken automatisieren [VA++09]. Auch in der Softwareentwicklung ist es oft notwendig, Systeme zu erstellen, die sich in nur wenigen Details von anderen Systemen unterscheiden. Die Gemeinsamkeiten können dabei sowohl fachlicher als auch technischer Natur sein. Eines der Hauptziele in der Softwareentwicklung ist stets die hohe Wiederverwendbarkeit von Systembausteinen.

Eine weit verbreitete Generierungstechnik sind die Template-basierten Generatoren. Ein Template ist in diesem Fall eine meist textbasierte Vorlage. Ein Teil des Templates greift auf die meist ebenfalls textbasierten Eingabedaten zu. Wann das Template angewendet wird, kann mithilfe von Mustern definiert werden. Anhand vordefinierter Regeln wird die Vorlage in Abhängigkeit der Generatoreingabe verändert und ausgegeben. Bekannte Beispiele sind die Java Emitter Templates (JET) oder die Transformationssprache XSLT, die Teil der Extensible Stylesheet Language (XSL) ist und der Transformation von XML-Dokumenten dient.

Eine andere Generierungstechnik sind die API-basierten Generatoren, die u.a. zur Erzeugung von PDF-Dokumenten eingesetzt werden. In diesem Fall wird der gesamte Aufbau des zu generierenden Dokuments über ein API (Application Programming Interface) beschrieben.

Ein in der Softwareentwicklung weit verbreiteter Einsatz von Generatoren ist die modellgetriebene Softwareentwicklung.

4.4.3.2 Aspektorientierung

In einem Programm kann es Aufgaben geben, die an mehreren Stellen des Codes vorkommen. Falls beispielsweise bestimmte Tätigkeiten geloggt werden sollen, muss vor und hinter der Tätigkeit bestimmter Code eingesetzt werden. Wenn das Logging an mehreren Stellen im Programm auftreten soll, schreibt oder kopiert der Entwickler den gleichen Code an verschiedene Positionen. Weitere Beispiele wären das Wiederholen von Datenbankzugriffen, Transaktionsverwaltung oder Authentifizierung. Dieses wiederholte Auftauchen des gleichen Codes an unterschiedlichen Stellen widerspricht dem Konzept »Don't repeat yourself« (DRY-Konzept). Die Aspektorientierung ermöglicht es, solche Aufgaben zu kapseln, sodass die Aufgabe nur einmal programmiert, aber an mehreren Stellen ausgeführt werden kann.

Die Aspektorientierung realisiert sozusagen das Prinzip Separation of Concerns für die sogenannten Cross-Cutting Concerns. Cross-Cutting Concerns, manchmal auch System-Level Concerns genannt, betreffen das gesamte System oder technische Randbedingungen und können nicht so einfach gekapselt werden. Oft sind sie für die eigentliche Funktionalität gar nicht notwendig (z.B. Logging).

Beispiele für Cross-Cutting Concerns sind:

- Logging
- Performance-Profiling
- Validierung
- Session
- Synchronisierung

- Sicherheit
- Fehlerbehandlung
- Ereignisgesteuerte Programmierung (z.B. PropertyChangeEvents)
- Softwaretests

Bekannte Implementierungen für aspektorientierte Programmierung sind AspectJ, JBoss AOP oder AspectWerkz.

4.4.3.3 Objektorientierung

In der Objektorientierung werden Prozeduren Operationen oder Methoden genannt. Die Idee hinter der Objektorientierung ist, Realweltkonzepte in Objekten abzubilden, wie beispielsweise ein Auto. Dieses Objekt kann auch dessen Daten wie Typ, Farbe etc. speichern und stellt die Operationen zur Änderung und Abfrage dieser Daten bereit.

Eine wichtige Eigenschaft bei der Objektorientierung ist die Klassifizierung. Bleiben wir bei dem Beispiel des Autos. Natürlich gibt es bei einem Autohändler nicht nur ein einziges Auto, sondern deren viele. Die Klasse Auto kann somit als Abstraktion angesehen werden. Sie wird in der Objektorientierung einmal definiert und kann mehrfach instanziiert werden.

Wenn nun von einer Klasse eine ganze Reihe von Objekten instanziiert werden kann, so muss man sie zur Laufzeit auch irgendwie unterscheiden können. Aus diesem Grund hat jedes Objekt seine eigene, eindeutige Objekt-ID, damit man die Operationen des Objekts aufrufen kann.

Klassendiagramm

Auto
-marke : String -farbe : String -kennzeichen : String
+aendereKennzeichen(eing. kennzeichen : String)

Objektdiagramm

a3 : Auto
marke : String = "Audi" farbe : String = "schwarz" kennzeichen : String = "X-Y-0815"

c3 : Auto
marke : String = "Citroen" farbe : String = "rot" kennzeichen : String = "A-B-0815"

Abb. 4–6 *Beispiel eines Klassendiagramms und des dazugehörigen Objektdiagramms*

Abbildung 4–6 zeigt ein UML-Klassendiagramm mit der Klasse Auto und ein Objektdiagramm mit zwei von dieser Klasse instanziierten Objekten.

Um mögliche Interaktionen zwischen den Objekten genauer spezifizieren zu können, gibt es auch eine Reihe von Beziehungen wie Assoziation, Aggregation, Vererbung, Schnittstellen und abstrakte Klassen.

Durch die zusätzlichen Abstraktionen bieten objektorientierte Architekturen gegenüber prozeduralen Architekturen eine bessere Unterstützung der Modularisierung. Allgemein ist es etwas einfacher, die oben vorgestellten Prinzipien umzusetzen, doch eine objektorientierte Architektur ist deshalb nicht automatisch auch eine gute Architektur. Auch hier muss der Architekt ein geeignetes objektorientiertes Modell entwerfen und die gegebenen Techniken und Ansätze richtig anwenden.

4.4.3.4 Prozedurale Ansätze

Ein klassischer und immer noch weit verbreiteter Ansatz zur Strukturierung von Architekturen sind die Prozeduren. Mit ihnen kann ein komplexer Algorithmus in wiederverwendbare Teilalgorithmen zerlegt werden, was die Grundlage für die Umsetzung des Separation-of-Concerns-Prinzips ist.

Viele Programmiersprachen wie C oder Cobol basieren auf Prozeduren, doch auch objektorientierte Systeme erlauben prozedurale Abstraktionen, wie z.B. statische Methoden in Java.

4.5 Techniken für einen guten Entwurf

Neben den bisher vorgestellten grundsätzlichen Architekturprinzipien gibt es noch konkrete Techniken für einen guten Entwurf, den ein Softwarearchitekt kennen sollte. Eine wichtige Herausforderung beim Entwurf von Softwarearchitekturen besteht darin, die gegenseitigen Abhängigkeiten der einzelnen Softwarebausteine vernünftig zu verwalten. Manchmal lassen sich Abhängigkeiten nicht vermeiden oder können sogar erwünscht sein, wenn z.B. einer anderen Klasse eine Nachricht zugesandt oder eine bestimmte Methode eines anderen Teilsystems aufgerufen werden muss.

Wichtig ist, dass Sie Entwürfe immer diskutieren und sich Alternativen und Optionen offenhalten sollten. Modelle sind nicht die Realität und sollten mit Kunde und Auftraggeber abgestimmt werden.

4.5.1 Ausgangssituation und Motivation: Degeneriertes Design

Bei einer Software, die über einen längeren Zeitraum häufig geändert wird, kann es passieren, dass die Struktur der Software mit der Zeit degeneriert. Das ist ein generelles Problem. Zu Beginn entwerfen Architekten und Designer eine saubere und flexible Softwarestruktur, die auch in der ersten Version der Software noch zu erkennen ist. Nach dem ersten praktischen Einsatz jedoch ist es meist unvermeidlich, dass die Anforderungen verändert werden müssen. Dies führt dazu, dass die Software angepasst, erweitert und gewartet werden muss. Wird dabei der anfängliche Entwurf nicht berücksichtigt, kann es passieren, dass die ursprüngliche Struktur kaum noch erkennbar und nur noch schwer verständlich ist.

Es sind im Wesentlichen drei Symptome, die auf degeneriertes Design hindeuten:

- **Zerbrechlich:**
  Änderungen an einer Stelle können zu unvorhergesehenen Fehlern an einer anderen Stelle führen.
- **Starr:**
  Sogar einfache Modifikationen sind schwierig und betreffen eine Vielzahl an abhängigen Komponenten.
- **Schlechte Wiederverwendung:**
  Komponenten können aufgrund zu vieler Abhängigkeiten nicht einzeln wiederverwendet werden.

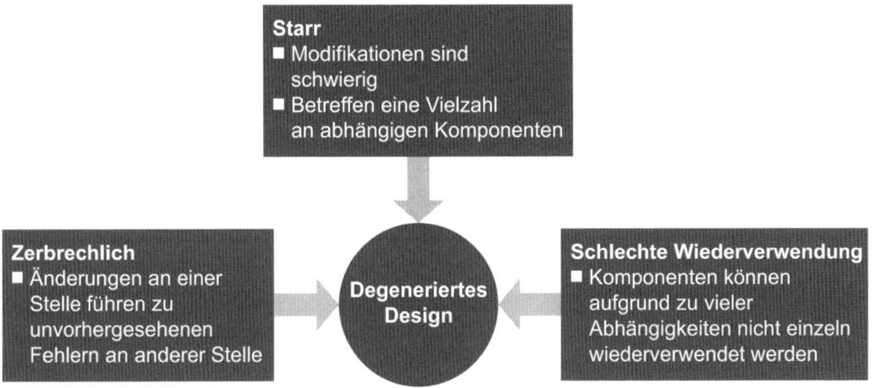

Abb. 4–7 *Symptome von degeneriertem Design*

4.5.2 Lose Kopplung

Wie bereits erwähnt, ermöglichen erst die Beziehungen zwischen den Bausteinen und Komponenten die richtige Zusammenarbeit und bilden Teil der Basis des Gesamtsystems. Aber Beziehungen bedeuten auch Abhängigkeiten zwischen den Komponenten, die wiederum zu Problemen führen können. Eine Änderung an einer Schnittstelle beispielsweise führt dazu, dass alle Bausteine, die diese Schnittstelle verwenden, unter Umständen ebenfalls geändert werden müssen.

Diese Beziehung zwischen den Bausteinen sowie die Stärke dieser Beziehung und der daraus resultierenden Abhängigkeit wird Kopplung genannt.

Ein einfaches Beispiel wäre das Zählen der Beziehungen zu einem anderen Baustein. Mit dieser einfachen Metrik kann man z.B. messen, wie stark eine

Komponente mit anderen Komponenten gekoppelt ist. Daneben ist aber auch die Art der Kopplung wichtig. Nachfolgend sind einige Beispiele für Kopplungsarten genannt:

- **Aufruf**
  Eine Kopplung liegt vor, wenn eine Klasse eine andere Klasse direkt benutzt, indem sie eine Methode der Klasse aufruft.
- **Erzeugung**
  Eine andere Art der Kopplung besteht, wenn ein Baustein einen anderen Baustein erzeugt.
- **Daten**
  Eine weniger starke Kopplung liegt vor, wenn die Klassen über eine globale Datenstruktur oder nur über Methodenparameter kommunizieren.
- **Ausführungsort**
  Eine Kopplung über Hardware besteht, wenn Bausteine in der gleichen Laufzeitumgebung oder der gleichen virtuellen Maschine ablaufen müssen.
- **Zeit**
  Wenn die zeitliche Abfolge von Bausteinaktivitäten eine Rolle spielt, liegt eine Kopplung über die Zeit vor.
- **Vererbung**
  In der Objektorientierung ist eine Unterklasse bereits durch das Erben von Eigenschaften mit ihrer Oberklasse gekoppelt. Der Grad der Kopplung ergibt sich aus der Menge der geerbten Eigenschaften.

Durch die lose Kopplung soll die Komplexität von Strukturen gering gehalten werden. Je geringer die Kopplung zwischen mehreren Bausteinen, desto leichter ist es, einen Baustein zu verstehen, ohne sich dabei viele andere Bausteine anschauen zu müssen. Ein weiterer Punkt ist die Änderbarkeit. Je geringer die Kopplung, desto einfacher können lokale Änderungen an einzelnen Bausteinen durchgeführt werden, ohne dabei andere Bausteine betrachten zu müssen.

Als Beispiel für die lose Kopplung sei hier das Observer-Pattern genannt.

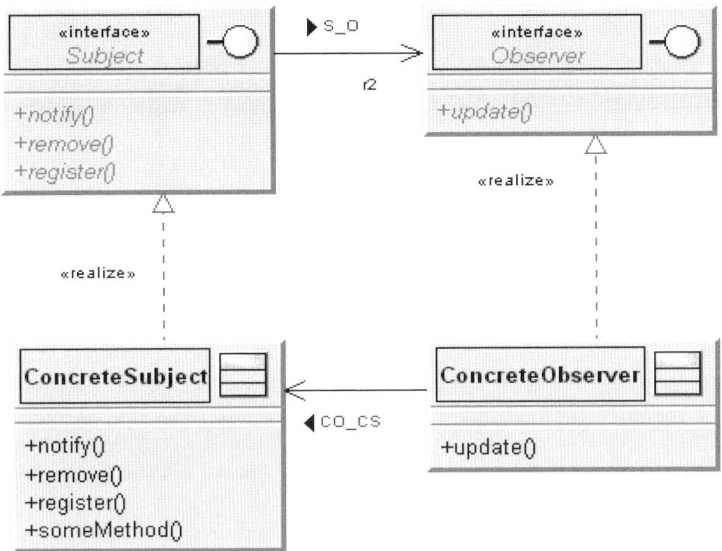

Abb. 4–8 *Beispiel: Observer-Pattern*

Das Subjekt weiß über seine Observer nur, dass diese das Interface Observer implementieren. Zwischen Observer und Subjekt gibt es keine feste Bindung, Observer können jederzeit registriert oder entfernt werden. Änderungen an Subjekt oder Observer haben keinen Einfluss auf den jeweils anderen und beide können unabhängig voneinander wiederverwendet werden.

4.5.3 Hohe Kohäsion

Die Kohäsion wird auch Zusammenhangskraft genannt. Der Begriff stammt vom lateinischen cohaerere ab, was so viel wie »zusammenhängen« bedeutet.

Das Prinzip der losen Kopplung führt oft zum Prinzip der hohen Kohäsion. Denn hält man die Kopplung zwischen den Bausteinen gering, führt dies oft dazu, dass die Bausteine im Inneren stärker zusammenhängend entworfen werden.

Eine kohärente Klasse löst ein einziges Problem und besitzt eine spezifische Menge an stark zusammenhängenden Funktionen. Je höher die Kohäsion, desto stärker zusammenhängend ist die Zuständigkeit einer Klasse in der Anwendung.

Auch hier geht es wieder um die lokale Änderbarkeit und Verständlichkeit von Systembausteinen. Wenn ein Systembaustein alle Eigenschaften, die zum Verstehen und Ändern benötigt werden, vereint, kann man ihn dementsprechend auch leichter ändern, ohne andere Systembausteine in Anspruch nehmen zu müssen.

In Paketen sollten Sie nicht alle Klassen desselben Typs gruppieren (z.B. alle Filter, alle Entitäten), sondern stattdessen nach Systemen und Subsystemen gruppieren. Kohärente Pakete beherbergen Klassen eines zusammenhängenden Funktionskomplexes.

4.5.4 Offen-Geschlossen-Prinzip

Das Offen-Geschlossen-Prinzip wurde 1988 von Bertrand Meyer definiert und lautet: »Softwarebausteine sollen offen für Erweiterung sein, aber geschlossen für Änderungen.«

Geschlossen heißt, dass das Modul risikolos verwendet werden kann, da sich seine Schnittstelle nicht mehr ändert. Offen hingegen bedeutet, dass das Modul problemlos erweitert werden kann.

Kurz gesagt:

Ein Modul soll für Erweiterungen offen sein.

Die ursprüngliche Funktionalität des Moduls kann durch Erweiterungsmodule angepasst werden. Die Erweiterungsmodule erhalten dabei nur die Abweichungen der gewünschten von der anfänglichen Funktionalität.

Ein Modul soll für Änderungen geschlossen sein.

Um das Modul erweitern zu können, sind keine Änderungen am Modul notwendig. Es sollte daher festgelegte Erweiterungspunkte anbieten, an die sich die Erweiterungsmodule anknüpfen lassen.

Die Lösung dieses vermeintlichen Widerspruchs liegt in der Abstraktion. Mithilfe von abstrakten Basisklassen können Softwaremodule erstellt werden, die zwar eine festgelegte unveränderliche Implementation besitzen, deren Verhalten jedoch durch Polymorphie und Vererbung frei veränderbar ist.

Nachfolgend ein Beispiel, wie man es besser **nicht** machen sollte:

```
void draw(Form f) {
   if (f.type == circle) drawCircle(f);
   else if (f.type == square) drawSquare(f);
...
```

Dieses Beispiel ist nicht offen für Erweiterungen, denn möchte man weitere Formen zeichnen, so muss der Quellcode der Zeichnen-Methode angepasst werden. Besser ist es, das Zeichnen der Form in die Form-Klasse selbst zu verschieben.

4.5.5 Umkehr der Abhängigkeiten

Das Prinzip der Umkehr der Abhängigkeiten (engl. Dependency Inversion) besagt, dass Sie keine direkten Abhängigkeiten, sondern nur Abhängigkeiten von Abstraktionen erlauben sollten. Das führt schließlich dazu, dass die Austauschbarkeit von Bausteinen erleichtert wird. Direkte Abhängigkeiten zwischen Klassen sollten Sie beispielsweise durch die Factory-Methode entkoppeln.

Ein Beispiel soll das Ganze verdeutlichen:

Angenommen, Sie möchten eine Windows-Anwendung entwickeln, die die aktuelle Wettervorhersage aus dem Internet einliest und grafisch darstellt. Auf Grundlage der bisher vorgestellten Prinzipien verlagern Sie die Funktionalität, die sich um die Behandlung der Windows-API kümmert, in eine eigene Bibliothek.

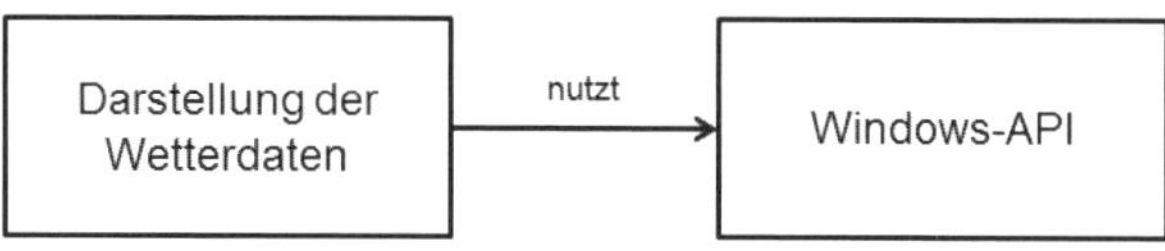

Abb. 4–9 *Beispiel: Windows-Anwendung*

Das Modul zur Wetterdarstellung ist nun abhängig von der Windows-API, die API aber nicht von der Darstellung der Wetterdaten. Die Windows-API kann auch in anderen Anwendungen verwendet werden. Allerdings können Sie Ihre Anwendung zur Wetterdarstellung nur unter Windows laufen lassen, auf dem Mac oder unter Linux funktioniert die Anwendung nicht ohne Weiteres.

Dieses Problem kann mithilfe eines abstrakten Betriebssystemmoduls behoben werden. Dieses Modul schreibt vor, welche Funktionalität die konkreten Implementierungen bereitstellen müssen. Die Betriebssystemabstraktion ist dabei nicht von der konkreten Implementierung abhängig. Sie können ohne Probleme eine weitere Implementierung, beispielsweise für Solaris, hinzufügen.

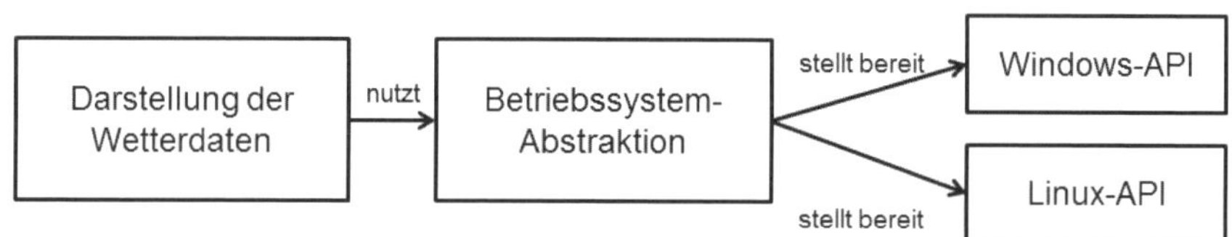

Abb. 4–10 *Umkehr der Abhängigkeiten*

4.5.6 Abtrennung von Schnittstellen

Bei vielfacher Nutzung einer umfangreichen Schnittstelle kann es sinnvoll sein, diese in mehrere spezifische Schnittstellen zu zerlegen, z.B.:

- Zerlegung nach semantischem Zusammenhang
- Zerlegung nach Verantwortungsbereich

Eine solche Zerlegung reduziert die Anzahl der abhängigen Benutzer und damit auch mögliche Folgeänderungen. Außerdem sind kleine, fokussierte Schnittstellen leichter implementierbar und wartbar.

4.5.7 Zyklische Abhängigkeiten auflösen

Zyklische Abhängigkeiten erschweren die Wartbarkeit und die Änderbarkeit von Systemen und verhindern eine getrennte Wiederverwendung.

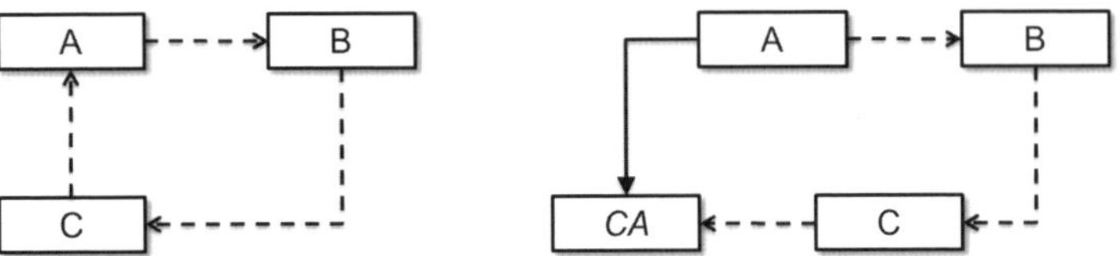

Abb. 4-11 *Zyklische Abhängigkeit*

Zyklische Abhängigkeiten lassen sich leider nicht immer vermeiden, im oben gezeigten Beispiel können Sie jedoch folgendermaßen vorgehen:

1. Trennen Sie aus A diejenigen Teile als Abstraktion CA heraus, die von C genutzt werden.
2. Die Auflösung der zyklischen Abhängigkeit erfolgt durch eine Vererbungsbeziehung von A zur Abstraktion CA.

4.5.8 Liskov'sches Substitutionsprinzip

Das Liskov'sche Substitutionsprinzip ist nach Barbara Liskov benannt und ursprünglich wie folgt definiert:

> Sei q(x) eine beweisbare Eigenschaft von Objekten x des Typs T. Dann soll q(y) auch für Objekte y vom Typ S gelten, wobei S ein von T abgeleiteter Typ ist.

Dieses Prinzip besagt, dass eine Basisklasse immer durch ihre abgeleiteten Klassen (Unterklassen) ersetzbar sein soll. In solch einem Fall soll sich die Unterklasse genauso verhalten wie ihre Oberklasse.

Erfüllt eine Klasse dieses Prinzip nicht, so ist es sehr wahrscheinlich, dass sie die Vererbung im Sinne der Generalisierung/Spezialisierung falsch anwendet.

Die Möglichkeit vieler Programmiersprachen, Methoden zu überschreiben, kann unter Umständen problematisch werden. Wenn die Signatur der Methode verändert wird, indem z.B. die Sichtbarkeit von öffentlich zu privat geändert wird, oder eine Methode plötzlich keine Ausnahmen mehr wirft, kann es zu unerwünschtem Verhalten kommen und das Substitutionsprinzip ist verletzt.

Ein auf den ersten Blick nicht ganz so offensichtliches Beispiel für die Verletzung dieses Prinzips ist die Modellierung eines Quadrats als Unterklasse vom Rechteck, d.h., das Quadrat erbt alle Attribute und Methoden des Rechtecks.

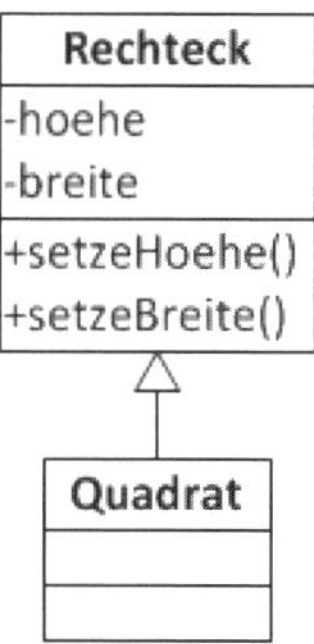

Abb. 4–12 *Quadrat als Unterklasse vom Rechteck*

Zunächst fällt auf, dass ein Quadrat eigentlich nur ein Attribut benötigt, nämlich die Seitenlänge. Allerdings kann ein Quadrat auch mit zwei Seitenlängen definiert werden, was jedoch dazu verpflichtet, die Quadrateigenschaft der gleichen Seitenlängen zu überprüfen und aufrechtzuerhalten. Dazu müssen die Methoden `setzeHoehe` und `setzeBreite` angepasst werden, indem Sie jeweils die Höhe und Breite des Quadrats auf den gleichen Wert setzen.

Das alles stellt vorerst kein ernsthaftes Problem dar. Ein entscheidendes Problem tritt erst bei der Verwendung eines Quadrats statt eines Rechtecks auf, denn ein Rechteck kann nicht in jedem Fall durch ein Quadrat ersetzt werden. Dazu ein Beispiel: Ein Bild soll einen rechteckigen Rahmen bekommen. Der Client übergibt der `maleRahmen`-Methode ein Quadrat (statt eines Rechtecks), die Höhe und die Breite des Bildes sowie die Koordinaten der linken oberen Bildecke. Die `maleRahmen`-Methode ruft nun einzeln die `setzeHoehe`- und `setzeBreite`-Operationen des Quadrats auf und erhält als Ergebnis ein Quadrat mit der Seitenlänge gleich der Breite des Bildes, weil der Aufruf der `setzeBreite`-Methode die Breite und Höhe des Quadrats auf denselben Wert setzt.

4.6 Architekturmuster

Softwaremuster sind ein wichtiges Instrument bei der Konzeption und Entwicklung von Software. Es gibt Muster in vielen Bereichen der Softwareentwicklung, wie beispielsweise Entwurfsmuster, Architekturmuster, Analysemuster, Muster für die Softwareorganisation oder pädagogische Muster.

Die Klassifikation von Architekturmustern erfolgt nach Frank Buschmann in vier Problemkategorien. Die grundlegende Idee besteht darin, das vom Muster adressierte Problem als Klassifikationsschema zu benutzen:

- **Adaptierbare Systeme:**
  Muster dieser Kategorie unterstützen die Erweiterung von Anwendungen und ihre Anpassung an sich weiterentwickelnde Technologien und sich ändernde funktionale Anforderungen.

- **Interaktive Systeme:**
  Muster interaktiver Systeme unterstützen die Strukturierung von interaktiven Softwaresystemen.
- **Vom Chaos zur Struktur:**
  Muster dieser Kategorie dienen dazu, ein Durcheinander von Komponenten und Objekten zu vermeiden. Insbesondere unterstützen sie bei der sinnvollen Zerlegung einer übergeordneten Aufgabe des Systems in kooperierende Teilaufgaben.
- **Verteilte Systeme:**
  Muster dieser Kategorie machen Aussagen zu bewährten Formen der Arbeitsteilung und darüber, nach welchem Vorgehen Subsysteme miteinander kommunizieren können.

4.6.1 Schichtenarchitektur

Dieses Muster hilft bei der Strukturierung von großen Applikationen. Im Vordergrund steht die Entwicklung eines komplexen Systems, dessen dominante Charakteristik ein Mix aus verschiedenen komplexen Diensten ist, die aufeinander aufbauen.

In Abhängigkeit stehende High- und Low-Level-Operationen bilden aufeinander zugreifende Funktionen, lassen sich jedoch in Ebenen gleichen Abstraktionsgrades untergliedern. Um Wiederverwendbarkeit und/oder Portabilität zu erreichen, erfolgt eine Aufteilung in abgeschlossene Ebenen, sodass sich spätere Änderungen nicht durch das gesamte System ziehen, sondern auf eine Ebene beschränken.

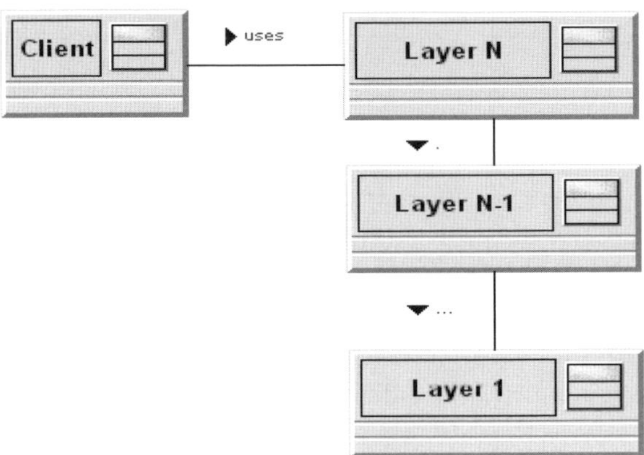

Abb. 4–13 *Schichtenarchitektur*

Die Lösung des Problems liegt darin, das System in »horizontal« liegende Schichten (Layer) »übereinander« zu stapeln, die Operationen gleichen Abstraktionsgrades kapseln. Der Abstraktionsgrad steigt mit der Anzahl darunter liegender Schichten. Der Informationsaustausch erfolgt über Schnittstellen, die als Dienste bezeichnet werden. Die höher liegende Schicht nutzt dabei den Dienst der darunter liegenden Schicht, sie ist der Diensterbringer. Kommunikation über mehrere Schichten hinweg ist unzulässig. Diese Trennung bewirkt eine Spezialisierung der einzelnen Schichten auf bestimmte Teilaspekte wie Datenspeicherung oder Benutzerinteraktion.

Dieses leicht verständliche Konzept reduziert die Menge möglicher Abhängigkeiten zwischen Komponenten und sorgt für bessere Wiederverwendbarkeit. Allerdings kann es auch zu Overhead führen, wenn Schichten für die Erbringung bestimmter Dienste lediglich an die nächste Schicht durchreichen. Des Weiteren können sich Änderungen wie das Hinzufügen eines Datenfelds vertikal durch alle Schichten ziehen.

Das Performanceproblem kann durch das Überspringen bestimmter Schichten zwar gelöst werden, allerdings entstehen dadurch wieder zusätzliche Abhängigkeiten.

4.6.2 Modularisierung

Modularisierung gilt der sinnvollen Zerlegung eines Softwaresystems in Subsysteme und Komponenten sowie deren Anordnung. Die wesentliche Aufgabe besteht darin, das Gesamtsystem in Komponenten zu unterteilen und mit ihnen die logische Struktur der Anwendung abzubilden. Das dabei verfolgte Ziel ist es, die Komplexität des Systems durch Definition und Dokumentation klarer Grenzen zu reduzieren.

Durch die Vermengung von unterschiedlichen Aufgaben innerhalb eines Systems steigt seine Fehleranfälligkeit. Ungewollte Nebeneffekte auf Bereiche, die mit der eigentlichen durchgeführten Aufgabe nicht in logischem Zusammenhang stehen, lassen sich schwer zurückverfolgen und beheben.

Es werden einzelne Module gebildet, sie dienen als Behälter für Funktionalität und Verantwortungsbereiche. Die Kopplung der Systeme erfolgt über klar definierte Schnittstellen, sie beschreiben die Beziehung zwischen den Modulen. Bei der Bildung der Module werden funktionale Angemessenheit, Vollständigkeit und Einfachheit als teils konkurrierende Ziele angestrebt.

Im Gegensatz zur Schichtenarchitektur lassen sich bei der Modularisierung vertikale Einzelsysteme bilden und voneinander getrennte Aufgabenbereiche erkennen.

4.6.3 Pipes and Filters

Das »Pipes and Filters«-Architekturmuster basiert auf dem Prinzip, dass eine Sequenz von Verarbeitungseinheiten (Filter) miteinander durch Datenkanäle, die sogenannten Pipes, verbunden sind. Jeder Filter gibt seine Ergebnisse direkt an den nächsten Filter weiter. Die Pipes transportieren die Zwischenergebnisse von einem Filter zum nächsten, was eine Entkopplung in vielerlei Hinsicht bedeutet:

- Zeitlich (direkt oder zeitversetzt)
- Transportmechanismus/-format
- Dynamische Bestimmung des Folgefilters:
  Parallelität, Lastverteilung, optionale Filter

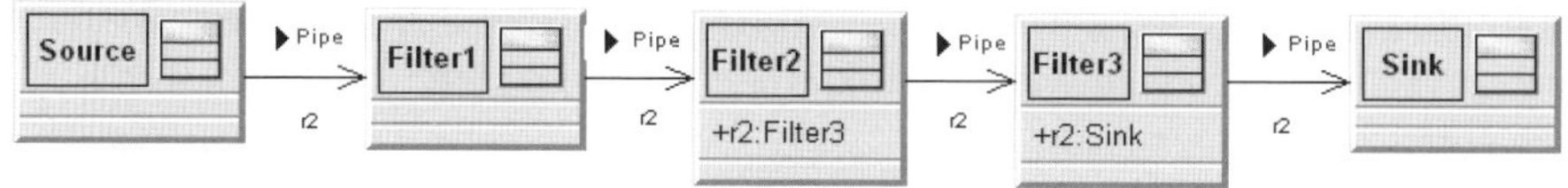

Abb. 4–14 *Pipes and Filters*

Die Filter kennen sich gegenseitig nicht und können mittels der Pipes in beliebiger Reihenfolge kombiniert werden, was zu einer hohen Wiederverwendbarkeit der einzelnen Pipes and Filters führt. Allerdings kann es auch dazu führen, dass Fehlerzustände während der Verarbeitung nur schwer zu behandeln sind.

Typische Beispiele für dieses Architekturmuster sind:

- Compiler mit einer schrittweisen Verarbeitung und das Weiterreichen des Ergebnisses nach jedem Verarbeitungsschritt. Typische Phasen sind lexikalische Analyse, Parser und Codegeneratoren.
- Digitale Signalverarbeitung mit den Filtern:
  Bilderfassung, Farbkorrektur, Bildeffekte und Kompression, die jeweils die digitalen Bilddaten einander weitergeben.

4.6.4 Blackboard

Mehrere spezialisierte Teilsysteme stellen ihr Wissen zur Verfügung, um eine möglicherweise unvollständige oder nur angenäherte Lösung zu erstellen.

Abbildung 4–15 zeigt das UML-Diagramm des Blackboard-Musters.

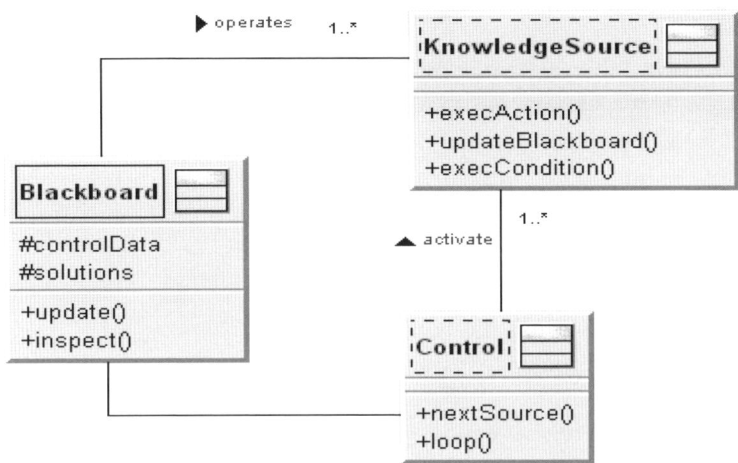

Abb. 4–15 *Blackboard*

Die Bestandteile eines Blackboards sind:

- Eine oder mehrere voneinander unabhängige `KnowledgeSources` untersuchen das Problem unter einem speziellen Gesichtspunkt und senden Lösungsvorschläge an das `Blackboard`.
- Das zentrale `Blackboard` verwaltet die Lösungsansätze oder -bestandteile der `KnowledgeSources`.
- Die Kontrollkomponente beobachtet das `Blackboard` und steuert bei Bedarf die Ausführung der `KnowledgeSources`.

Beispiele für den Einsatz des Blackboard-Musters wären Softwaresysteme zur Bildverarbeitung, Bilderkennung, Spracherkennung oder Systemüberwachung.

4.6.5 Model View Controller

Das Portieren einer Anwendung auf eine andere Plattform sollte keine Überarbeitung der gesamten Anwendung bewirken. Einfache Änderungen bzw. Erweiterungen sowie Wiederverwendbarkeit einzelner Komponenten sind das Ziel.

User Interfaces ändern sich oft. Dieselbe Information ist in verschiedenen Fenstern in unterschiedlicher Form darzustellen gegen die Komplexität der dabei benötigten Frameworks. Verschiedene Gruppen von Benutzern benötigen unterschiedliche Aufbereitungen. Schwierig ist das Abwägen von konsistenten Sichten auf ein Modell gegen Performanceprobleme durch eine exzessive Anzahl von Updates.

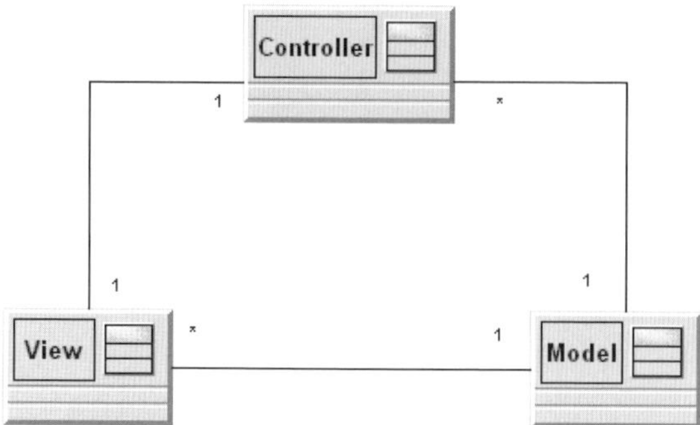

Abb. 4–16 *Model View Controller*

Zur Lösung dieses Problems wird das User Interface in drei Zuständigkeitsbereiche untergliedert. Das Modell kapselt die üblicherweise stabile Geschäftslogik und deren Daten. View-Komponenten bieten jeweils eine Ansicht des Modells. Der Controller verarbeitet die Benutzerereignisse, führt daraufhin die entsprechende Geschäftslogik aus und veranlasst Aktualisierungen der View-Komponenten.

Ein anschauliches Beispiel bildet eine Tabellenkalkulation, die sowohl eine detaillierte Tabellensicht als auch eine leicht verständliche Diagrammübersicht auf dasselbe Datenmodell anbietet.

4.6.6 Presentation Abstraction Control

Mit steigender Anwendungsfunktionalität steigt die Komplexität des User Interface. Bei komplexen User Interfaces können sich unterschiedliche Funktionalitätsbereiche vermengen, was zu sinkender Wartbarkeit führt. Daneben führt eine einfache Zerlegung, etwa nach dem MVC-Muster, mitunter zu einem unbefriedigenden Antwortverhalten, wenn alle Anwenderereignisse von einem Controller verarbeitet werden.

Der Aufbau des User Interface wird bei diesem Muster in hierarchisch miteinander kooperierende »Agenten« zerlegt. Grundlegende Funktionalität wird von Zwischenebenen verwendet, die wiederum Funktionalitäten für die letztendlichen Einzelbestandteile des User Interface bieten. Jeder Agent setzt sich aus den Bestandteilen Controller, Abstraction und View zusammen. Der Controller ist die Schnittstelle des Agenten zu in der Hierarchie direkt über- und untergeordneten Agenten und steuert seinen Bereich. Die Abstraktion adaptiert Teile eines Gesamtmodells in ein lokales Modell, das nur die für die lokalen Views notwendigen Teile anbietet. Die strenge hierarchische Trennung erlaubt die Parallelisierung der Verarbeitungsvorgänge innerhalb des User Interface, insbesondere auch wenn erst Teile des Gesamtmodells verfügbar sind.

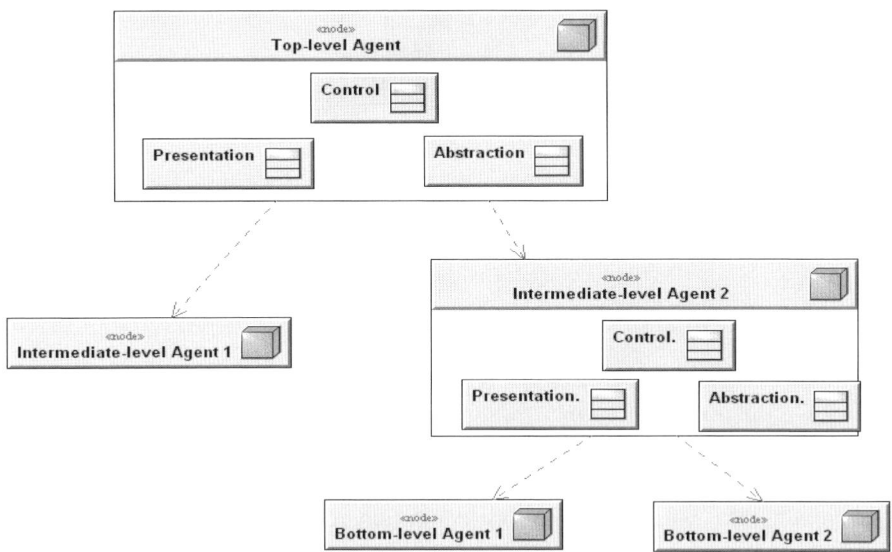

Abb. 4–17 *Presentation Abstraction Control*

Die Eclipse IDE ist ein gutes Beispiel: Die Workbench bietet Menüleiste, Toolbar, Arbeitsbereich und Statusleiste. Perspektiven bieten diese eingeschränkt auf ihren Themenbereich für eingebettete Bedienelemente an. Darin finden sich Bereiche für Randansichten und Editorfenster, die wiederum von konkreten Inhaltseditoren und Ansichten befüllt werden, die jeweils eigene Menüeinträge ergänzen.

4.6.7 Serviceorientierung

Serviceorientierte Architekturen (SOA) sind eine Basisarchitektur. Sie repräsentieren die fachlich funktionalen Schnittstellen von Softwarebausteinen als verteilte, wiederverwendbare, lose gekoppelte und standardisiert zugreifbare Dienste, im Englischen auch Services genannt.

SOA definiert drei Rollen:

Der **Dienstanbieter** bietet Services an und registriert sie im Verzeichnisdienst. Der **Verzeichnisdienst** veröffentlicht die von den Dienstanbietern bekanntgemachten Services. Der **Dienstnutzer** sucht beim Verzeichnisdienst einen bestimmten Service und ruft ihn über eine Referenz auf, die er vom Verzeichnisdienst auf seine Anfrage erhalten hat. Anschließend findet eine Bindung an den passenden Dienstanbieter statt und der Service kann genutzt werden.

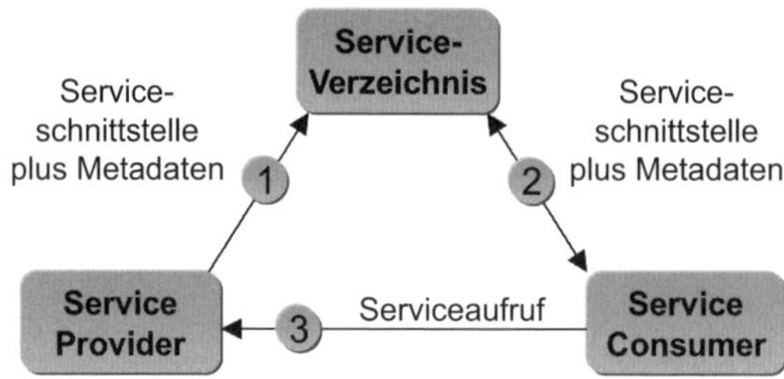

Abb. 4–18 *SOA*

Im Allgemeinen stellen Services grobgranulare Schnittstellen zur Verfügung. Von grober Granularität spricht man, wenn die Services mit wenigen Aufrufen komplexe Funktionalität ermöglichen.

Im Idealfall sind Services zustandsfrei, transaktional abgeschlossen und idempotent, d.h., egal wie oft man sie mit den gleichen Eingabedaten wiederholt, sie führen immer zu den gleichen Ergebnissen.

Services bestehen aus einer Serviceschnittstelle – diese besitzt Vertragscharakter und bindet die Servicekonsumenten an den Serviceanbieter – und der Serviceimplementierung. Letztere ist nicht Teil des Vertrags und austauschbar, sofern die Schnittstellenzusagen eingehalten werden.

Services sind ortsunabhängig und können jederzeit und von jedem Ort aus aktiviert werden, vorausgesetzt Benutzer und Anwendungen haben entsprechende Zugriffsrechte (»Ortstransparenz«).

4.6.8 Mediator

Der Mediator ist ein Vermittler und steuert das kooperative Verhalten von Objekten. Die Objekte kooperieren allerdings nicht direkt miteinander, sondern über den Mediator.

Die Komponenten, die an den Interaktionen teilnehmen, nennt man *Colleagues*. Sie kennen den Mediator, bei dem sie als Interaktionspartner registriert sind.

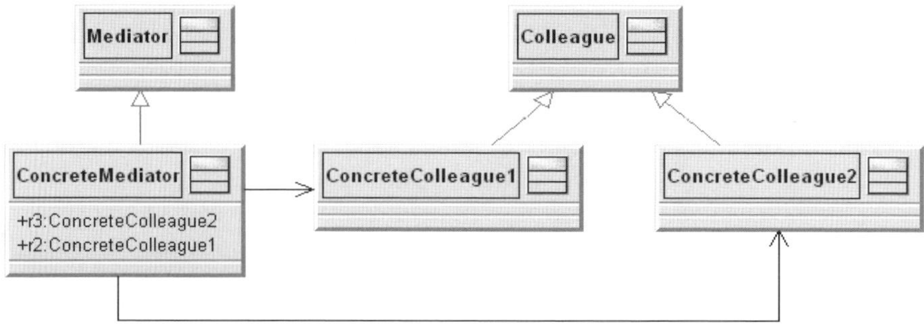

Abb. 4–19 *Mediator*

Der konkrete Mediator kapselt komplizierte Interaktionen zwischen einer Menge bestimmter Komponenten.

Die Steuerung der Kommunikation der Komponenten untereinander findet gesammelt an einem Ort statt, was die Verständlichkeit verbessert und die Wartung vereinfacht.

4.6.9 Broker

Die aktuellen Entwicklungen in der Softwareindustrie haben zu neuen Anforderungen an die zu entwickelnden Applikationen geführt. Die Software muss in der Lage sein, in verteilten Systemen zu laufen, unbeeinflusst von den kontinuierlichen strukturellen Änderungen, denen solche Systeme unterworfen sind.

Die Ressourcen, auf die die Applikation zugreifen soll, können beliebig verteilt sein, und somit muss es für die einzelnen Softwarekomponenten möglich sein, auf diese verteilten Ressourcen zuzugreifen. Dabei ist Transparenz ein wichtiges Stichwort. Für die einzelne Komponente ist nur die Verfügbarkeit eines genutzten Services relevant, nicht aber wo dieser physikalisch im System bereitgestellt wird. Hinzu kommt, dass verteilte Systeme ständigen Änderungsprozessen unterworfen sind. So können die an einem Prozess beteiligten Komponenten zur Laufzeit durchaus wechseln. Die Applikation muss dies durch geeignete Maßnahmen ausgleichen. Nicht zuletzt will man es vermeiden, dass sich der Benutzer einer Anwendung mit den Architekturdetails beschäftigen muss bzw. kann.

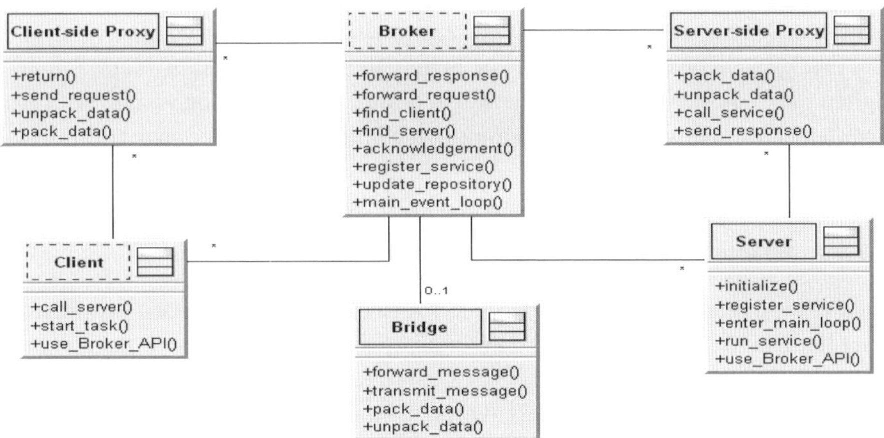

Abb. 4–20 *Broker*

Im Architekturmodell der verteilten Applikation wird eine sogenannte Broker-Komponente eingeführt. Diese dient gewissermaßen als Vermittlungsstelle für die Kommunikation zwischen Server und Client. Die Broker-Komponente ist dabei der zentrale Punkt der Kommunikation. Jeder Server registriert sich selbstständig bei der Broker-Komponente. Für jeden Service, den ein Server anbieten soll, wird auf diesem ein entsprechendes Service Interface implementiert und die Broker-Komponente über diese Interfaces informiert. Sobald nun Clients auf einen bestimmten Service zugreifen möchten, senden sie ihre Anfragen an die Broker-Komponente. Diese lokalisiert den für den entsprechenden Service verfügbaren Server und leitet die Anfrage an diesen weiter. Die Antwort sendet der Server nach Bearbeitung der Anfrage dann an den Broker zurück. Diese Antwort wird vom Broker schließlich zum richtigen Client weitergeleitet.

4.7 Entwurfsmuster

Neben den Architekturmustern spielen auch die Entwurfsmuster im Kontext der Softwarearchitektur eine große Rolle. Beide präsentieren in der Regel strukturelle und technische Lösungen.

Während Architekturmuster typischerweise beim Zerlegen und Komponieren von Komponenten helfen, unterstützen Entwurfsmuster eher bei der Implementierung von Funktionalität.

Die Grenze zwischen beiden Kategorien ist jedoch sehr fließend.

Der Adapter beispielsweise ist ein sogenanntes GoF-Muster und hilft bei der Übersetzung, wenn zwei Klassen wegen inkompatibler Schnittstellen nicht miteinander kommunizieren können.

Der Proxy ist ein Strukturmuster und wird auch Stellvertreter genannt. Er kontrolliert den Zugriff auf das eigentliche Objekt, indem er eine identische Schnittstelle und eine Referenz auf das eigentliche Objekt bietet.

Die Fassade dient als vereinfachte Schnittstelle zu einem Subsystem. Oft enthalten Subsysteme viele technische Klassen und Methoden, die von außen nicht verwendet werden oder sogar verborgen bleiben sollten. In diesem Fall hilft es, eine Fassade zu verwenden.

4.7.1 Adapter

Wenn Sie ein bereits existierendes Modul verwenden wollen, dessen Schnittstelle allerdings inkompatibel zu ihrer benötigten Schnittstelle ist, kann das Adapter-Muster helfen.

Der Adapter, auch bekannt als Wrapper, stammt vom englischen »to adapt«, was so viel heißt wie an- oder einpassen. Der Adapter bewirkt eine Anpassung der Schnittstellen.

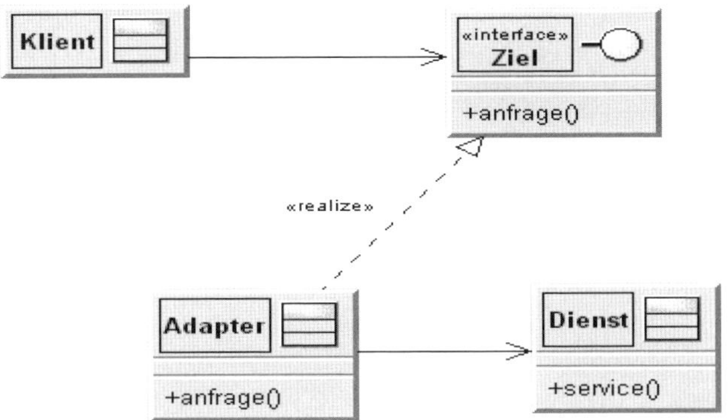

Abb. 4–21 *Adapter*

4.7.2 Observer

Dieses Muster verwenden Sie am besten, wenn eine Komponente in der Lage sein soll, andere Komponenten zu benachrichtigen, ohne dass sie wissen muss, wer die anderen Komponenten sind oder wie viele Komponenten geändert werden müssen.

Ein Beobachter (Observer) soll auf eine Zustandsänderung eines Subjekts reagieren, ohne dass das Subjekt den Observer kennt.

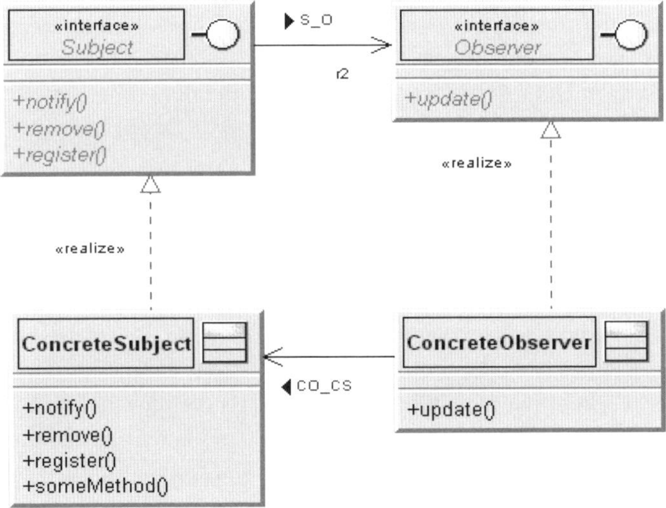

Abb. 4–22 *Observer-Muster*

Das Subjekt weiß über seine Beobachter nur, dass sie das Interface Observer implementieren. Zwischen Observer und Subjekt gibt es keine feste Bindung, Observer können jederzeit registriert oder entfernt werden. Änderungen an Subjekt oder Observer haben keinen Einfluss auf den jeweils anderen und beide können unabhängig voneinander wiederverwendet werden.

4.7.3 Decorator

Ein Decorator oder Dekorierer fügt einer Komponente dynamisch und transparent neue Funktionalität hinzu, ohne die Komponenten selbst zu erweitern.

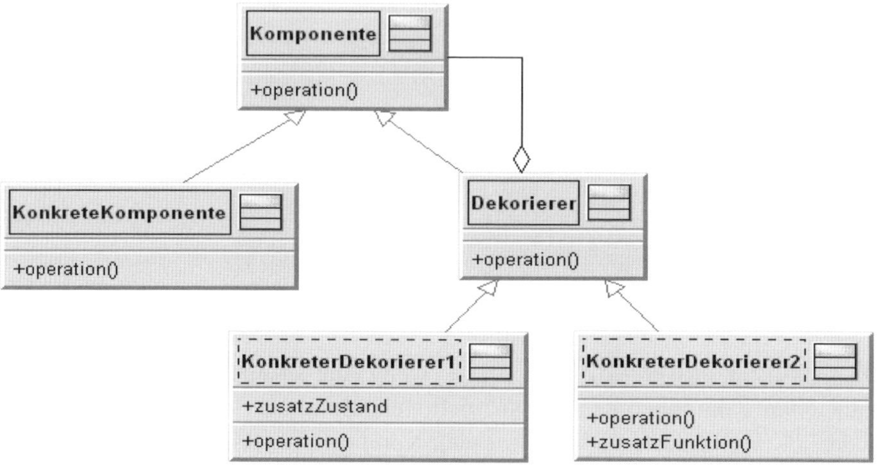

Abb. 4–23 *Decorator*

Eine Instanz eines Dekorierers wird vor die zu dekorierende Klasse geschaltet und hat dieselbe Schnittstelle wie die zu dekorierende Klasse. Aufrufe werden nun weitergeleitet oder in Eigenregie verarbeitet, der Aufrufende bekommt dabei gar nicht mit, dass ein Dekorierer vorgeschaltet ist. Ein oder mehrere konkrete Dekorierer definieren und implementieren diverse spezielle Dekorationen.

4.7.4 Proxy

Ein Client muss auf die Operationen einer Instanz einer bestimmten Klasse zugreifen. Nun kann es passieren, dass der direkte Zugriff auf die Operationen der Klasse nicht möglich, schwierig oder unangebracht ist. Beispielsweise kann der direkte Zugriff unsicher oder ineffizient sein oder man befindet sich in einem verteilten Umfeld. Hier mag es nicht gewollt sein, dass die physikalische Netzadresse für den direkten Zugriff auf ein verteiltes Objekt im Client hardcodiert ist. Aber ohne diese Adresse ist ein direkter Zugriff über das Netzwerk nicht möglich.

Hier kann das Stellvertreter-Muster helfen. Der Client kommuniziert mit einem Stellvertreter (engl. Proxy) statt mit einer Instanz der eigentlichen Klasse. Der Proxy bietet dieselbe Schnittstelle an wie die Instanzen der Klasse, die aufgerufen werden sollen. Intern leitet der Proxy den Aufruf an eine Instanz dieser Klasse weiter.

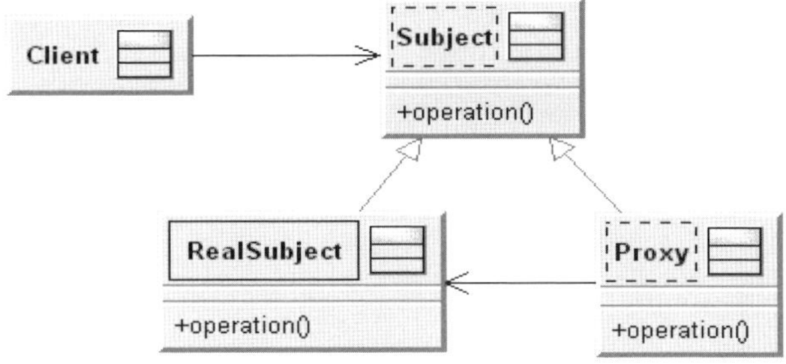

Abb. 4–24 *Proxy*

- Der **Client** stellt das Objekt dar, das durch den Proxy auf das reale Subjekt zugreift.
- Der **Proxy** bietet nach außen hin eine zum realen Subjekt identische Schnittstelle.
- Das **Subjekt** definiert die gemeinsame Schnittstelle von Proxy und realem Subjekt und ermöglicht die Verwendung von Stellvertretern anstatt realer Subjekte.
- Das **reale Subjekt** ist das durch den Proxy repräsentierte Objekt.

4.7.5 Fassade

Eine Fassade stellt eine weitere Möglichkeit dar, Abhängigkeiten zwischen unterschiedlichen Systemkomponenten zu verringern.

Mithilfe einer Fassade werden die internen Komponenten eines Subsystems nach außen unsichtbar. Sie stellt eine vereinfachte Schnittstelle zu einem komplexen Teilsystem dar.

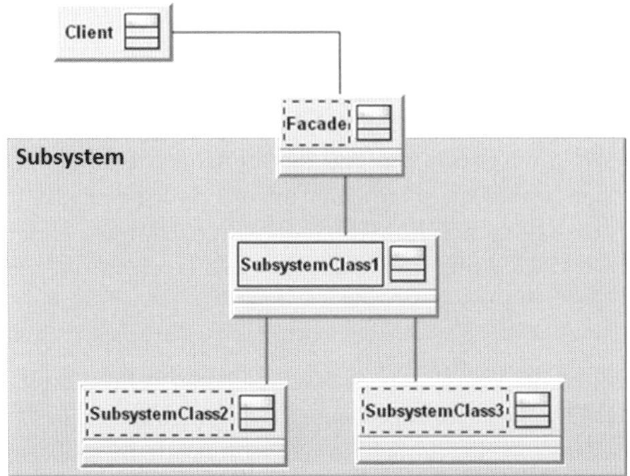

Abb. 4–25 *Fassade*

Dieses Muster ist nützlich, wenn das Subsystem beispielsweise viele technisch orientierte Klassen enthält, die von außen nicht oder nur selten benötigt werden.

4.7.6 Brücke

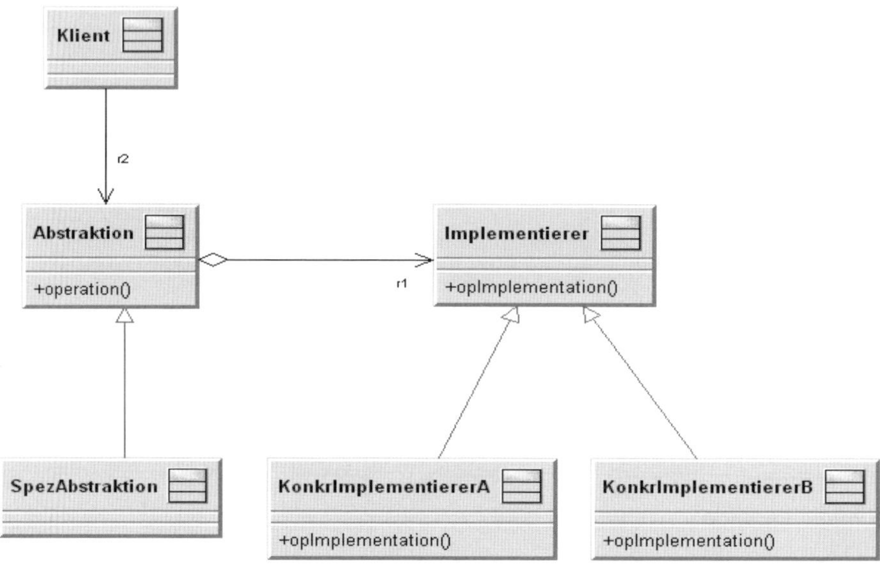

Abb. 4-26 *Brücke*

Eine Brücke (engl. Bridge) ist in der Softwareentwicklung ein Entwurfsmuster und gehört zur Kategorie der Strukturmuster (Structural Patterns).

Das Muster dient zur Trennung der Implementierung von ihrer Abstraktion (Schnittstelle), wodurch beide unabhängig voneinander verändert werden können.

Normalerweise wird eine Implementierung durch Vererbung der Abstraktion realisiert. Dies kann jedoch dazu führen, dass in der Vererbungshierarchie sowohl Implementierungen als auch andere abstrakte Klassen zu finden sind. Dies macht die Vererbungshierarchie unübersichtlich und schwer zu warten.

Werden die abstrakten Klassen und die Implementierungen in zwei verschiedenen Hierarchien verwaltet, so gewinnt erstens die Übersichtlichkeit und zweitens wird die Anwendung damit unabhängig von der Implementierung.

4.7.7 State

Dieses Muster dient der Kapselung unterschiedlicher, zustandsabhängiger Verhaltensweisen eines Objekts. Normalerweise ist das Verhalten eines Objekts abhängig von seinem Zustand. Die übliche Implementierung in großen Switch-Anweisungen soll vermieden werden, indem jeder Fall der Switch-Anweisung in einer eigenen Klasse implementiert wird. Auf diese Art und Weise wird der Zustand eines Objekts selbst wieder ein Objekt.

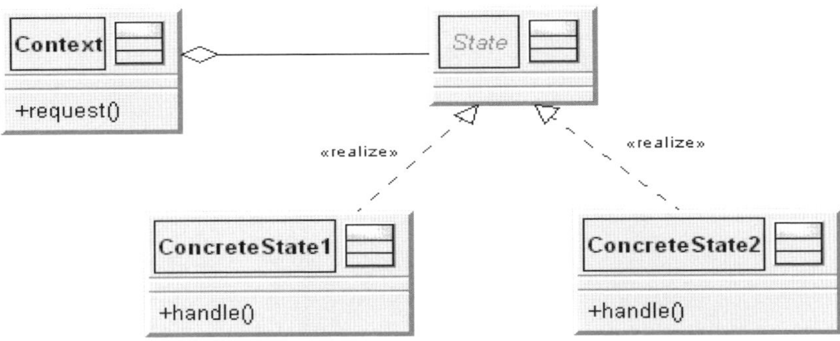

Abb. 4–27 *State*

4.7.8 Dependency Injection

Im objektorientierten Entwurf besteht bei der Nutzung von Schnittstellen oft das Problem, zur Laufzeit für eine abstrakte Schnittstelle eine konkrete Instanz zu beschaffen.

- Wer verwaltet den Lebenszyklus der genutzten Instanzen?
- Wer bestimmt, welche konkrete Klasse zur Laufzeit letzten Endes instanziiert werden soll?

Dieses Muster stellt zu diesem Zweck einen eigenständigen Baustein bereit, den Assembler.

Er entscheidet zur Laufzeit über die eben geschilderten Fragen. Der Assembler übergibt den abhängigen Objekten die Referenzen auf konkrete Instanzen. Er kann als eine Art »Universalfabrik« angesehen werden.

Zuerst inspiziert er den `ServiceUser` nach erforderlichen Abhängigkeiten (Service) und erzeugt oder ermittelt anhand von Metainformationen eine `ServiceImplementation`, die den geforderten Service anbietet. Anschließend »injiziert« er diese Serviceimplementierung in den `ServiceUser` und entkoppelt so die Klassen von ihren Abhängigkeiten.

Bekannte Java-Implementierungen für Dependency Injection sind:

- JEE 6: Contexts and Dependency Injection (JSR-299)
- Spring Framework

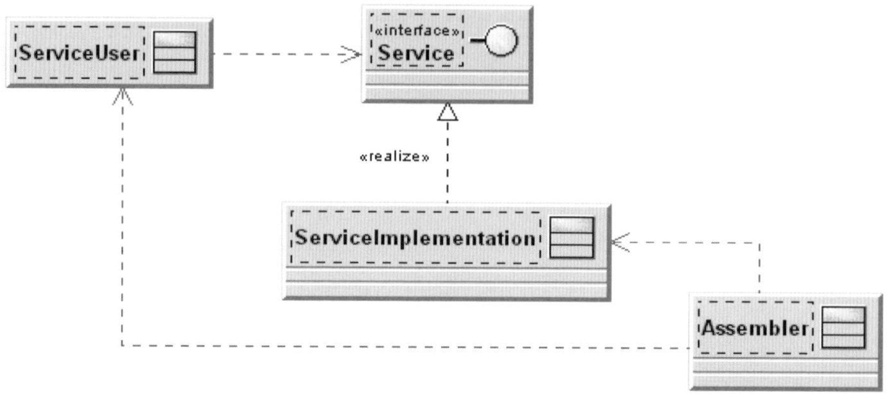

Abb. 4–28 *Dependency Injection*

5 Softwarearchitekturen und Qualität

Die Softwarearchitekturanalyse beschäftigt sich mit der Analyse der Struktur von Softwaresystemen, um die Qualität der Software zu messen und die Entwickler bei der Erhaltung und Verbesserung der Qualität zu unterstützen. Architekturanalysen liefern einen Überblick über die im Softwaresystem vorhandenen Komponenten und deren Abhängigkeiten.

Zur Sicherstellung der Qualität der Softwarearchitektur gibt es neben der Architekturanalyse auch noch die klassischen Vorgehensmethoden. Dazu zählen z. B. die Reviews, die vor allem in Codereview und Architekturreview unterschieden werden, oder auch Performance-, Last- oder Stresstests etc. Diese klassische Qualitätssicherung wird hier allerdings nicht weiter beleuchtet.

Durch die Anwendung von Softwarearchitekturanalysen kann die Qualität eines Softwareprojekts zu jedem beliebigen Zeitpunkt bewertet, Risiken des Softwareprojekts können aufgedeckt und Maßnahmen zur Verbesserung der Qualität abgeleitet werden. Mangelnde Qualitätssicherung und unzureichende Architekturprüfung hingegen können zu erheblichen Risiken und Verlusten in der Softwareentwicklung führen.

Die Architekturanalyse erlaubt neben der Bewertung von Strukturen und Konzepten der Entwicklung zusätzlich die Bestimmung des Erfüllungsgrads von Qualitätsmerkmalen.

Architekturanalyse und deren Methoden sind notwendig für die kontinuierliche Qualitätsprüfung von Architekturen jeder Größe. Aufgrund der enormen Zeitersparnis bei der Automatisierung können Tools hilfreich für den Architekten sein, sollten aber keinesfalls als alleiniges und ausreichendes Mittel angesehen werden. Die Architekturanalyse liefert Informationen über das System für die Qualitätssicherung, die Architekturbewertung, die Überwachung der Umsetzung der Architektur, die Steigerung der Effektivität der Entwicklung (durch automatisierte Erkennung von Bugs und Schwachstellen) und die Verbesserung der Erweiterbarkeit des Systems. Nachträgliche Änderungen kosten bei einer schlechten Architektur viel Zeit und Geld. Durch Architekturanalysen können allerdings nicht nur die Risiken der Änderbarkeit, sondern auch die Risiken aller Qualitätsmerkmale adressiert werden.

Abbildung 5–1 zeigt, wie sich die Architekturanalyse in den »Architecture Business Cycle« eingliedert.

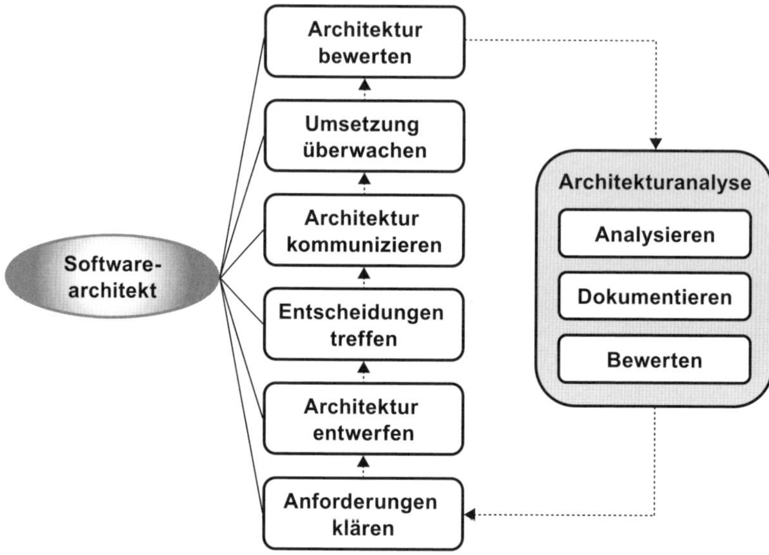

Abb. 5–1 *Eingliederung der Architekturanalyse*

Die Teilaspekte der Architekturanalyse lassen sich als eine Menge von Analysemethoden, Bewertungen und Dokumentationen zusammenfassen. Sie werden vom Architekten gezielt eingesetzt, um die Eigenschaften der vorhandenen Architektur zu bewerten, zu dokumentieren und zu kommunizieren.

5.1 Einbettung in den iSAQB-Lehrplan

Nachfolgend finden Sie einen Extrakt zum Kapitel »**Softwarearchitekturen und Qualität**« aus dem iSAQB-Lehrplan [isaqb-lehrplan].

5.1.1 Was sollen die Teilnehmer können?

- Begriff der Qualität (angelehnt an [DIN/ISO 9126]) und Qualitätsmerkmale erklären
- Qualitätsmodelle (wie etwa [DIN/ISO 9126]) erklären
- Zusammenhang und Wechselwirkungen von Qualitätsmerkmalen erläutern
- Taktiken, Praktiken sowie technische Möglichkeiten zur Erreichung wichtiger Qualitätsziele von Softwaresystemen erklären und anwenden, beispielsweise:
  - Effizienz/Performance
  - Wartbarkeit, Änderbarkeit, Erweiterbarkeit, Flexibilität

- Qualitative Bewertung von Softwarearchitekturen nach ATAM durchführen
  - Vorgehen bei qualitativer Bewertung erklären und durchführen
  - Erstellung von Szenarien und Qualitätsbäumen erklären und durchführen
  - Analyse von Softwarearchitekturen hinsichtlich Szenarien und Identifikation entsprechender Risiken selbstständig durchführen
- Metriken und andere Messinstrumente kennen, um Architektur beurteilen zu können

5.1.2 Was sollen die Teilnehmer verstehen?

- Taktiken, Praktiken sowie technische Möglichkeiten zur Erreichung weiterer Qualitätsziele von Softwaresystemen erklären und anwenden:
  - Effizienz/Performance
  - Verständlichkeit, Nachvollziehbarkeit
- Prototypen oder technische Durchstiche zur Überprüfung von Architekturqualität einsetzen
- Metriken zur Bewertung von Artefakten erklären

5.1.3 Was sollen die Teilnehmer kennen?

Weitere Metriken wie z.B. Lines-of-Code, zyklomatische Komplexität

5.2 Bewertung von Softwarearchitekturen

In Softwareprojekten können Sie prinzipiell zwei Arten von »Dingen« bewerten:

- Prozesse wie etwa Entwicklungs- oder Betriebsprozesse und
- Artefakte wie Anforderungen, Quellcode oder andere Dokumente.

Manche dieser Artefakte wie der Quellcode können quantitativ, d.h. in Zahlen bewertet werden. Andere wiederum entziehen sich der rein zahlenmäßigen Bewertung und werden qualitativ bewertet, also ihrer Beschaffenheit oder Güte nach.

5.2.1 Qualitative Bewertung

Um die Qualität der Softwarearchitektur bewerten zu können, existieren verschiedene Qualitätsmerkmale und -modelle, die unterschiedliche Aspekte des Softwaresystems im Fokus haben. Diese Qualitätsmodelle bilden die Grundlage für Bewertungen und Analysen, denn sie adressieren die Anforderungen an die Qualitätsmerkmale.

5.2.1.1 DIN ISO/IEC 9126

DIN ISO/IEC 9126 [ISO/IEC 9126] (ersetzt in 2005 durch ISO 25000) definiert die Softwarequalität als die Gesamtheit der Merkmale und Merkmalswerte eines Softwareprodukts, die sich auf dessen Eignung beziehen, festgelegte oder vorausgesetzte Erfordernisse zu erfüllen.

Qualität sollte für den optimalen Erfolg fortwährend gesichert werden und beinhaltet im Bereich der objektorientierten Softwareentwicklung neben Reviews, Unit- und Regressionstests auch die Architekturanalyse.

Qualitätsmodelle sollen durch Detaillierung und Konkretisierung das Konzept der Softwarequalität messbar machen.

5.2.1.2 Qualitätsmerkmale

ISO/IEC 9126 [ISO/IEC 9126] bezieht sich ausschließlich auf die Produktqualität, nicht auf die Prozessqualität, und definiert sechs Hauptmerkmale (siehe Abb. 5–2).

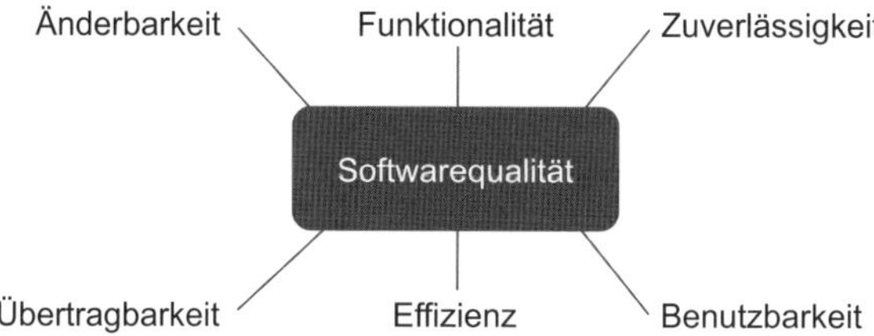

Abb. 5–2 *Qualitätsmerkmale*

- **Funktionalität:**
  Besitzt die Software die verlangten Funktionen?
- **Zuverlässigkeit:**
  Kann die Software ihr Leistungsniveau unter festgelegten Bedingungen über einen bestimmten Zeitraum aufrechterhalten?
- **Benutzbarkeit:**
  Lässt sich das Programm leicht bedienen und erlernen? Wie reagiert die Software auf Fehleingaben? Benutzbarkeit steht auch für Benutzerfreundlichkeit.
- **Effizienz:**
  Wie sparsam ist die Software zur Lösung eines festgelegten Problems bezüglich der Ressourcen, Zeitverhalten bei Anfragen und Bearbeitungen sowie Speicherplatz?
- **Änderbarkeit:**
  Wie hoch ist der Aufwand zur Fehlerbeseitigung, zur Umsetzung von Verbesserungen oder zur Anpassung an Umgebungsveränderungen?
- **Übertragbarkeit:**
  Ist die Software auch auf anderen Systemen (Hard- und Software) einsetzbar?

Jedes dieser Hauptmerkmale verfeinert ISO/IEC 9126 durch definierte Teilmerkmale (siehe Tab. 5–1).

Hauptmerkmal	Teilmerkmale
Funktionalität	▪ Angemessenheit ▪ Richtigkeit ▪ Interoperabilität ▪ Sicherheit ▪ Ordnungsmäßigkeit
Zuverlässigkeit	▪ Reife ▪ Fehlertoleranz ▪ Wiederherstellbarkeit
Benutzbarkeit	▪ Verständlichkeit ▪ Erlernbarkeit ▪ Bedienbarkeit
Effizienz	▪ Zeitverhalten ▪ Verbrauchsverhalten
Änderbarkeit	▪ Analysierbarkeit ▪ Modifizierbarkeit ▪ Stabilität ▪ Prüfbarkeit
Übertragbarkeit	▪ Anpassbarkeit ▪ Installierbarkeit ▪ Austauschbarkeit ▪ Konformität

Tab. 5–1 *Qualitätsmerkmale nach ISO/IEC 9126 [ISO/IEC 9126]*

Ein Beispiel für ein weiteres Qualitätsmerkmal ist die Skalierbarkeit. Sie beschreibt die Anpassungsfähigkeit der Hard- und Software bei zunehmenden Anforderungen. Hierbei unterscheidet man zwischen der vertikalen und der horizontalen Skalierung. Während bei der vertikalen Skalierung das System durch eine leistungsfähigere Lösung ersetzt wird, werden dem System bei der horizontalen Skalierung weitere Hardwareressourcen zur Verfügung gestellt. Je nach Einsatz kann es weitere »Eigenschaften« geben, die für die Stakeholder als Qualitätsmerkmale des Softwaresystems relevant sind.

Auch wenn sie oft als selbstverständlich angesehen werden, sollten diese relevanten Qualitätsmerkmale dokumentiert werden. Denn nur dokumentierte Merkmale sind konstruktive Qualitätsmerkmale und sorgen für Transparenz. Deshalb ist es für den Softwarearchitekten wichtig, explizite und konkrete Qualitätsmerkmale einzufordern oder aktiv nachzuarbeiten, denn er trägt die Verantwortung für die Qualität des Gesamtsystems.

5.2.1.3 Auswirkungen bestimmter Qualitätsmerkmale

Die verschiedenen Qualitätsmerkmale können allerdings gegenseitige Wechselwirkungen haben. Zum Beispiel erhöht Einfachheit auch die Verständlichkeit und

Flexibilität verringert eventuell die Testbarkeit, da erhöhte Flexibilität zu einem komplexeren System führen kann. Anpassbarkeit und Flexibilität kollidieren meist mit der Forderung nach hoher Performance. Die Forderung nach hoher Performance kann wiederum die termingerechte Fertigstellung verhindern.

Daher müssen Sie die Prioritäten der einzelnen Qualitätsmerkmale für die spezielle Software gegeneinander abwägen.

5.2.1.4 Taktiken und Praktiken

Wie erreicht man nun bestimmte Qualitätsmerkmale?

Wichtig ist zuallererst: Es gibt keine allgemeingültige Methode zur Entwicklung von Lösungsstrategien für bestimmte Qualitätsmerkmale. Als Architekt müssen Sie situativ und kontextbezogen passende Maßnahmen parallel zum Entwurf von Sichten und technischen Konzepten entwickeln.

Um einen Eindruck zu vermitteln, geben wir nachfolgend einige Beispiele für Taktiken oder Praktiken zur Erreichung bestimmter Qualitätsmerkmale – ohne Anspruch auf Vollständigkeit. Diese Taktiken können helfen, funktionieren aber nicht in allen Fällen.

Wie bereits erwähnt, können sich bestimmte Qualitätsmerkmale wechselseitig beeinflussen. Die Performance eines Systems kann die Flexibilität des Systems, den Speicherplatzbedarf oder die termingerechte Fertigstellung beeinträchtigen. In diesem Fall könnten beispielsweise folgende Taktiken helfen:

- Lasttests durchführen
- Zusätzliche Hardware (z.B. für mehr Speicher) bereitstellen
- Auf Verteilung verzichten
- Redundanzen einführen
- Kommunikation der Systemkomponenten verringern
- Flexibilität des Systems verringern

Diese Liste ist natürlich nicht vollständig. Es gibt Fälle, in denen Performance auch durch Verteilung verbessert wird. In einem anderen Beispiel kann höhere Flexibilität dazu führen, dass ein Laufzeitoptimierer die Performance verbessern kann.

Wie bereits erwähnt, können die Forderungen nach hoher Flexibilität und Anpassbarkeit oft mit der Forderung nach hoher Performance konkurrieren. Daher sollte man sich zunächst die Frage stellen, in welcher Hinsicht das System flexibel sein sollte, wie z.B.:

- Funktionalität
- Datenstrukturen oder Datenmodell
- Eingesetzte Fremdsoftware
- Schnittstellen zu anderen Systemen
- Benutzerschnittstellen
- Zielplattform

Hat man diese Frage erst beantwortet, können die gewonnenen Informationen helfen, den Bereich der notwendigen Flexibilität einzuschränken. Nun können Sie verschiedene Szenarien entwickeln, um verschiedene Architekturalternativen auf ihre Tauglichkeit zu prüfen.

Zur Verbesserung der Flexibilität eines Systems können beispielsweise folgende Maßnahmen dienen:

- »Information Hiding« betreiben
  - Interne Details einer Komponente vor anderen verbergen
  - Interne Abstraktionsschichten einführen
- Abhängigkeiten verringern
- Änderungen möglichst lokal und auf wenige Bausteine begrenzt halten
- Systembestandteile möglichst voneinander entkoppeln
  - Bausteine immer über Schnittstellen kommunizieren lassen
  - Adapter, Fassaden oder Proxys verwenden, um Bausteine zu entkoppeln
- Verständlichkeit des Codes erhöhen

Diese Taktiken haben allerdings ihre Grenzen und funktionieren nicht in allen Fällen. Sie sollen nur die Grundidee vermitteln, wie bestimmte Qualitätsmerkmale erreicht werden können.

Ein weiterer wichtiger Punkt, der nicht unerwähnt bleiben sollte, ist die Nachvollziehbarkeit. Diese stellt eine wichtige Eigenschaft bei der Softwareentwicklung, denn die Nachvollziehbarkeit ist unverzichtbar für eine qualitätsorientierte Softwareentwicklung. Alle Systemanforderungen sollten sowohl in vorwärts wie auch rückwärts gerichteter Richtung, also von ihrem Ursprung über ihre Beschreibung, Spezifikation, Implementierung bis hin zu ihrer Verifikation verfolgt werden können.

Zur Realisierung der Nachvollziehbarkeit ist Folgendes erforderlich:

- eine eindeutige Identifizierung aller Anforderungen,
- die Auswahl der Art, des Zeitpunkts, der Verantwortung und der Werkzeugunterstützung der Informationserhebung und -verwaltung.

5.2.1.5 Qualitätsmodelle

Qualitätsmodelle wie FURPS von Grady und Caswell [Eel05], McCall [MRW77] oder auch die ISO/IEC [ISO/IEC 9126] beschreiben die Qualität der Software und schlüsseln diese in einzelne Kriterien auf. Schließlich hat jede Software einen anderen Zweck und damit auch andere Anforderungen und Qualitätsmerkmale. Dies geschieht durch die Ableitung von Unterbegriffen. Dadurch entsteht ein Baum oder auch ein Netz von Merkmalen und Teilmerkmalen.

5.2.1.6 ATAM-Methode

Eine Methode zur Architekturanalyse ist die ATAM. ATAM steht für *Architecture Tradeoff Analysis Method* und ist ein methodisches Vorgehen zur qualitativen Architekturbewertung. Diese Methode wurde am Software Engineering Institute der Carnegie Mellon University entwickelt und dient dazu, eine passende Softwarearchitektur für ein Softwaresystem auszuwählen.

Die ATAM gilt als eine der führenden Methoden im Bereich der Architektursoftwarebewertung.

- **Vorteile von ATAM:**
  - eindeutige Qualitätsanforderungen
  - verbesserte Architekturdokumentation
  - dokumentierte Grundlage für architektonische Entscheidungen
  - frühzeitig identifizierte Risiken
  - verbesserte Kommunikation zwischen den Beteiligten
- **Voraussetzungen für ATAM:**
  Benötigt wird:
  - Architekt des Systems (oder technischer Ansprechpartner)
  - Architekturdokumentation
  - Verantwortlicher fachlicher Ansprechpartner oder Auftraggeber

Vorgehen bei der Bewertung

ATAM teilt die Bewertung einer Softwarearchitektur in vier Phasen ein (siehe Abb. 5–3).

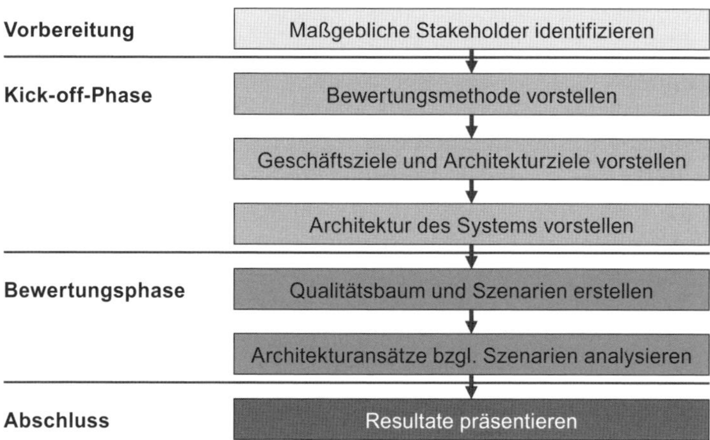

Abb. 5–3 *Vorgehen bei der Bewertung*

Im ersten Schritt jeder Architekturbewertung muss der Kunde bzw. Auftraggeber die für diesen Zweck maßgeblichen Stakeholder identifizieren. Normalerweise geht man von wenigen Stakeholdern aus, erfahrungsgemäß zählen mindestens das (Auftraggeber-)Management und die Projektleitung dazu.

Vor der Definition der Bewertungsziele sollte das Bewertungsteam in der Kick-off-Phase den Stakeholdern die Bewertungsmethode kurz vorstellen. Allen Teilnehmern sollte klar sein, dass es um die Ermittlung von Risiken und Nicht-Risiken sowie um mögliche Maßnahmen geht. Der Auftraggeber stellt die geschäftlichen Ziele des Systems vor, das bewertet werden soll.

Anschließend sollte der verantwortliche Architekt die Architektur des Systems kurz vorstellen. Dazu gehören insbesondere der komplette Kontext des Systems inkl. aller Nachbarsysteme, Top-Level-Bausteine sowie Laufzeitsichten der wichtigsten Anwendungsfälle oder Änderungsszenarien.

Danach sollten die Stakeholder die wesentlichen geforderten Qualitätsmerkmale erarbeiten und hierarchisch in einem Qualitätsbaum anordnen sowie für die wichtigsten Qualitätsziele Szenarien beschreiben, damit das Bewertungsteam mit der eigentlichen Bewertung beginnen kann.

Nach Analyse der Szenarien sollten alle Entscheidungen in vier Aspekte eingeteilt werden:

- **Risiken:**
  Die Risiken sind Teile der Architektur, die je nach Verlauf die Erfüllung von Geschäftszielen gefährden und Probleme bereiten können.
- **Empfindliche Stellen:**
  Bei den sogenannten »empfindlichen Stellen« (engl. Sensitivity Points) der Architektur können geringe Änderungen bereits weitreichende Folgen haben. Dies sind die kritischen Komponenten in einer Architektur für die Erfüllung eines Qualitätsmerkmals.
- **Kompromisse:**
  Die Kompromisse oder Trade-offs geben an, ob und wie eine Entwurfsentscheidung eventuell mehrere Qualitätsmerkmale wechselseitig beeinflussen kann.
- **Nicht-Risiken:**
  Welche Szenarien werden auf jeden Fall (d.h. risikolos) erreicht?

Die Risiken werden in Risikobereichen zusammengefasst. Diese zeigen, wie die Risiken wiederum die Geschäftsziele gefährden können.

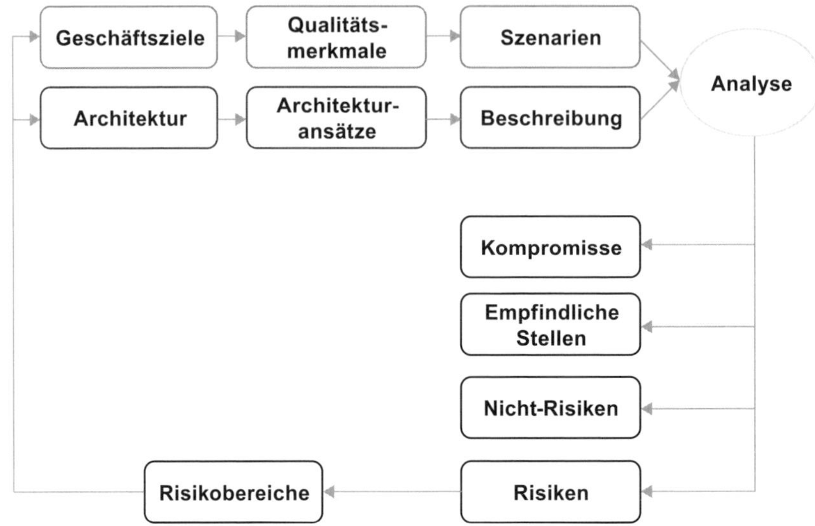

Abb. 5–4 ATAM (Quelle: Software Engineering Institute)

Qualitätsbaum erstellen

Der Qualitätsbaum verfeinert die system- oder produktspezifischen Qualitätsanforderungen hierarchisch (siehe Abb. 5–5): Allgemeinere oder größere Merkmale stehen oben (bzw. links) und die spezielleren Anforderungen stehen unten (bzw. rechts). An den Blättern des Qualitätsbaums beschreiben Szenarien (siehe Abschnitt »Szenarien« ab S. 144) einzelne Merkmale möglichst detailliert und konkret.

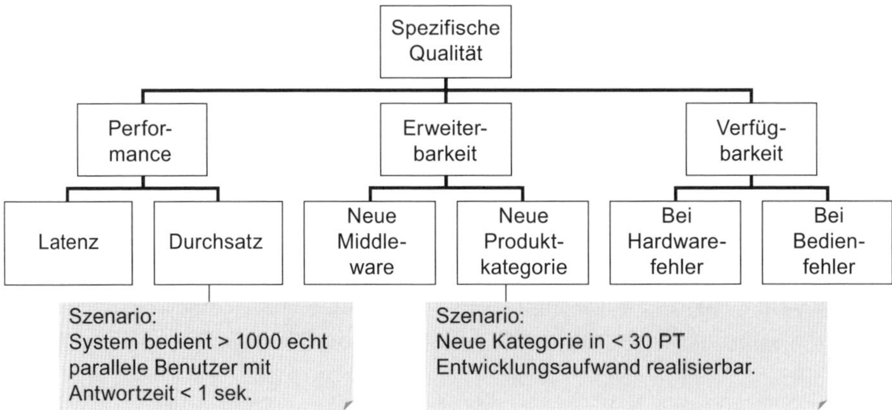

Abb. 5–5 Hierarchische Form des Qualitätsbaums

Die Merkmale und ihre Szenarien sollten von den maßgeblichen Stakeholdern nach ihrem jeweiligen geschäftlichen Nutzen priorisiert (siehe Abb. 5–6) und zusätzlich von den Architekten bezüglich ihrer technischen Komplexität eingestuft werden. Dies ermöglicht es, während der eigentlichen Bewertung mit den wichtigsten Szenarien zu beginnen.

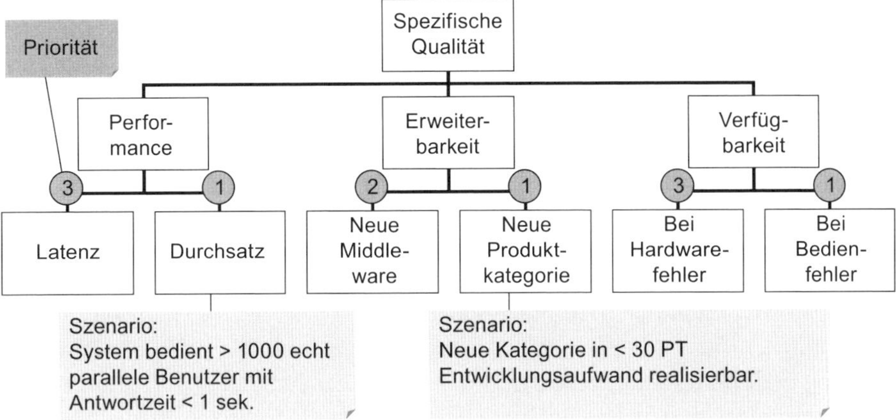

Abb. 5–6 *Priorisierung im Qualitätsbaum*

Die Bewertung der Architektur hinsichtlich der Qualitätsmerkmale[1] erfolgt meist in einer kleinen Gruppe gemeinsam mit dem Architekten, und zwar in der Reihenfolge gemäß den Prioritäten. Dabei geht es um die Beantwortung einer Reihe verschiedener Fragen:

- Welche Architekturentscheidungen wurden getroffen, um ein Szenario zu erreichen?
- Welcher Architekturansatz unterstützt die Erreichung des Szenarios?
- Welche Kompromisse wurden eingegangen?
- Wurden andere Qualitätsmerkmale oder Architekturziele beeinflusst?
- Welche Risiken bestehen?
- Welche Analysen, Prototypen oder Untersuchungen stützen diese Entscheidung?

Am Ende der Bewertung sollte man einen guten Überblick über verschiedene wichtige Punkte gewonnen haben:

- Qualität der Architektur in Bezug auf gegebene Szenarien und spezifische Architekturziele
- Risiken bei der Umsetzung der wichtigsten Szenarien
- Maßnahmen zur Verhinderung der Risiken
- Szenarien, die ohne Risiken erreicht werden können

1. Genaugenommen werden die Risiken bei der Erreichung der jeweiligen Szenarien bewertet.

Szenarien

ATAM sieht vor, dass die Qualitätsmerkmale durch Szenarien beschrieben werden sollten (szenariobasierte Architekturbewertung). Diese Szenarien beschreiben, wie ein System in bestimmten Situationen reagiert, charakterisieren das Zusammenspiel von Stakeholdern mit dem System und machen die Risiken zur Erreichung dieser Qualitätsmerkmale abschätzbar. Sie werden eingesetzt, um genau zu spezifizieren, was die Projektbeteiligten unter bestimmten Qualitätsmerkmalen wie z.B. »Zuverlässigkeit« verstehen.

Arten von Szenarien

Es gibt verschiedene Arten von Szenarien: Anwendungsszenarien, Änderungsszenarien und Stress- oder Grenzszenarien.

- Die Anwendungsszenarien beschreiben, wie das System zur Laufzeit auf bestimmte Auslöser reagieren soll. Hierzu gehören auch Szenarien zur Beschreibung der Effizienz und/oder der Performance.
- Änderungsszenarien beschreiben, was bei einer Modifikation des Systems oder seiner direkten Umgebung passiert, z.B. wenn eine zusätzliche Funktion implementiert werden soll.
- Die Stress- oder Grenzszenarien beschreiben, wie das System auf Extremsituationen wie z.B. einen Stromausfall reagieren soll.

Bestandteile von Szenarien

Szenarien bestehen in der Regel aus folgenden wesentlichen Bestandteilen (zitiert aus [HS11], die ursprüngliche Aufzählung stammt aus [BCK03]):

- Der **Auslöser** (stimulus) ist ein bestimmtes Ereignis, das aufgrund einer spezifischen Zusammenarbeit des auslösenden Stakeholders mit dem System eintritt, z.B. wenn ein Benutzer eine Funktion aufruft oder ein Systemteil ausfällt.
- Die **Quelle des Auslösers** (source) beschreibt, woher der Auslöser kommt.
- In der **Umgebung** (environment) wird dargestellt, in welchem Zustand sich das System zum Zeitpunkt des Auslösers befindet.
- Weiterhin zählt dazu der **Systembestandteil** (artifact), der durch den Auslöser betroffen ist.
- Dazu gehört die **Antwort** (response), die vom System aufgrund seiner Architektur als Reaktion auf den Auslöser zurückgeliefert wird.
- Die **Antwortmetrik** (response measure) ist ein Bewertungsmodell, um die Qualität der Antwort des Systems zu messen bzw. zu bewerten.

Abbildung 5–7 zeigt skizzenhaft die Bestandteile eines Szenarios.

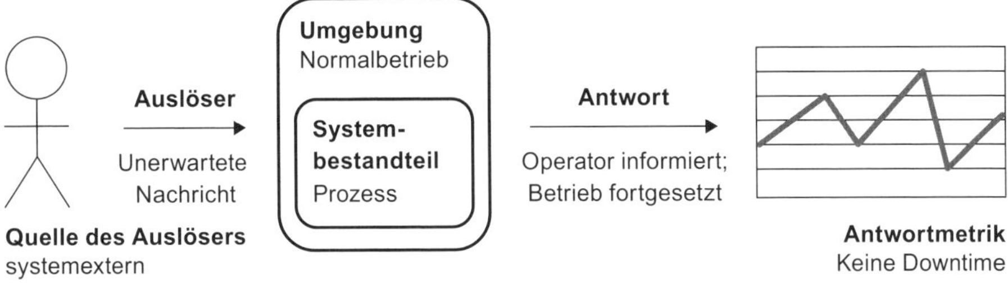

Abb. 5–7 *Szenario*

Beispiele für Szenarien

Die Anwendung von Szenarien zur Konkretisierung von Qualitätsanforderungen soll hier anhand einiger Beispiele verdeutlicht werden.

- **Anwendungsszenarien:**
  - Die Antwort auf eine Angebotsanfrage muss Endbenutzern im Regelbetrieb in weniger als 5 Sekunden angezeigt werden. Im Betrieb unter Hochlast (Jahresendgeschäft) darf eine Antwort bis zu 15 Sekunden dauern, in diesem Fall ist vorher ein entsprechender Hinweis anzuzeigen.
  - Bei der erstmaligen Benutzung des Systems muss ein Benutzer ohne Vorkenntnisse innerhalb von 15 Minuten in der Lage sein, die gewünschte Funktionalität zu lokalisieren und zu verwenden.
  - Bei Eingabe unzulässiger oder fehlerhafter Daten in die Eingabefelder muss das System entsprechende spezifische Hinweistexte ausgeben und danach im Normalbetrieb weiterarbeiten.
- **Änderungsszenarien:**
  - Die Entwicklung neuer Funktionalitäten muss in weniger als 30 Personentagen möglich sein.
  - Die Unterstützung einer neuen Browser-Version muss in weniger als 30 Personentagen programmiert und getestet werden können.
- **Stress- oder Grenzszenarien:**
  - Im Normalbetrieb muss bei einem CPU-Ausfall das Ersatzsystem innerhalb von 15 Minuten verfügbar sein.
  - Bei Ausfall eines Datenbanksystems läuft das System mit der geforderten Performance und Leistung weiter.

Beispielbestandteile für Szenarien zur Effizienz (Performance):

Quelle des Auslösers	intern oder extern
Auslöser	Beliebiges Ereignis: periodisch, sporadisch, zufällig, gezielt
Umgebung	Normalbetrieb, Hochlast, Überlast
Systembestandteil	Gesamtsystem
Antwort	Auslöser beeinflusst Ausführungsverhalten (Kann das System nach dem Auslöser vollständig oder nur noch eingeschränkt genutzt werden? Sind Funktionen und Daten eingeschränkt oder vollständig nutzbar?) oder Laufzeitverhalten des Systems (Wie ändern sich Zeitverhalten oder Ressourcennutzung durch den Auslöser?).
Antwortmetrik	Latenz, Reaktionszeit, Durchsatz Fehlerrate, Menge verlorener Daten oder nicht mehr verfügbarer Funktionen, Schwankungen in der Möglichkeit des Systemzugriffs

Beispielbestandteile für Szenarien zur Zuverlässigkeit:

Quelle des Auslösers	intern oder extern
Auslöser	Fehler, Aus- oder Wegfall eines Systemteils, korrekte oder inkorrekte Nutzung eines Systemdienstes
Umgebung	Normalbetrieb oder besondere (eingeschränkte) Betriebsbedingungen
Systembestandteil	Gesamtsystem oder beliebige Bestandteile
Antwort	▪ Das System entdeckt und behebt den Fehler, benachrichtigt Verantwortliche, schaltet fehlerhafte Bestandteile ab oder ersetzt sie. ▪ Das System oder ein Bestandteil geht durch den Auslöser in einen Fehlerzustand über oder stellt die Funktion ein.
Antwortmetrik	▪ Zeiten, in denen das System verfügbar oder wiederhergestellt sein muss ▪ Zeit, die zwischen der Entdeckung eines Fehlers/Fehlverhaltens und seiner Behebung vergeht ▪ Zeit, die das System in eingeschränktem Betriebszustand oder Fehlerzustand verbleiben darf

5.2.2 Quantitative Bewertung

Neben der qualitativen gibt es noch die quantitative Bewertung, mit deren Hilfe die Artefakte einer Architektur in Zahlen gemessen werden können. Letztere können gute Hinweise auf strukturelle Veränderungen geben, sofern sie über eine Zeit lang konstant gemessen und aufgezeichnet werden, liefern allerdings keine Aussage über die Funktionsfähigkeit und Qualität zur Laufzeit. Ebenso benötigen die Ergebnisse der quantitativen Bewertung einen fachlichen und technischen Kontext, um vergleichbar zu sein.

Quantitative Methoden zur Qualitätssicherung von Architekturen sind z.B.:

- Metriken zur Vermessung und Bewertung von Architekturaspekten
- Analysen, die stärker den Prozess betrachten, wie z.B. Änderungshäufigkeiten
- Analysen, die die korrekte Umsetzung der Architektur überprüfen, z.B. durch Überprüfung von Architekturregeln im Code
- Analysen, die das Software-Repository betrachten, wie z.B. Codedubletten

5.2.2.1 Überprüfung von Architekturregeln

Design und Implementierung unterliegen bestimmten Grenzen, die ihnen durch die Softwarearchitektur des Systems vorgegeben werden. Die verschiedenen Schichten einer Architektur beschränken beispielsweise die erlaubten Beziehungen und Importmöglichkeiten im Quellcode. Daher ist es wichtig, dass die sogenannten Architekturregeln auch eingehalten werden und sich Design und Implementierung an die Architektur anpassen. Doch das Prüfen der Architekturregeln ist nicht so ganz einfach, denn je nach Projekt und Größe des Systems kann es eine große Vielfalt an Architekturregeln geben.

Die Architektur bildet gewissermaßen den Rahmen oder das Grundgerüst eines Softwaresystems und schränkt Design und Implementierung ein. Zum Beispiel begrenzen die logischen Schichten einer Architektur die möglichen Beziehungen in den UML-Entwurfsmodellen oder die Abhängigkeiten zwischen den Klassen im Quellcode.

Zur Prüfung der Architekturregeln gibt es eine Reihe von Tools und Werkzeugen, mit denen sich eine Architekturprüfung durchführen lässt. Es können verschiedene Architekturregeln definiert werden, anhand derer das Softwarearchitekturwerkzeug während der Entwicklung prüft, ob Code und Architektur übereinstimmen.

Einige Werkzeuge zur statischen Analyse werden in Kapitel 6 näher erläutert.

5.2.2.2 Metriken

Für Ihre Projekte und Ihren Quellcode gibt es eine Vielzahl von Metriken, die Sie ermitteln können. Hier ein paar Beispiele:

- **Anforderungen:**
  - Anzahl der geänderten Anforderungen pro Zeiteinheit
- **Quellcode:**
  - Abhängigkeitsmaße (Kopplung)
  - Anzahl der Codezeilen
  - Anzahl der Kommentare im Verhältnis zur Anzahl der Programmzeilen
  - Anzahl statischer Methoden

  - Komplexität (der möglichen Ablaufpfade, zyklomatische Komplexität, siehe Abschnitt 5.2.2.3)
  - Anzahl der Methoden pro Klasse
  - Vererbungstiefe
- **Erstellungsprozess einer Software:**
  - Anzahl der implementierten/getesteten Features pro Zeiteinheit
  - Anzahl der neuen Codezeilen pro Zeiteinheit
  - Zeit für Meetings in Relation zur gesamten Arbeitszeit
  - Verhältnis der geschätzten zu den benötigten Arbeitstagen (pro Artefakt)
  - Verhältnis von Manager zu Entwickler zu Tester
- **Fehler:**
  - Mittlere Zeit bis zur Behebung eines Fehlers
  - Anzahl der gefundenen Fehler pro Paket
- **Test:**
  - Anzahl der Testfälle
  - Anzahl der Testfälle pro Klasse/Paket
  - Anzahl der Testfälle pro Anforderung, Testabdeckung
- **Design:**
  - Eingehende Abhängigkeiten
  - Ausgehende Abhängigkeiten
  - Instabilität
  - Abstraktheit
  - Distanz
- **System (ganz oder teilweise fertig):**
  - Performanceeigenschaften wie Ressourcenverbrauch oder benötigte Zeit für die Verarbeitung bestimmter Funktionen oder Anwendungsfälle

5.2.2.3 Zyklomatische Komplexität

Die zyklomatische Komplexität wird auch McCabe-Metrik genannt und wurde 1976 durch Thomas J. McCabe [McC76] eingeführt.

Sie zeigt die Anzahl voneinander unabhängiger Pfade eines Softwaremoduls und berechnet sich durch die Formel:

$$e - n + 2p$$

wobei *e* die Anzahl der Kanten im Graphen, *n* die Anzahl der Knoten im Graphen und *p* die Anzahl der einzelnen Kontrollflussgraphen (ein Graph pro Funktion/ Prozedur) bezeichnet.

Die ermittelte McCabe-Zahl ist ein Maß für die Komplexität eines Moduls. Sie ist eine untere Schranke für die Anzahl der möglichen Wege durch das Modul und eine obere Schranke für die Anzahl der Testfälle, die notwendig sind, um alle Kanten des Kontrollflussgraphen abdecken zu können.

Eine niedrige zyklomatische Komplexität bedeutet daher im Allgemeinen, dass das Modul einfach zu verstehen, zu testen und zu pflegen ist. Auf der anderen Seite steht eine hohe zyklomatische Komplexität für ein komplexes und schwer zu testendes Modul. Wenn allerdings die Komplexität nur schwer zu verringern oder das Modul trotz der hohen McCabe-Zahl einfach zu verstehen ist, weil es beispielsweise umfangreiche Switch-Anweisungen enthält, kann diese Warnung auch unterdrückt werden.

5.3 Prototyp und technischer Durchstich

Bei vielen Softwareentwicklungsprojekten kann es oft zu verschiedenen Arten von Problemen kommen. Entweder haben die Stakeholder Probleme, die Anforderungen explizit und vor allem vollständig zu formulieren, oder die Kooperation zwischen den Anwendern und Entwicklern funktioniert nicht richtig. Meist endet die Kooperation mit der Analyse- und Designphase, da sich die Entwicklungsabteilungen zurückziehen und ihr Ergebnis erst nach der Fertigstellung der Software präsentieren.

Dabei ist gerade die Abstimmung untereinander sehr wertvoll, um von den jeweils anderen lernen zu können. Oft gibt es verschiedene Lösungswege, die man experimentell erproben und mit dem Auftraggeber diskutieren muss, und manche der Anforderungen lassen sich theoretisch nicht garantieren, wie z.B. Echtzeitanforderungen. Bevor die Definitionsphase abgeschlossen werden kann, müssen daher möglicherweise Teilaspekte in einem prototypischen System evaluiert werden.

5.3.1 Technischer Durchstich

Der technische Durchstich dient als eine solche prototypische Implementierung, um eventuell auftretende technische Fragen klären zu können. Mit ihm wird überprüft, ob das Zusammenspiel der technischen Komponenten korrekt funktioniert. Im Gegensatz zum Prototyp spielt beim technischen Durchstich die Fachlichkeit keine Rolle.

5.3.2 Prototyp

Ein Prototyp stellt ein vereinfachtes Versuchsmodell eines geplanten Produkts oder Bauteils mit den für die jeweiligen Zwecke notwendigen Funktionen dar. Dabei kann er nur rein äußerlich oder aber auch bereits in einzelnen technischen Aspekten dem geplanten Endprodukt entsprechen. Ein Prototyp dient oft als Vorbereitung auf eine Serienproduktion, kann aber auch als Einzelstück geplant sein, das nur ein bestimmtes Konzept veranschaulichen soll.

5.3.2.1 Einsatz von Softwareprototypen

Im Bereich der Softwareentwicklung zeigt der Softwareprototyp, wie sich die ausgewählten Funktionen der Zielanwendung im praktischen Einsatz darstellen. Auf diese Weise können die relevanten Anforderungen oder Entwicklungsprobleme besser geklärt und veranschaulicht werden. Er gibt den Anwendern die Möglichkeit, durch das »Herumexperimentieren« wichtige praktische Erfahrungen zu sammeln, und dient so als Diskussionsbasis für Entscheidungen. In der Softwareentwicklung nennt man diese Vorgehensweise auch Prototyping. Sie führt schnell zu Ergebnissen und ermöglicht ein frühzeitiges Feedback bzgl. der Eignung eines Lösungsansatzes. Durch diese frühzeitige Rückkopplung reduziert sich das Entwicklungsrisiko und die Qualitätssicherung kann schon zu Beginn in den Softwareentwicklungsprozess eingebunden werden. Mithilfe geeigneter Werkzeuge können Prototypen schnell erstellt werden. Dieses Verfahren nennt man auch »Rapid Prototyping«, zu Deutsch »schneller Prototypenbau«.

Neben den zuvor genannten Vorteilen hat das Prototyping aber auch ein paar Nachteile. So erhöht sich oft der Entwicklungsaufwand, da meist neben der eigentlichen Anwendung noch ein Prototyp entwickelt werden muss. Des Weiteren besteht die Gefahr, dass ein geplanter »Wegwerf-Prototyp« eben doch nicht weggeworfen wird und so zu einer nicht optimalen Lösung führen kann. Darüber hinaus kann es außerdem vorkommen, dass Prototypen als Ersatz für eine gute und verständliche Dokumentation angesehen werden und ebendiese von den Entwicklern vernachlässigt wird.

5.3.2.2 Arten von Softwareprototypen

Es gibt verschiedene Arten von Softwareprototypen:

- Der **Demonstrationsprototyp** dient zur Auftragsakquisition und verschafft den Beteiligten eine Vorstellung davon, wie das Produkt am Ende aussehen könnte. Wichtig hierbei: Dieser Prototyp wird später weggeworfen!
- Der **Prototyp im engeren Sinne** wird parallel zur Modellierung des Anwendungsbereichs erstellt und veranschaulicht verschiedene Aspekte der Benutzungsschnittstelle oder Teile der Funktionalität. Dieser Prototyp dient zur Analyse.
- Das **Labormuster** gehört in den Bereich des experimentellen Prototypings und dient zur Beantwortung konstruktionsbezogener Fragen und Alternativen.
- Das **Pilotsystem** aus dem evolutionären Prototyping ist dagegen schon ein Kern des Produkts. Die Weiterentwicklung vom Prototyp zum Produkt erfolgt schrittweise in Zyklen unter Beteiligung der Anwender und eine Unterscheidung zwischen Prototyp und Produkt verschwindet im Laufe der Entwicklung. Für das Pilotsystem ist allerdings ein wesentlich sorgfältigerer Entwurf notwendig, da dieser Prototyp nicht weggeworfen, sondern weiterbenutzt wird.

5.4 Architekturanalyse

Die Architekturanalyse ist neben Reviews, Unit-, Akzeptanz- und Regressionstests ein wichtiges Mittel, das den Softwarearchitekten im Alltag begleitet, um die Qualität einer Softwarearchitektur bewertbar zu machen. Allerdings ist die Analyse der Anforderungen und Architekturziele eine der wichtigsten Voraussetzung für die Architekturanalyse neben der Verwendung eines geeigneten Qualitätsmodells und der Definition von fachlichen Prozessen.

Die Ergebnisse der Architekturanalyse lassen sich anhand bestimmter Qualitätskriterien wie z.B. Robustheit, Verfügbarkeit oder Sicherheit bewerten. Diese müssen frühzeitig in den Anforderungen definiert und priorisiert werden.

6 Werkzeuge für Softwarearchitekten

Verschiedene Kategorien von Werkzeugen unterstützen die Aufgaben von Softwarearchitekten. Dieses Kapitel stellt einerseits diese Kategorien vor, andererseits finden Sie hier Entscheidungskriterien zur Auswahl konkreter typischer Werkzeuge. Wir stellen Ihnen die Kategorien Anforderungsmanagement, Modellierung, Generierung, Codeanalyse, Build- und Konfigurationsmanagement, Codemanagement, Test, Dokumentation sowie Betriebsunterstützung vor.

6.1 Einbettung in den iSAQB-Lehrplan

Was müssen Sie als Softwarearchitekt für die Prüfung zum CPSA-F wissen und können?

Nachfolgend finden Sie den Extrakt des Kapitels »Werkzeuge« aus dem iSAQB-Lehrplan [isaqb-lehrplan].

6.1.1 Was sollen die Teilnehmer können?

Teilnehmer sollen die wichtigsten Kategorien von Werkzeugen sowie deren Stärken und Schwächen für die Arbeit von Softwarearchitekten benennen und erläutern können.

6.1.2 Was sollen die Teilnehmer verstehen?

Die Arbeitsumgebung und die Arbeitsmittel von Softwarearchitekten hängen von den jeweiligen Randbedingungen und Einflussfaktoren ab.

6.1.3 Was sollen die Teilnehmer kennen?

Einige Vertreter typischer Werkzeuge aus eigener praktischer Erfahrung.

Hierzu zählen:

- Modellierungswerkzeuge (UML-Werkzeuge)
- Generierungswerkzeuge (MDA- oder MDSD-Werkzeuge)

- Dokumentationswerkzeuge (Wikis, Repository-basierte sowie dateibasierte Dokumentenverwaltung)
- Werkzeuge zum Build- und Konfigurationsmanagement

6.2 Allgemeine Hinweise zu Werkzeugen

Zuerst einmal eine Entwarnung: Sie müssen für die Prüfung zum CPSA-F keine konkreten Vertreter typischer Werkzeuge oder Produkte kennen. Es geht für die Prüfung primär um Werkzeugkategorien und Entscheidungskriterien (wobei es im realen Leben als Softwarearchitekt natürlich ganz massiv darum geht, die Werkzeuge dann auch sachgerecht einsetzen zu können – aber das lernen Sie nicht hier!).

Als Softwarearchitekt werden Sie in vielen Fällen mit typischen »Pauschalforderungen« hinsichtlich jeglicher Werkzeuge konfrontiert: Einerseits sollen Werkzeuge ihre jeweiligen Aufgaben (natürlich!) funktional umfänglich und zuverlässig erledigen, andererseits möglichst geringe Auswirkungen an anderen Stellen besitzen.

Zwei weitere *allgemeine* Anforderungen verdienen dabei aus unserer Sicht besondere Beachtung: Kosten und Lizenzbedingungen.

6.2.1 Kosten von Werkzeugen

Kommerzielle Werkzeuge werden in vielfältigen Preis- oder Bezahlmodellen angeboten: einmaliger Kauf zum Pauschalpreis, Kaufpreis abhängig von Systemgröße, Kaufpreis abhängig von Betriebs- oder Entwicklungsumgebung, Kauf plus regelmäßige Wartungsgebühr, Miete etc. Den Herstellern von Softwaretools stehen vielfältige vertragliche Möglichkeiten offen, mit denen Sie sich im Rahmen der Werkzeugauswahl unter Umständen beschäftigen müssen.

Zu den Kosten von Software gehören jedoch zusätzlich Administrations- oder Betriebskosten sowie die Kosten für Einführung und Schulung. Letzteres kann den Kaufpreis von Softwarelizenzen um ein Vielfaches übersteigen.

6.2.2 Lizenzen und Lizenzbedingungen

Gerade bei der Nutzung kostenfreier Werkzeuge, beispielsweise Freeware oder Open Source, sollten Sie als Softwarearchitekt über die jeweiligen Lizenzbedingungen Bescheid wissen.

Ohne hier einen Exkurs in Lizenzrecht zu unternehmen, möchten wir Ihnen kurz die möglichen Dimensionen darstellen:

- Manche Lizenzen oder Lizenztypen erlauben den völlig freien, ungehinderten Einsatz der betreffenden Werkzeuge, unabhängig von der Art oder Vermarktung des mit dem Werkzeug erstellten Systems.

- Andere Lizenzen oder Lizenztypen erlauben die freie Nutzung lediglich für den nichtkommerziellen Einsatz. Sobald Sie für das erstellte System Geld oder eine andere Gegenleistung fordern, wird auch der Einsatz der lizenzierten Werkzeuge eingeschränkt.
- Noch andere Lizenztypen erfordern, dass die erstellten Systeme unter derselben Lizenz verbreitet werden müssen wie das genutzte Werkzeug selbst. Das kann dazu führen, dass Sie Ihre erstellte Software nicht verkaufen dürfen, sondern inklusive Sourcecode frei weitergeben müssen.

Die Bandbreite der rechtlichen Möglichkeiten ist riesig und für Nichtjuristen nur schwer durchschaubar. Im Zweifelsfall ziehen Sie vor dem Einsatz eines Werkzeugs (oder von Frameworks und Bibliotheken) einen juristischen Beistand zu Rate. Aus diesem Grund betreiben viele große Softwareorganisationen eigene Abteilungen zum Lizenzmanagement.

Warnung: Böswillige Nutzer Ihrer Systeme oder auch Mitbewerber, Konkurrenten und andere können Sie bei Lizenzverstößen verklagen oder abmahnen – was in den meisten Fällen neben hohen Kosten auch einen signifikanten Zeitaufwand mit sich bringt. Nehmen Sie dieses Risiko ernst und klären Sie vor der Nutzung externer Werkzeuge, Bibliotheken und Frameworks deren Lizenzbedingungen. Insbesondere bei einigen Open-Source-Werkzeugen ist die kommerzielle Nutzung der damit entwickelten Produkte oder Systeme stark eingeschränkt!

6.3 Werkzeuge zum Anforderungsmanagement

Anforderungsmanagement wird über den gesamten Lebenszyklus der Systementwicklung durchgeführt, sowohl bei Neuentwicklungen als auch bei Änderungen.

Das Anforderungsmanagement beinhaltet neben der reinen Erhebung von Anforderungen auch Maßnahmen zu deren Verwaltung. Ziel des Anforderungsmanagements ist das gemeinsame Verständnis zwischen Auftragnehmer und Auftraggeber über das zu entwickelnde System. Die dabei entstehende Dokumentation dient oft als vertragliche Grundlage für die weitere Umsetzung und sollte daher eine fest vorgegebene Struktur besitzen.

6.3.1 Anforderungen und Entscheidungskriterien

- Unterstützung bei der Erfassung und Analyse der Anforderungen
- Möglichkeit zur textuellen und grafischen Darstellung von Anforderungen
- Verwaltung der Anforderungen
- Reduktion von Redundanzen
- Unterstützung der Rückverfolgbarkeit zwischen Anforderungen und Architektur
- Teamfähigkeit
- Versions- und Konfigurationsmanagement

(siehe auch Abschnitt 6.4)

6.3.2 Herausforderungen von Werkzeugen für das Anforderungsmanagement

- Oftmals grafische Darstellungen (UML-Modelle, Mindmaps, freie Diagramme), die sich schlecht oder gar nicht parallel durch mehrere Benutzer bearbeiten lassen. Beispielsweise ist das Zusammenführen (*merge)* solcher Darstellungen mit heutigen Werkzeugen immens aufwendig und fehleranfällig.
- Unterstützung des Versions- und Konfigurationsmanagements

6.3.3 Beispielhafte Vertreter

- CaliberRM (Borland)
- Cameo Requirements (No Magic Inc.)
- CARE (SOPHIST GmbH)
- Enterprise Architect (SparxSystems)
- in-Step (microTOOL GmbH)
- Polarion Requirements (Polarion Software)
- Rational DOORS (IBM)
- Rational RequisitePro (IBM)

6.4 Werkzeuge zur Modellierung

Modellierungswerkzeuge können fachliche und technische Modelle von Software sowie Anforderungs- und Problemdomänen darstellen. Sie helfen dabei, meist grafische Abstraktionen der Realität zu erstellen und zu pflegen.

Damit können solche Werkzeuge beispielsweise beginnend bei (abstrakten) Geschäftsprozessen durch schrittweise Verfeinerung immer detailliertere Darstellungen der jeweiligen Sachverhalte unterstützen.

6.4.1 Anforderungen und Entscheidungskriterien

- Unterstützung standardisierter Modellierungsmethoden, beispielsweise UML, SysML, Entity-Relationship-Modelle, BPMN, StateCharts, Petrinetze oder andere
- Unterstützung freier (informeller) Modelle
- Unterstützung unterschiedlicher Sichten/Modelltypen (Diagrammarten)
- Unterstützung von statischer und dynamischer Modellierung
- Modellprüfung (Validierung, Plausibilisierung)
- Trennung von Diagrammen und darin enthaltenen Objekten, insbesondere die Wiederverwendung dieser Objekte in anderen Diagrammen
- Verlinkung oder Verkettung von Modellen und Diagrammen, durch Auswahl/Klick von Modellelementen automatische Weiterleitung an die betreffenden (verfeinernden) Modellteile oder Diagramme

- Unterstützung expliziter Metamodelle
- Möglichkeiten zur manuellen oder programmatischen Modifikation der Metamodelle
- Möglichkeit zur Definition eigener Modellierungssprachen (domänenspezifischer Sprachen, auch grafischer Art)
- Integration mit Versionsmanagementsystemen (wie Subversion, Git, Mercurial)
- Mehrbenutzerfähigkeit, Berechtigungskonzept
- Generierung von Dokumenten (in verschiedenen Formaten) aus Modellen, Layout und Struktur dieser Dokumente konfigurier- oder programmierbar
- Reverse Engineering von Quellcode

6.4.2 Herausforderungen von Werkzeugen für die Modellierung

- Oftmals grafische Darstellungen (UML-Modelle, Mindmaps, freie Diagramme), die sich schlecht oder gar nicht parallel durch mehrere Benutzer bearbeiten lassen. Beispielsweise ist das Zusammenführen (*merge*) solcher Darstellungen mit heutigen Werkzeugen immens aufwendig und fehleranfällig.
- Notationen oftmals für nichttechnische Stakeholder ungeeignet
- Oftmals schlechte oder fehlende Integration mit Softwareentwicklungsumgebungen, sodass die Akzeptanz seitens der Entwickler leidet

6.4.3 Beispielhafte Vertreter

- ArgoUML (Open Source)
- ARIS (Firma IDS Scheer)
- Enterprise Architect (Firma SparxSystems)
- Innovator (Firma MID GmbH)
- MagicDraw (Firma No Magic)
- PowerDesigner (Firma Sybase)
- Rational Software Architect (Firma IBM-Rational)
- StarUML (Open Source)
- Visual Paradigm (Firma Visual Paradigm International)

6.5 Werkzeuge zur Generierung

Generierungswerkzeuge können auf Basis abstrakter Beschreibungen beliebige Artefakte generieren. Beispielsweise können sie auf Basis von

- UML-Klassenmodellen die zugehörigen Klassen- und Methodenrümpfe in unterschiedlichen Programmiersprachen generieren.
- Datenmodellen die zugehörigen SQL- oder DDL-Statements für bestimmte Datenbanksysteme generieren, Testdaten oder auch Datenzugriffsbausteine.

- formalen Grammatiken die zugehörigen Lexer und Parser generieren.
- XML-Schemata (xsd's) passende Klassen oder Funktionen für Programmiersprachen generieren, die diesen speziellen XML-Dialekt lesen oder schreiben können.
- Quellcode zugehörige Dokumentation erzeugen.
- textueller Beschreibung von Grafiken die dazugehörigen Bilder als jpg, png oder auch Vektorgrafik erzeugen.

6.5.1 Anforderungen und Entscheidungskriterien

- Unabhängigkeit von der Zielplattform bzw. des Formats der generierten Artefakte
- Unabhängigkeit von Metamodellen der Eingabedaten/-artefakte
- Flexibilität des Transformationsprozesses
- Zertifizierung für sicherheitskritische Anwendungen

6.5.2 Herausforderungen von Codegeneratoren

Frei definierbare Metamodelle und Generierungsvorschriften bieten zwar höhere Flexibilität, aber auf Kosten der Einfachheit.

6.5.3 Beispielhafte Vertreter

- ANTLR (Open Source Parser Generator)
- AndroMDA (Open Source)
- openArchitectureWare (Open Source)
- Viele Modellierungswerkzeuge können aus Modellen oder Diagrammen Artefakte generieren. Als Beispiel seien hier Datenbankstrukturen (Tabellen, Views) genannt.
- Letztlich gehören auch die implementierungsnahen Convention-over-Configuration-Frameworks wie Ruby on Rails, Grails oder Spring Roo in diese Kategorie, weil sie auf Basis abstrakter Beschreibung (Code-)Artefakte generieren.

6.6 Werkzeuge zur statischen Codeanalyse

Bei der statischen Analyse wird der Quelltext einer Reihe formaler Prüfungen unterzogen, um die Anwendung nach Auffälligkeiten und Fehlern zu durchsuchen. Dies kann manuell sowie werkzeuggestützt erfolgen.

Werkzeuge können dabei helfen, bestehende Softwaresysteme bezüglich verschiedener Qualitätseigenschaften wie z.B. Komplexität zu bewerten. Werkzeuge zur statischen Codeanalyse können durch das Aufzeigen der Abhängigkeiten auch zur Optimierung der Laufzeiteffizienz genutzt werden. Des Weiteren analysieren sie, ob die Umsetzung den Vorgaben der Architektur entspricht und beispielsweise die Regeln bezüglich zulässiger Abhängigkeiten befolgt werden.

6.6.1 Anforderungen und Entscheidungskriterien

- Automatisierbar, in Build-Prozess integriert
- Reporting: Aufbereitung der Ergebnisse in verschiedenen Formaten (HTML, RSS, etc.) inklusive Visualisierung
- Flexible Analysekriterien und Metriken
- Unterstützung unterschiedlicher Programmiersprachen
- Definition von Ein- und Ausschlusskriterien (d.h.: Welche Teile des gesamten Quellcodes sollen auf welche Weise untersucht werden?)

6.6.2 Herausforderungen von Werkzeugen zur statischen Codeanalyse

- Unterstützung unterschiedlicher Programmiersprachen
- Abhängigkeiten und Kopplung im Quellcode entstehen entweder durch *direkte* Abhängigkeiten (Aufrufe, Enthaltensein) oder durch *indirekte* (Dependency Injection, Abhängigkeiten über Datenstrukturen oder Laufzeitumgebung). Die indirekten Abhängigkeiten sind erheblich schwieriger zu analysieren.

6.6.3 Beispielhafte Vertreter

Statische Analyse:

- CAST Application Intelligence Platform
- Coverity
- FindBugs
- HP Fortify Source Code Analyzer
- JDepend
- Sonar
- Sonargraph
- Sonargraph for Java
- Sotograph
- Structure101

6.7 Werkzeuge zur dynamischen Analyse

Werkzeuge zur dynamischen Analyse betrachten das Laufzeitverhalten von Software. Durch Analyse und Vergleich von laufenden Programmen können sie Entwicklern helfen, Problembereiche aufzudecken oder Abläufe zu verstehen.

Ziele sind unter anderem:

- Geschwindigkeitsmessung
- Zeitmessung bestimmter Systemteile in Relation zu anderen Systemteilen
- Messung der Speichernutzung
- Statistische Auswertung (Welche Systemteile werden wie häufig verwendet?)

6.7.1 Anforderungen und Entscheidungskriterien

- Möglichst geringe Auswirkung auf das Laufzeitverhalten, den Speicher- oder CPU-Bedarf
- Verständliche, zielgruppengerechte Darstellung der Ergebnisse
- Eignung auch für verteilte Systeme

6.7.2 Herausforderungen von Werkzeugen zur dynamischen Analyse

- Die Messung selbst beeinflusst das System (analog in der Physik als Heisenberg-Unschärfe bekannt). Das ist insbesondere bei nebenläufigen Systemen oder Prozessen relevant.
- Die Datenvolumina bei dynamischen Analysen werden aufgrund der schieren Menge schnell unverständlich.

6.7.3 Beispielhafte Vertreter

- AppDynamics
- JBoss Profiler
- JProfiler (ej-technologies)
- JRat (Open Source)
- Jtest (Parasoft)
- Perf4J (Open Source)
- Rational AppScan (IBM)

6.8 Werkzeuge zum Build-Management

Build-Werkzeuge erlauben die Automatisierung von Versionierungs-, Kompilierungs-, Paketierungs-, Test- und Prüfaufgaben von Sourcecode sowie zugehöriger Artefakte.

Hierzu zählen:

- Management der Übersetzungs- und Transformationsaufgaben (Compile, Link, Deploy)
- Management von Continuous Integration
- Abhängigkeitsmanagement (siehe Abschnitt 6.9)
- Ausführung und Reporting automatisierter Tests
- Prüfung auf Einhaltung struktureller Vorgaben und Programmierkonventionen

6.8.1 Anforderungen und Entscheidungskriterien

- Build-Prozess definierbar (d.h., die für den Build notwendigen Schritte können systemspezifisch angegeben werden)
- Minimale Auflösung transitiver Abhängigkeiten, d.h., es wird bei einem Build-Lauf genau die minimal notwendige Menge an Dateien neu übersetzt oder gebunden.
- Integration mit Werkzeugen zur Versions- und Konfigurationsverwaltung, Codeanalyse, Ausführung automatisierter Tests und deren Reporting
- Anbindung an Continuous-Integration-Werkzeuge oder -Prozesse
- Unterstützung unterschiedlicher Programmiersprachen und -werkzeuge
- Geschwindigkeit, mit der Build-Prozesse ablaufen

6.8.2 Herausforderungen von Werkzeugen zum Build-Management

- Build-Management für umfangreiche Systeme ist ressourcenintensiv.
- Die Beschreibung/Definition von Builds sollte mit den Entscheidungen einer Verteilungs- oder Deployment-Sicht synchronisiert sein.
- Es gibt zurzeit keine etablierte Syntax/Sprache für Build-Beschreibungen, die über Werkzeuggrenzen hinweg verwendet wird. Fast jedes Build-Werkzeug verwendet seine eigene Sprache/Syntax.
- Systeme in unterschiedlichen Programmiersprachen (engl. Polyglott Programming), gemischt aus kompilierten und interpretierten Sprachen

6.8.3 Beispielhafte Vertreter

- Apache Ant (Build-Werkzeug, hauptsächlich genutzt für Java-Systeme, Aufgabenbeschreibung mittels XML)
- Apache Buildr (Build-System für viele Sprachen der Java-VM)
- Apache Ivy (Unterstützung für Java-Builds, die es ermöglicht, bestimmte Versionen benötigter Bibliotheken aus Repositories nachzuladen)

- Apache Maven (Build-Werkzeug für nahezu beliebige Build-Aufgaben, gibt Konventionen für Verzeichnis- und Dateistrukturen vor, Beschreibung mittels hierarchischer organisierter XML-Dateien)
- Gant oder Gradle (Ant-Äquivalente in Groovy)
- Make, nmake: Die (Ur-)Vertreter dieser Spezies
- Rake (Make-Tool für Ruby)
- Team Foundation Server (kommerzielles Build- und Codemanagement von Microsoft)

6.9 Werkzeuge zum Konfigurations- und Versionsmanagement

Ein Konfigurationsmanagementwerkzeug soll den Softwarearchitekten hauptsächlich bei diesen Aufgaben unterstützen:

- Zuordnung und Selektion von Konfigurationselementen zu einer Konfiguration
- Inventarisierung
- Rekonstruktion einer Konfiguration

6.9.1 Anforderungen und Entscheidungskriterien

- Skalierbarkeit auf große Entwicklungsteams
- Behandlung beliebiger Varianten (Branches, Versionen)
- Zuverlässigkeit und Robustheit
- Integration mit anderen Werkzeugen (z.B. Versionsverwaltung, Issue- und Anforderungsmanagement, Build-Werkzeuge, Codemanagement)

6.9.2 Herausforderungen von Werkzeugen zum Konfigurations- und Versionsmanagement

- Grundbegriffe des Konfigurations- und Versionsmanagements sind oftmals abhängig vom verwendeten Werkzeug.
- Operationen wie Branching oder Merging sind in großen Systemen häufig komplex und trotz Werkzeugunterstützung immer noch fehleranfällig. Nicht-Text-Artefakte (Diagramme, Modelle, Binärdateien) lassen sich praktisch nicht aus unterschiedlichen Zweigen zusammenführen.
- Strategien für Staging, Übergänge zwischen Entwicklungs-, Test- und Betriebsumgebungen, Rechtevergabe zwischen diesen Umgebungen und ähnliche organisatorische Aufgaben sind komplex und es existieren dafür keine Standardlösungen.
- Verständlichkeit (weil hohe Komplexität zu mehr Fehlern in der Behandlung von Konfigurationen oder Versionen führt)

6.9.3 Beispielhafte Vertreter

- Werkzeuge für Versionierung von Sourcecode und Dateien, wie etwa CVS, Subversion, Git oder Mercurial
- Werkzeuge zur Verwaltung unterschiedlicher Versionen beliebiger Artefakte des Entwicklungsprozesses und deren Abhängigkeiten, etwa Apache Ivy, Maven/Nexus
- Rational ClearCase (Firma IBM Rational)
- OMNITRACKER (Firma OMNITET GmbH)
- Perforce (Firma Perforce)
- Surround SCM (Firma Seapine)
- Team Foundation-Server (Firma Microsoft)

6.10 Werkzeuge zum Codemanagement

Codemanagementwerkzeuge sollten Architekten und Entwickler bei der Erstellung, Bearbeitung und dem Verständnis von Quellcode unterstützen. Versions- und Konfigurationsverwaltung sind im Abschnitt 6.9 behandelt.

Zu dieser Kategorie von Werkzeugen zählen:

- Syntaxbezogene Editoren
- Refactoring-Werkzeuge: Umformung von Quellcode unter Beibehaltung der funktionalen Eigenschaften
- Debugger (siehe auch Abschnitt 6.6 und 6.7)
- Integrierte Entwicklungsumgebungen

6.10.1 Herausforderungen von Werkzeugen zum Codemanagement

- Stabilität auch bei großen Codebasen (viele und große Dateien)
- Unterstützung unterschiedlicher Programmiersprachen, auch gemischt
- Integration von Build- und Deployment-Werkzeugen
- Integration von Testwerkzeugen

6.10.2 Beispielhafte Vertreter

- Eclipse (Open-Source-IDE für Java und andere Sprachen, hauptsächlich der Java-Plattform, aber auch C++, Erlang, Prolog und andere; flexible Erweiterung über Plug-ins)
- IntelliJ (als Open-Source- und kommerzielle IDE verfügbar, für viele Sprachen und über Plug-ins erweiterbar)
- NetBeans (Open-Source-IDE für Java und andere Sprachen der Java-Plattform; flexible Erweiterung über Plug-ins)

- Visual Studio (Microsoft-Entwicklungsumgebung für Windows-Betriebssysteme)
- xCode (Apple-Entwicklungsumgebung für Mac OS und iOS)

6.11 Werkzeuge zum Test

Durch die Erstellung automatisierter Unit- und Integrationstests bekommen Softwarearchitekten und -entwickler frühzeitiges Feedback über die Struktur und internen Schnittstellen ihrer Bausteine und deren Zusammenarbeit. Tests sind oftmals die ersten »Benutzer« neu erstellter Bausteine – und können wertvolle Hinweise zu deren Erstellung, Evolution und Verbesserung geben. Testwerkzeuge, u.a. für Unit- und Integrationstests, gehören daher zu

- Unit-Tests, z.B. xUnit-Derivate
- Laufzeittests, etwa Last-/Performancetests, Stresstests, Robustheitstests
- Penetrationstests, Angriffsszenarien
- Verwaltung von Testfällen, Testdaten, Testergebnissen

6.11.1 Anforderungen und Entscheidungskriterien

- Integration in Entwicklungsumgebung
- Einfache, ausführbare Beschreibung von Tests
- Reporting von Testergebnissen
- Sammlung von Testergebnissen über mehrere Testläufe hinweg zur Erkennung von Trends

6.11.2 Herausforderungen von Testwerkzeugen

- Unterstützung heterogener oder verteilter Systeme
- Synchrone Verwaltung von Testfällen mit zugehörigen Testdaten (eine Aufgabe für die Versions- und Konfigurationsverwaltung)
- Automatischer Test von Benutzeroberflächen
- Simulation (engl. »Mock«) von Fremdsystemen, die zum Test benötigt werden, aber als echte Systeme noch nicht vorhanden sind oder nicht verwendet werden können. Hier hat sich eine Kategorie unterstützender Mock-Frameworks etabliert.

6.11.3 Beispielhafte Vertreter

Eine umfangreiche Übersicht gibt es unter *http://www.opensourcetesting.org*.

- xUnit Frameworks (alle Open Source) für Unit-Tests
- Werkzeuge zum Akzeptanztest (FitNess, Cucumber, Spock)

6.12 Werkzeuge zur Dokumentation

Werkzeuge zur Dokumentation sollen Softwarearchitekten und -entwickler bei der langfristigen Kommunikation von Entscheidungen, Strukturen, Konzepten sowie sonstigen Sachverhalten unterstützen. Zu dieser Kategorie gehören text- und grafikbasierte Werkzeuge zur Erstellung, Pflege oder Generierung von Dokumenten.

6.12.1 Anforderungen und Entscheidungskriterien

- Eignung für Benutzergruppen/Projektteams
- Vergleich verschiedener Versionen oder Stände von Dokumenten
- Integration mit Versions- und Konfigurationsverwaltung
- Konformität der Ergebnisdokumente mit Unternehmens- oder Organisationsstandards, etwa Corporate Layout oder Corporate Design
- Möglichkeit zur Erzeugung Stakeholder-spezifischer Dokumentation
- Einfache Synchronisierung der Dokumentation mit Releases oder Versionen der Software
- Integration mit Bug- oder Issue-Tracking-Systemen

6.12.2 Herausforderungen von Dokumentationswerkzeugen

- Versionsmanagement
- Mehrbenutzerfähigkeit, insbesondere Konfliktbehandlung (Was in Quellcode durch diff- und merge-Operationen leicht möglich ist, wird in den meisten Textverarbeitungen zum großen Problem.)
- Erzeugung zielgruppengerechter Ergebnisse sowohl in gedruckter wie elektronischer Form: Berücksichtigung von Layout- und Formvorgaben wie Corporate Identity oder Corporate Design, automatische Erzeugung von Inhalts- und Stichwortverzeichnissen, Einhaltung von Dokumentationsstandards
- Vermeidung von Redundanz: Jegliche Information sollte möglichst nur an einer einzigen Stelle gepflegt werden müssen. Der Übergang von Sourcecode zu Modellen (Diagrammen) zu Dokumentation ist in dieser Hinsicht schwierig – hier versuchen die sogenannten Single-Source-Ansätze Abhilfe zu schaffen.

6.12.3 Beispielhafte Vertreter

- Klassische Textverarbeitung (»Office-Produkte«) diverser Hersteller
- Markup-basierte Ansätze (DocBook, DITA, SGML, MarkDown, Textile, XHTML), die Formatierungs- und Semantikinformationen über spezielle Auszeichnungen in den eigentlichen Text einbetten

- Wikis (beispielsweise die vielen Open-Source-Wikis wie TWiki, Mediawiki), das offlinefähige TiddlyWiki oder das kommerzielle Confluence (Firma Atlassian)
- Viele Modellierungswerkzeuge können Dokumentation aus ihrem Datenbestand/Repository generieren.

Anhang

A Beispielfragen

Um einen Eindruck davon zu vermitteln, welche Art von Fragen Sie in einer Prüfung zum iSAQB **Certified Professional for Software Architecture** (CPSA) Foundation Level erwartet, stellen wir Ihnen hier einige Beispielfragen vor. Diese entsprechen in Art und Struktur möglichen Prüfungsfragen, sind aber nachvollziehbarerweise mit diesen nicht identisch.

A.1 Auszüge aus der Prüfungsordnung

Nach der iSAQB-Prüfungsordnung (Stand: August 2012 nach [isaqb-PuB_2011]) handelt es sich derzeit um 45 Multiple-Choice-Fragen, bei denen entweder sämtliche Antworten eingeordnet werden müssen oder aber eine bestimmte Anzahl anzukreuzen ist. Je korrekt beantworteter Frage gibt es 1–3 Punkte von insgesamt 74 möglichen. Mindestens 60 %, d.h. wenigstens 45 Punkte, müssen erreicht werden. Während der Prüfung sind keinerlei Hilfsmittel zulässig.

Beachten Sie, dass häufig die »am besten passende« Antwort gesucht ist. Es kann also durchaus weitere richtige Antworten geben, die jedoch »schlechter passen«. Derzeit finden sich drei unterschiedliche Fragetypen:

- Typ A:
  Einfachauswahlfragen (A = »Auswahl«) – Hier gibt es (je nach Fragestellung) genau eine richtige bzw. genau eine falsche Antwort.
- Typ P:
  Mehrfachauswahlfragen (P = »Pick«) – Hier ist aus einer Liste von Antwortmöglichkeiten die im Aufgabentext vorgegebene Anzahl von korrekten Antworten auszuwählen.
- Typ K:
  Klärungsfragen (K = »Kreuz«) – Bei der Antwort ist hier die Auswahl aus je zwei Möglichkeiten zu treffen.

A.2 Beispielfragen

Beispielfrage zum Thema »Grundbegriffe von Softwarearchitekturen«

Welche Architekturebenen gibt es?	
Wählen Sie aus den folgenden vier Antworten die drei am besten passenden aus.	
	A) ***Modularchitektur***
	B) ***Infrastrukturarchitektur***
	C) ***Business-Architektur***
	D ***Geschäftsprozessarchitektur***

Beispielfrage zum Thema »Beschreibung und Kommunikation von Softwarearchitekturen«

Welche Sichten gibt es in der Softwarearchitektur?		
Ordnen Sie alle Antworten zu.		
wahr	falsch	
		A) ***Bei gesondertem Schwerpunkt lassen sich einzelne Bausteinaspekte wie Datensicht oder Schnittstellen als eigene Sichttypen definieren.***
		B) ***Kontextabgrenzung (auch: Kontextsicht)***
		C) ***Laufzeitsicht***
		D) ***Bausteinsicht***

Beispielfrage zum Thema »Entwicklung von Softwarearchitekturen«

Welche Faktoren können den Entwurf von Softwarearchitekturen beeinflussen?	
Wählen Sie aus den folgenden vier Antworten die drei am besten passenden aus.	
	A) ***politische***
	B) ***organisatorische***
	C) ***ethische***
	D) ***technische***

Beispielfrage zum Thema »Qualität von Softwarearchitekturen«

Wozu dienen Qualitätsmodelle?	
Wählen Sie aus den folgenden vier Antworten die drei am besten passenden aus.	
	A) ***Qualitätsmodelle geben Metriken für Kriterien an, um Softwarequalität messen zu können.***
	B) ***Qualitätsmodelle schlüsseln Softwarequalität in einzelne Kriterien auf.***
	C) ***Qualitätsmodelle werden benötigt, um die richtige Bewertungsmethode zu finden.***
	D) ***Qualitätsmodelle beschreiben Softwarequalität durch Ableiten von Unterbegriffen.***

B Abkürzungsverzeichnis

ANSA	Advanced Networked Systems Architecture
API	Application Programming Interface
ATAM	Architecture Tradeoff Analysis Method
BPMN	Business Process Model and Notation
CoCoME	Common Component Modeling Example
CORBA	Common Object Request Broker Architecture
CPSA	Certified Professional for Software Architecture
CPSA-F	Certified Professional for Software Architecture – Foundation Level
DDD	Domain Driven Design
DoDAF	Department of (US) Defense Architectural Framework
DSL	Domain-specific Language
EPK	Ereignisgesteuerte Prozessketten
ER	Entity Relationship
FMC	Fundamental Modeling Concepts
FURPS	Akronym aus den Begriffen Functionality (Funktionalität), Usability (Benutzbarkeit), Reliability (Zuverlässigkeit), Performance (Effizienz), Supportability (Änderbarkeit)
GoF	Gang of Four
GUI	Graphical User Interface
iSAQB	International Software Architecture Qualification Board
JDBC	Java Database Connectivity
JET	Java Emitter Templates
JRE	Java Runtime Environment
MDA	Model Driven Architecture
MDSD	Model Driven Software Development
MOF	Meta Object Facility
MVC	Model View Controller

OMG	Object Management Group
OMG-MDA	Model Driven Architecture der Object Management Group
PAC	Presentation Abstraction Control
PIM	Platform Independent Model
PSM	Platform Specific Model
QoS	Quality of Service
RMI	Remote Method Invocation
RM-ODP	Reference Model of Open Distributed Processing
SAGA	Standards und Architekturen für E-Government-Anwendungen
SEI	Software Engineering Institute der Carnegie Mellon University
SOA	Serviceorientierte Architektur
TOGAF	The Open Group Architecture Framework
UML	Unified Modeling Language
XSLT	Extensible Stylesheet Language Transformation

C Glossar

Begriff	Erklärung/Definition	Überset-zung	Quelle
Abhängigkeit	Abhängigkeit von Bausteinen zueinander können (u.a.) folgender Art sein: - Verwendungsabhängigkeit: Ein Baustein benötigt zur Ausführung seiner Aufgaben Dienste eines anderen Bausteins. →Delegation. - Enthaltensabhängigkeit (→Komposition, →Aggregation): Ein Baustein oder eine Instanz eines Bausteins enthält einen anderen Baustein oder Instanzen eines anderen Bausteins. Enthaltensabhängigkeit kann sich auf direktes Enthaltensein beziehen oder auf das Enthaltensein von Referenzen. - Vererbungsabhängigkeit: Ein Baustein erbt im Sinne der Objektorientierung von einem anderen. - Zeitliche Abhängigkeit: Eine Aktion eines Bausteins ist nur in zeitlicher Abhängigkeit anderer Aktionen (durch ihn selbst oder andere Bausteine) möglich. - Örtliche Abhängigkeit: Ein Baustein ist von der Existenz eines anderen Bausteins am gleichen Ort (etwa im gleichen Adressraum, auf dem gleichen Server, unter der gleichen IP-Adresse) abhängig. Siehe →Beziehung, →Assoziation, →Aggregation, →Delegation, →Komposition, →Vererbung	Dependency	
Adapter (Muster)	Entwurfsmuster: Passe die Schnittstelle einer Klasse an eine andere von ihren Nutzern erwartete Schnittstelle an. Das Adaptermuster lässt Klassen zusammenarbeiten, die wegen inkompatibler Schnittstellen ansonsten dazu nicht in der Lage wären. Vergleichbar aus dem Alltag: ein Adapter, der die unterschiedlichen Formen der (Strom-)Steckdosen aus Deutschland und den USA miteinander verbindet.		[GHJ94]

Begriff	Erklärung/Definition	Überset-zung	Quelle
Aggregation	Sonderfall der Beziehung oder Assoziation. Zwischen den beteiligten Elementen liegt eine »Ist-Teil-von«- oder eine »Besteht-aus«-Beziehung vor. Siehe →Komposition, →Assoziation, →Beziehung		[Bal00]
arc42	Frei verfügbares Template zur Beschreibung und Dokumentation von Softwarearchitekturen.		
Architektur-beschreibung	Eine Architekturbeschreibung besteht dabei aus einer Menge von Architekturebenen. Eine Architekturebene fasst eine Menge von Sichten zu einer Beschreibungseinheit zusammen.		Kapitel 2
Architektur-entscheidung	Entscheidung, die nachhaltig oder grundlegend →Strukturen, Konzepte, Implementierung oder Ähnliches beeinflusst. Beispiel: Entscheidung über Datenbanktechnologie oder die technischen Grundlagen der Benutzeroberfläche.	Architectural Decision	
Architektur-muster	Beschreibt die grundsätzliche strukturelle Organisation eines Softwaresystems. Definiert Subsysteme oder Bausteine mit ihren Verantwortlichkeiten. Beispiele: Schichten (Layer), Pipes and Filters, Model View Controller, Blackboard Aus [BM++96]: »... *expressing a fundamental structural organization schema for software systems. It provides a set of predefined subsystems, specifies their responsibilities, and includes rules and guidelines for organizing the relationships between them.*«	Architectural Pattern	[BM++96]
Architektur-sicht	Eine auf bestimmte Arten von Systemelementen oder einzelne Konzepte beschränkte Darstellung der Softwarearchitektur. Beispiele: →Bausteinsicht (statische Architektursicht mit Fokus auf Implementierungsbausteinen), →Laufzeitsicht (dynamische Architektursicht mit Fokus auf Abläufen), →Deployment- oder Verteilungssicht (statische Architektursicht mit Fokus auf der Verteilung von Implementierungseinheiten auf Hardware) »*view: A representation of a whole system from the perspective of a related set of concerns.* *viewpoint: A specification of the conventions for constructing and using a view. A pattern or template from which to develop individual views by establishing the purposes and audience for a view and the techniques for its creation and analysis.*«	Architectural View	Kapitel 2
Architekturstil	Zentrale Architekturmetapher des Systems		Kapitel 2
Architekturziel	Ziel, das die Softwarearchitektur langfristig erreichen soll. Kontrastiert in der Regel mit den primär kurzfristigen Projektzielen, zu denen u. a. Termin und Kosten zählen. Manchmal synonym mit Qualitätszielen verwendet.		

Begriff	Erklärung/Definition	Überset-zung	Quelle
Artefakt	Ein Produkt, das als Zwischen- oder Endergebnis in der Softwareentwicklung entsteht.	Artifact	
Assoziation	Modelliert Verbindungen zwischen Objekten (ganz allgemein: zwischen →Bausteinen). Jede Assoziation kann durch →Kardinalitäten und (Rollen-)Namen detaillierter beschrieben werden. →Beziehung, →Abhängigkeit		[Bal00]
ATAM	Architecture Tradeoff Analysis Method: szenariobasierte, qualitative Bewertungsmethode für Softwarearchitekturen, die am SEI entwickelt wurde.		[BCK03]
Baustein	■ Ein Element der Struktur der Softwarearchitektur, z. B. ein Subsystem, Modul, eine Komponente oder Klasse. ■ Ein Baustein ist eine Abstraktion von speziellen Programmierkonstrukten oder Beschreibungselementen. Kann weitere Bausteine enthalten. Zentraler Begriff der statischen Struktur von Softwarearchitekturen. Beinhaltet sämtliche Software- oder Implementierungsartfakte, die letztendlich Abstraktionen von Quellcode darstellen.	Building Block	Kapitel 2
Bausteinsicht	Eine Architektursicht, die (Implementierungs-)Bausteine der Softwarearchitektur und ihre Beziehungen zueinander darstellt.		
Beziehung	→Abhängigkeit	Dependency, Relationship, Association	
Blackboard (Muster)	Blackboard (engl.): Wandtafel. Eines der Architekturmuster aus [BM++96]. Eine Menge unabhängiger Bausteine sammelt auf Basis einer gemeinsamen Datenstruktur (dem Blackboard) Informationen zu einem Problem. Jeder Baustein löst bestimmte Teile des Gesamtproblems. Die Bausteine arbeiten eigenständig, ihr Vorgehen hängt vom aktuellen Fortschritt der gesamten Lösungsfindung ab. Aus [BM++96]: »*The Blackboard architectural pattern is useful for problems for which no deterministic solution strategies are known. In Blackboard several specialized subsystems assemble their knowledge to build a possibility partial or approximate solution.*«		[BM++96, S. 71]
Blackbox	Sicht auf einen →Baustein, die den internen Aufbau (die innere Struktur) dieses Bausteins verbirgt. Blackboxes genügen dem EVA-Prinzip: Eingabe – Verarbeitung – Ausgabe. Sie haben mindestens fest definierte Ein- und Ausgabeschnittstellen sowie eine Funktion. Optional definiert eine Blackbox auch noch nichtfunktionale Merkmale (wie etwa Laufzeiten oder Mengengerüste). →Whitebox		

Begriff	Erklärung/Definition	Überset- zung	Quelle
Bottom-up-Vorgehen	Arbeitsrichtung beim Modellieren und Entwerfen: ausgehend vom Konkreten (Speziellen, Detaillierten) zum Abstrakten (Allgemeinen). →Top-down.		
Broker (Muster)	Broker (engl.): Makler. Architekturmuster zur Strukturierung von Systemen, in denen die Bestandteile über Service-Aufrufe interagieren. Services registrieren sich beim Broker. Der Broker verantwortet die Kommunikation zwischen den Clients, d.h., Clients nutzen Services über den Broker. Beispiel: CORBA (Common Object Request Broker Architecture) Aus [BM++96]: »*The Broker architectural pattern can be used to structure distributed software systems with decoupled components that interact by remote service invocations. A broker component is responsible for coordinating communication, such as forwarding requests, as well as for transmitting results and exceptions.*«		[BM++96, S. 99]
Business-Architektur	*»A blueprint of the enterprise that provides a common understanding of the organization and is used to align strategic objectives and tactical demands.«* OMG Business Architecture Working Group Siehe auch →Unternehmensarchitektur, →Enterprise-Architektur	Business Architecture	
Datentypen-kopplung	Kopplung durch Verwendung gemeinsamer Datentypen oder -strukturen.		
Delegation	Ein Baustein leitet eine Aufgabe an einen anderen Baustein weiter, statt die Aufgabe selbst zu erledigen. Siehe auch →Abhängigkeit, →Beziehung	Delegation	
Dependency Injection	Benutzt- oder Enthalten-Beziehungen von Bausteinen werden zur Laufzeit durch eine dedizierte Komponente aufgebaut statt von den jeweiligen Bausteinen selbst. Bekannte Vertreter sind Spring oder Google Guice. Siehe z.B. *http://martinfowler.com/articles/injection.html#FormsOfDependencyInjection.*		
Deployment-Sicht	Eine Architektursicht, die Elemente der Ausführungsumgebung (z.B. Rechner, Application Server) und die darauf auszuführenden Bausteine darstellt. →Verteilungssicht		
DIN ISO/IEC 9126	ISO 9126 – Software Engineering – Product Quality. Beschreibt u.a. Qualitätsmerkmale für Software.		[ISO/ IEC 9126]
DDD	→Domain Driven Design		

Begriff	Erklärung/Definition	Überset-zung	Quelle
Domain Driven Design	Entwurf und Implementierung von Softwaresystemen auf Basis fachlicher Abstraktionen: DDD implementiert fachlich motivierte »Dinge« (Entitäten) und »Dienste« (Services) als Grundlage der gesamten Softwarearchitektur. In der Praxis zusammen mit Test Driven Development eingesetzt.		[Eva04]
Dynamische Sicht	Eine Architektursicht, die das dynamische Verhalten eines oder mehrerer Bausteine darstellt. Eine dynamische Sicht kann z.B. die Interaktion mehrerer Bausteine bei einem bestimmten Use-Case-Szenario darstellen. →Laufzeitsicht		
Echtzeit-system	Ein System, das innerhalb fest vorgegebener Zeitschranken auf bestimmte Ereignisse reagiert.	Real Time System	
Einflussfaktor	Anforderung oder Randbedingung, die starke Auswirkungen auf den Architekturentwurf eines Systems hat.	Impact Factor	
Eingebettetes System	Aus [GB03]: »*A combination of computer hardware and software, and perhaps additional mechanical or other parts, designed to perform a dedicated function.*« Eingebettete Systeme beinhalten Software, die in physikalischen Gegenständen eingebettet ist. Unter starken Ressourceneinschränkungen der zur Verfügung stehenden Hardware realisieren sie daten- und funktionssicherheitskritische Aufgaben, die hohen funktionalen und qualitativen Ansprüchen gerecht werden müssen. Die Funktionen umfassen meist Regelungs-, Steuerungs- oder Kommunikationsfunktionen.	Embedded System	Kapitel 2 [GB03]
Enterprise-IT-Architektur	→Unternehmens-IT-Architektur		
Entwurfs-prinzip	Regel für den Entwurf. Wichtige Entwurfsprinzipien sind: - Geheimnisprinzip - Lose →Kopplung - Hohe →Kohäsion - Trennung von Verantwortlichkeiten (Separation of Concern, →Single Responsibility Principle): - Offen-Geschlossen-Prinzip (→Open-Closed Principle) - Externalisierte Abhängigkeiten (→Dependency Injection) - Vermeiden Sie Wiederholungen (Don't Repeat Yourself)!	Design Principle	[Mar03], [ES10]

Begriff	Erklärung/Definition	Überset-zung	Quelle
Fassade	Fassade ist ein Entwurfsmuster aus der Familie der Strukturmuster. Es bietet eine einheitliche und meist vereinfachte Schnittstelle zu einer Menge von Schnittstellen eines Subsystems. Sie verteilt die Funktionalität an andere Klassen des Subsystems und vereinfacht dadurch den Umgang mit dem Subsystem.	Facade	
FMC	Abkürzung für »Fundamental Modeling Concepts«. Eine grafische Notation für die Modellierung von Systemen. Siehe *http://fmc-modeling.org.*		
Funktionale Anforderung	Aus [PR11]: »*Eine funktionale Anforderung definiert eine vom System oder von einer Systemkomponente bereitzustellende Funktion des betrachteten Systems.*«		[PR11]
Gateway (Muster)	Aus [Fow03]: »*An object that encapsulates access to an external system or resource.*«		[Fow03, S. 466]
Hardware-kopplung	Kopplung von Softwarebausteinen an die Hardware, auf der die Software ausgeführt wird. Entsteht z.B. durch den direkten Zugriff auf die Hardware aus einem Baustein heraus.		
Hardware-Software-Codesign	Ansatz zum Entwurf von Systemen, die Hardware- und Softwarebausteine beinhalten. Der Entwurf von Hardware und Software erfolgt integriert, d.h., es wird keine bereits festgelegte oder existierende Hardwareplattform verwendet, sondern für das konkrete System eine Aufteilung zwischen Hardware und Software bestimmt und daraus resultierend der Entwurf von Hardware und Software vorgenommen.		
IEEE 1471	Aus [ISO/IEC 42010:2007]: »*Recommended Practice for Architectural Description of Software-Intensive Systems.*« Definiert einen Rahmen für die Beschreibung von Architekturen, Viewpoints und Views.		[ISO/ IEC 42010: 2007]
Information Hiding	Entwurfsprinzip: Zu einem Baustein wird nur die Information bereitgestellt, die zur korrekten Benutzung dieses Bausteins erforderlich ist, also z.B. keine Implementierungsdetails oder Entwurfsentscheidungen.	Verbergen von Informationen/ Geheimnisprinzip	
Informations-system	Bei Informationssystemen stehen die Verwaltung und die Verarbeitung von Informationen im Vordergrund. Große Datenmengen oder komplexe Datenstrukturen müssen verwaltet, bearbeitet, ausgewertet und berechnet werden. Dabei gilt es unter Umständen mehrere tausend Benutzer gleichzeitig und interaktiv zu bedienen.		Kapitel 2

Begriff	Erklärung/Definition	Übersetzung	Quelle
iSAQB	International Software Architecture Qualification Board. Verein zur Standardisierung der Aus- und Weiterbildung von Softwarearchitekten. Siehe *http://www.isaqb.org.*		
Kanal	Bestandteil der Verteilungssicht (→Deployment-Sicht), Verbindung zwischen zwei oder mehreren →Knoten.		
Kapselung	Entwurfsprinzip: Verhinderung des Zugriffs auf die Interna eines Bausteins.	Encapsulation	
Kardinalität	Bezeichnet die Wertigkeit einer →Assoziation, d.h., sie spezifiziert die Anzahl der an der →Assoziation beteiligten Objekte oder Bausteine.	Cardinality	[Bal00]
Klassendiagramm	UML-Diagramm, in dem Klassen, ihre Attribute, Operationen und →Beziehungen (→Assoziationen) untereinander dargestellt werden.		
Knoten	Prozessor mit Verarbeitungskapazität, auf dem Softwarebausteine installiert (»deployed«) und ausgeführt werden können.	Node	
Kohäsion	Der Grad der Bindung der Elemente (z.B. Aufgaben, Verantwortlichkeiten) innerhalb eines Bausteins.		
Komponente	Ein gekapselter Baustein mit vollständig definierten Schnittstellen, der innerhalb seiner Umgebung gegen einen Baustein mit identischen Schnittstellen ausgetauscht werden kann. →Blackbox		
Komponentendiagramm	UML-Diagramm, in dem Komponenten, ihre bereitgestellten und benötigten Schnittstellen sowie die Beziehungen der Komponenten untereinander dargestellt werden können.		
Komponentensicht	Architektursicht, in der Komponenten und ihre Beziehungen untereinander dargestellt werden. Eine mögliche Notation ist das Komponentendiagramm der UML2.		
Komposition	Besondere Form der Aggregation. Beim Löschen des Ganzen müssen auch alle Teile gelöscht werden. Jedes Teil kann – zu einem Zeitpunkt – nur zu einem Ganzen gehören. Es kann jedoch einem anderen Ganzen zugeordnet werden. Siehe →Beziehung	Composition	[Bal00]
Konfigurationsmanagement	Aus [IEEE 610.12-1990]: »*A discipline applying technical and administrative direction and surveillance to: identify and document the functional and physical characteristics of a configuration item, control changes to those characteristics, record and report change processing and implementation status, and verify compliance with specified requirements.*«	Configuration Management	[IEEE 610.12-1990]

Begriff	Erklärung/Definition	Übersetzung	Quelle
Kopplung	Kopplung beschreibt den Grad der Abhängigkeiten zwischen zwei Bausteinen.		
Laufzeitsicht	Die Laufzeitsicht zeigt das Zusammenwirken einzelner →Bausteine (bzw. deren Instanzen) zur Laufzeit eines Systems. Beispiele von Laufzeitsichten sind UML-Sequenzdiagramme.		
MDA	Model Driven Architecture. OMG-Standard für die modellgetriebene Softwareentwicklung. Definition der OMG aus dem MDA Guide 1.01: »*An approach to IT system specification that separates the specification of functionality from the specification of the implementation of that functionality on a specific technology platform.*« Siehe *http://www.omg.org/mda/specs.htm.*		[MDA Guide 1.01]
MDSD	Model Driven Software Development. Aus [RH06]: »Modellgetriebene Software-Entwicklung bezeichnet Software-Entwicklungsprozesse, bei denen Modelle im Mittelpunkt stehen und als eigenständige Entwicklungsartefakte genutzt werden.«		[RH06]
Modell	Eine abstrakte Beschreibung eines Systems, die alle Details enthält, die für eine bestimmte Problemstellung relevant sind.	Model	
Modellbasierte Entwicklung	siehe MDSD		
Modellierungswerkzeug	Ein Werkzeug für die Erstellung und Verwaltung von (meist grafischen) Modellen. Weitere Aufgaben umfassen Analyse oder Transformation.		
Nichtfunktionale Anforderung	Eine Anforderung an die Entwicklung eines Systems, die nicht die Funktionalität des Systems betrifft. Nichtfunktionale Anforderungen betreffen häufig Qualitätsmerkmale oder geben Randbedingungen für die Systementwicklung vor.		
Open-Closed Principle	Aus [Mey88]: »*... software entities (classes, modules, functions, etc.) should be open for extension, but closed for modification.*«	Offen-Geschlossen-Prinzip	[Mey88]
Paketdiagramm	UML-Diagramm, in dem Pakete, die Inhalte der Pakete und die Abhängigkeiten und Beziehungen der Pakete dargestellt werden.		

Begriff	Erklärung/Definition	Überset-zung	Quelle
Prototyp	Ein Prototyp stellt ein für die jeweiligen Ziele funktionsfähiges, oft aber auch vereinfachtes Modell eines geplanten Produkts oder Bauteils dar. Es kann dabei nur rein äußerlich oder auch technisch dem Endprodukt entsprechen. Ein Prototyp dient oft als Vorbereitung einer Serienproduktion, kann aber auch als Einzelstück geplant sein, das nur ein bestimmtes Konzept abbilden soll. Demzufolge ist der Prototyp auch ein wichtiger Entwicklungsschritt im Rahmen des Designs und wird nicht nur in technischen Zusammenhängen genutzt.		
Prototyping	In der Softwareentwicklung bezeichnet Prototyping bzw. Prototypenbau eine Methode, die schnell zu ersten Ergebnissen führen und frühes Feedback in Bezug auf die Eignung eines Lösungsansatzes ermöglichen soll. Dadurch ist es möglich, Probleme und Änderungswünsche frühzeitig zu erkennen und mit weniger Aufwand zu beheben, als es nach der kompletten Fertigstellung möglich gewesen wäre.		
Proxy (Muster)	Der Proxy bzw. Stellvertreter ist ein Entwurfsmuster aus der Familie der Strukturmuster. Er dient zum Verschieben der Kontrolle über ein Objekt auf ein vorgelagertes Stellvertreterobjekt.		
Qualität (Software)	Nach [ISO/IEC 9126]: Die Qualität eines Softwareprodukts wird über Qualitätsmerkmale wie Wartbarkeit oder Effizienz beschrieben.	Quality	[ISO/IEC 9126]
Qualitative Architektur-bewertung	Bewertung eines Systems hinsichtlich einzelner Qualitätsmerkmale. Für jedes dieser Merkmale wird (in der Regel subjektiv) bewertet, ob bzw. in welchem Umfang das System dieses Merkmal erfüllt oder ob das Risiko der Nichterfüllung besteht.		
Qualitätsbaum	Methodisches Werkzeug zur Definition von Qualitätsanforderungen: Die Wurzel des Qualitätsbaums bildet der Begriff »Qualität« – die Äste sind Qualitätsmerkmale – bei Bedarf hierarchisch verfeinert. An den Blättern stehen Szenarien – konkrete Beschreibungen einzelner Qualitätsanforderungen.	Utility Tree	
Qualitäts-merkmal	Nach [DIN 55350-11, 1995-08, Nr. 5] ein *»die Qualität mitbestimmendes Merkmal«.*	Quality Attribute	[DIN 55350-11, 1995-08, Nr. 5]
Qualitäts-modell	Ein Qualitätsmodell operationalisiert das Konzept der Softwarequalität durch weitere Detaillierung und Konkretisierung. Dies geschieht durch Ableiten von Unterbegriffen, wodurch ein Baum (oder Netz) von Begriffen und Unterbegriffen entsteht.		

Begriff	Erklärung/Definition	Überset-zung	Quelle
Schnittstelle	Eine Schnittstelle repräsentiert einen wohldefinierten Zugangspunkt zum System oder dessen Bausteinen. Dabei beschreibt eine Schnittstelle die Eigenschaften dieses Zugangspunktes, wie z.B. Attribute, Daten und Funktionen. Ziel ist es, diese Eigenschaften möglichst präzise mit allen notwendigen Aspekten zu definieren, wie z.B. Syntax, Datenstrukturen, funktionales Verhalten, Fehlerverhalten, nichtfunktionale Eigenschaften, Nutzungsprotokoll der Schnittstelle, Technologien, Randbedingungen und Semantik.	Interface	Kapitel 2
Sequenz-diagramm	Eine Diagrammart der UML. Grafische zeitbasierte Darstellung mit vertikaler Zeitachse von Botschaften zwischen Objekten und Klassen. Botschaften werden durch horizontale Linien, Objekte und Klassen durch gestrichelte vertikale Linien repräsentiert. Werden zur Modellierung von Szenarien der Laufzeitsicht verwendet.	Sequence Diagram	[Bal00]
Sicht	→Architektursicht	View	
Software	Aus [IEEE 610.12-1990]: »*Computer programs, procedures, and possibly associated documentation and data pertaining to the operation of a computer system.*«		[IEEE-610.12-1990]
Software-architektur	Aus [IEEE 1471-2000]: »*The fundamental organization of a system embodied in its components, their relationships to each other, and to the environment, and the principles guiding its design and evolution.*« Die Softwarearchitektur definiert die grundlegenden Prinzipien und Regeln für die Organisation eines Systems sowie dessen Strukturierung in Bausteinen und Schnittstellen und deren Beziehungen zueinander wie auch zur Umgebung. Dadurch legt sie Richtlinien für den gesamten Systemlebenszyklus, angefangen bei Analyse über Entwurf und Implementierung bis zu Betrieb und Weiterentwicklung, wie auch für die Entwicklungs- und Betriebsorganisation fest.		[IEEE 1471-2000] Kapitel 2
Software-intensives System	Ein Softwareintensives System besteht aus einer Menge von Bausteine, die so zusammengestellt sind, dass sie gemeinsam den Zweck des Systems erfüllen. Bausteine, die vollständig oder zu wesentlichen Teilen aus Software bestehen, übernehmen dabei essenzielle Aufgaben zur Erfüllung des Systemzwecks. Der Softwareanteil des Systems besteht dabei aus einer Menge von Programmen und weiteren Prozeduren und Daten sowie zugehöriger Dokumentation.		Kapitel 2

Begriff	Erklärung/Definition	Überset-zung	Quelle
Software-qualität	»*Unter Softwarequalität versteht man die Gesamtheit der Merkmale und Merkmalswerte eines Softwareprodukts, die sich auf dessen Eignung beziehen, festgelegte oder vorausgesetzte Erfordernisse zu erfüllen*« [Bal00]. Diese Definition bezieht sich damit ausschließlich auf die Produktqualität und nicht auf die Prozessqualität.		[Bal00]
Stakeholder	Als Stakeholder (engl.) wird eine Person oder Gruppe bezeichnet, die ein Interesse am Verlauf oder Ergebnis eines Prozesses oder Projekts hat. Stakeholder oder Projektbeteiligte sind alle Personen, Institutionen und Dokumente, die von der Entwicklung und vom Betrieb eines Systems in irgendeiner Weise betroffen sind. Dazu gehören auch Personen, die nicht in der Systementwicklung mitwirken, aber das neue System z.B. nutzen, in Betrieb halten oder schulen. Stakeholder sind die Informationslieferanten für Ziele, Anforderungen und Randbedingungen an ein zu entwickelndes System oder Produkt.		
System	Ausschnitt aus der realen oder gedanklichen Welt, bestehend aus Subsystemen (Bausteinen, Teilsystemen, Komponenten), die untereinander in verschiedenen Beziehungen stehen können. Aus [IEEE 610.12-1990]: »*A collection of components organized to accomplish a specific function or set of functions.*«		[Bal00] [IEEE 610.12-1990]
Szenario	1. Exemplarischer Ablauf innerhalb eines Systems: Sequenz von Verarbeitungsschritten. Umfangreiche Aufgaben oder Prozesse können durch eine Menge von Szenarien dokumentiert werden. 2. Bewertungsszenario		[Bal00]
TOGAF	The Open Group Architecture Framework. Begriffliches Rahmenwerk für Unternehmensarchitektur. Siehe *http://www.opengroup.org/togaf.*		
Top-down-Vorgehen	Arbeitsrichtung beim Modellieren und Entwerfen, ausgehend vom Abstrakten (Allgemeinen, Groben) zum Konkreten (Speziellen, Detaillierten). →Bottom-up		
UML	Die Unified Modeling Language (Vereinheitlichte Modellierungssprache), kurz UML, ist eine grafische Modellierungssprache zur Spezifikation, Konstruktion und Dokumentation von Softwareteilen und anderen Systemen. Sie wird von der Object Management Group (OMG) entwickelt und ist sowohl von ihr als auch von der ISO (ISO/IEC 19505 für Version 2.1.2) standardisiert.		

Begriff	Erklärung/Definition	Überset-zung	Quelle
Unterneh-mens-IT-Architektur	Enterprise-Architektur, Unternehmensarchitektur. Strukturen und Konzepte der IT-Unterstützung ganzer Unternehmen. Atomare Betrachtungsgegenstände der Enterprise-Architektur sind einzelne Softwaresysteme, oft »Anwendungen« genannt.		
Vererbung	Attribute, Operationen und Beziehungen einer Oberklasse werden an die zugehörigen Unterklassen vererbt. ■ Einfachvererbung: Es gibt höchstens eine direkte Oberklasse. ■ Mehrfachvererbung: Es kann mehr als eine direkte Oberklasse geben.	Inheritance, Generalization	[Bal00]
Verteilungs-sicht	Diese Sicht beschreibt, in welcher Umgebung das System abläuft. Sie beschreibt die geografische Verteilung des Systems oder die Struktur der Hardwarekomponenten, auf denen die Software abläuft. Sie dokumentiert Rechner, Prozessoren, Netztopologien und Kanäle sowie sonstige Bestandteile der physischen Systemumgebung. Die Verteilungssicht zeigt dabei, auf welchen Knoten welche Bausteine des Systems ablaufen.	Deployment View	
View	→Architektursicht Die Repräsentation eines Systems aus der Perspektive bestimmter Belange (Concerns).	Sicht	
Whitebox (Whitebox-Sicht)	Zeigt den internen Aufbau eines Systems oder Bausteins aus Blackboxes und deren gegenseitigen Beziehungen sowie die Schnittstellen dieses Bausteins nach außen. →Blackbox		

D Literaturverzeichnis

[ARC42] Das arc42 Template. *http://www.arc42.de/template/template.html.*

[Bal00] Balzert, H.: Lehrbuch der Software-Technik – Software-Entwicklung. 2. Aufl., Spektrum Akademischer Verlag, Heidelberg, 2000.

[BCK03] Bass, L.; Clements, P.; Kazmann, R.: Software Architecture in Practice. 2nd ed., Addison-Wesley Professional, 2003.

[BJ+06] Broy, M. et al.: Dagstuhl-Manifest zur Strategischen Bedeutung des Software Engineering in Deutschland. Dagstuhl Seminar Proceedings, 2006. *http://drops.dagstuhl.de/opus/volltexte/2006/585.*

[BM00] Bundesministerium für Bildung und Forschung (BMBF): Analyse und Evaluation der Softwareentwicklung in Deutschland, 2000. *http://www.isi.fhg.de/iuk/dokumente/evasoft_abschlussbericht.pdf.*

[BM++96] Buschmann, F.; Meunier, R.; Rohnert, H.; Sommerlad, P.: A System of Patterns: Pattern-Oriented Software Architecture, Volume 1. John Wiley & Sons, 1996.

[CB++10] Clements, P.; Bachmann, F.; Bass, L.; Garlan, D.; Ivers, J.; Little, R.; Merson, P.; Nord, R.; Stafford, J.: Documenting Software Architectures: Views and Beyond. 2nd ed., Addison-Wesley, 2010.

[CKH05] Conrad, S.; Koschel, A., Hasselbring, W.: Enterprise Application Integration. Spektrum Akademischer Verlag, Heidelberg, 2005.

[CKK02] Clements, P.; Kazman, R.; Klein, M.: Evaluating Software Architectures – Methods and Case Studies. Addison-Wesley Professional, 2002.

[Clem03] Clements, P.: Documenting software architectures: views and beyond. Addison-Wesley, 2003.

[CoCoME] Modelling Contest: Common Component Modelling Example (CoCoME). GI-Dagstuhl Research Seminar. http://www.cocome.org.

[DE++09] Dunkel, J.; Eberhardt, A.; Fischer, F.; Kleiner, C.; Koschel, A.: Systemarchitekturen für Verteilte Anwendungen, Hanser Verlag, München, 2009.

[Die00] Diethelm, G.: Projektmanagement, Bd. 1: Grundlagen. NW Verlag, Berlin, 2000.

[Dij72] Dijkstra, E. W.: The humble programmer. Communications of the ACM CACM, Vol. 15, Issue 10, Oct., pp. 859–866, 1972.

[D'SW98] D'Souza, D. F.: Objects, Components, and Frameworks with UML: The Catalysis Approach. Addison-Wesley Professional, 1998.

[Dum01] Dumke, R.: Software Engineering: Eine Einführung für Informatiker und Ingenieure. 3. Aufl., Vieweg, Braunschweig, Wiesbaden, 2001.

[Eel05] Eeles, P.:Capturing Architectural Requirements, IBM, 2005. *http://www.ibm.com/developerworks/rational/library/4706.html.*

[EH+08] Engels, G.; Hess, A.; Humm, B.; Juwig, O.: Quasar Enterprise – Anwendungslandschaften serviceorientiert gestalten. dpunkt.verlag, Heidelberg, 2008.

[EK08] El Emam, K.; Koru, A. G.: A Replicated Survey of IT Software Project Failures. IEEE Software, Vol. 25, No. 5, pp. 84–90, 2008.

[ES10] Eilebrecht, K.; Starke, G.: Patterns kompakt: Entwurfsmuster für effektive Software-Entwicklung. 3. Aufl., Spektrum Akademischer Verlag, Heidelberg, 2010.

[EV10] Eveleens, J. L.; Verhoef, C.: The Rise and Fall of the Chaos Report Figures. IEEE Software, Vol. 27, No. 1, pp. 30–36, 2010.

[Eva04] Evans, E.: Domain Driven Design. Addison-Wesley, 2004. *www.domaindrivendesign.org.*

[Fow00] Fowler, M.: Refactoring – Wie Sie das Design vorhandener Software verbessern. Addison-Wesley, 2000.

[Fow03] Fowler, M.: Patterns of Enterprise Application Architecture. Addison-Wesley, Boston, 2003.

[GB03] Ganssle, J.; Barr, M.: Embedded Systems Dictionary. 2003.

[GEM04] Grünbacher, P.; Egyed, A.; Medvidovic, N.: Reconciling software requirements and architectures with intermediate models. Software and System Modeling 3(3), pp. 235–253, 2004.

[GHJ94] Gamma, E.; Helm, R.; Johnson, R. E.: Design Patterns. Elements of Reusable Object-Oriented Software. Addison-Wesley Longman, Amsterdam, 1994.

[HM+07] Herold, S.; Metzger, A.; Stallbaum, H.; Rausch, A.:
Towards Bridging the Gap between Goal-Oriented Requirements Engineering and Compositional Architecture Development.
Proc. of the Second Workshop on Sharing and Reusing architectural Knowledge – Architecture, rationale, and Design Intent. ICSE 2007, Minneapolis, May 2007.

[HS11] Hruschka P.; Starke, G.: arc42 – Resourcen für Software-Architekten, 2011. *http://www.arc42.de.*

[isaqb-lehrplan] International Software Architecture Qualification Board e. V. (iSAQB), Downloads Lehrpläne. *http://www.isaqb.org/downloads/pdf/isaqb-Lehrplan-foundation.pdf.*

[isaqb-PuB_2011] Prüfungsregeln und Beispiele – Certified Professional for Software Architecture Foundation Level. International Software Architecture Qualification Board e.V., Version: 1.2. 2011-01-14. *http://www.isaqb.org/downloads/pdf/iSAQB_CPSA_Foundation_Pruefungsordnung_2011_DE.pdf.*

[Kru95] Kruchten, P.: Architectural Blueprints – The »4+1« View Model of Software Architecture. IEEE Software 12 (6), Nov., pp. 42–50, 1995.

[Lit05] Litke, H.-D. (Hrsg.): Projektmanagement – Handbuch für die Praxis. Hanser Verlag, München, 2005.

[Mar03] Martin, R.C.: Agile Software Development, Principles, Patterns, and Practices. Pearson Education, Upper Saddle River, 2003.

[May05] Mayr, H.: Projekt Engineering: Ingenieurmäßige Softwareentwicklung in Projektgruppen. 2. Aufl., Fachbuchverlag, Leipzig, 2005.

[McC76] McCabe, T. J.: A Complexity Measure. IEEE Transactions on Software Engineering, Vol. SE-2, pp. 308–320. 1976.

[MDA Guide 1.01] Technical Guide to Model Driven Architecture: The MDA Guide v1.0.1, *http://www.omg.org/mda.*

[Mey88] Meyer, B.: Object Oriented Software Construction. Prentice Hall, 1988.

[MRW77] McCall, J. A.; Richards, P. K.; Walters, G. F.: Factors in Software Quality, Vol. I–III, Rome Air Development Centre. Technical Report, New York, 1977.

[NSPE] NSPE Code of Ethics for Engineers. *http://www.nspe.org/Ethics/CodeofEthics/index.html.*

[Nus01] Nuseibeh, B.: Weaving the Software Development Process Between Requirements and Architecture. Proc. of ICSE 2001 Workshop STRAW-01, Toronto, May 2001.

[Oes09] Oestereich, B.: Analyse und Design mit UML 2.3: Objektorientierte Softwareentwicklung. Oldenbourg Verlag, München, 2009.

[O'RF+03] O'Rourke, C.; Fishman, N.; Selkow, W.: Enterprise Architecture Using the Zachman Framework. Course Technology, 2003.

[PR11] Pohl, K.; Rupp, C.: Basiswissen Requirements Engineering. dpunkt.verlag, Heidelberg, 2011.

[Reu12] Reuters, T.: Web of Knowledge. *http://wokinfo.com.* (Zugriff Mai 2012)

[RH06] Reussner, R.; Hasselbring, W. (Hrsg.): Handbuch der Software-Architektur, dpunkt.verlag, Heidelberg, 2006.

[RM-ODP] RM-ODP Wiki. *http://www.rm-odp.net.*

[RQ+12] Rupp, C.; Queins, S.: UML 2 glasklar: Praxiswissen für die UML-Modellierung. 4. Aufl., Hanser Verlag, München, 2012.

[RR++08] Rausch, A.; Reussner, R.; Mirandola, R.; Plásil, F.: The Common Component Modeling Example. LNCS 5153, Springer-Verlag, Heidelberg, Berlin, 2008.

[SAGA08] Standards und Architekturen für E-Government-Anwendungen (SAGA), Bundesministerium des Innern (BMI), Version 4.0, Stand: März 2008.

[SD00] Siedersleben, J.; Denert, E.: Wie baut man Informationssysteme? Überlegungen zur Standardarchitektur. Informatik Spektrum, Vol. 23, No. 4, S. 247–257, 2000. *http://www.springerlink.com/content/jdfaxdb44n15levh.*

[SEI Def] Software Architecture, Community Software Architecture Definitions. *http://www.sei.cmu.edu/architecture/start/glossary/community.cfm.*

[Sie03] Siedersleben, J. (Hrsg.): Quasar: Die sd&m Standardarchitektur, Teil I. *https://www.fbi.h-da.de/fileadmin/personal/b.humm/Publikationen/ Siedersleben_-_Quasar_1__sd_m_Brosch_re_.pdf.Teil1*

[Sie04] Siedersleben, J.: Moderne Softwarearchitektur – Umsichtig planen, robust bauen mit Quasar. dpunkt.verlag, Heidelberg, 2004.

[Sta11] Starke, G.: Effektive Softwarearchitekturen: Ein praktischer Leitfaden. 5. Aufl., Hanser Verlag, München, 2011.

[Sta99] Standish Group International, Inc.: CHAOS: A Recipe for Success. 1999.

[SV99] Sharipo, C.; Varian, H. R.: Information Rules. A Strategic Guide to the Network Economy. Harvard Business School Press, Boston, Mass., 1999.

[Szy98] Szyperski, C.: Component Software: Beyond Object-oriented Programming. Addison-Wesley Longman, Amsterdam, 1998.

[TOGAF] TOGAF Version 9.1 »Enterprise Edition«. *http://www.opengroup.org/togaf.*

[TT+00] Tapscott, D.; Ticoll, D.; Lowry, A.: Digital Capital. Harnessing the Power of Business Webs. Harvard Business School Press, Boston, Mass., 2000.

[UML-1a] UML-Spezifikation: *http://www.omg.org/technology/documents/formal/uml.htm.*

[UML-1b] Object Management Group (OMG), UML 2.3 Infrastructure Specification, 2010. *http://www.omg.org/spec/UML/2.3/Infrastructure/PDF.*

[UML-1c] Object Management Group (OMG), UML 2.3 Superstructure Specification, 2010. *http://www.omg.org/spec/UML/2.3/Superstructure/PDF.*

[VA++09] Vogel, O.; Arnold, I.; Chughtai, A.; Ihler, E.; Kehrer, T.; Mehlig, U.; Zdun, D.: Software-Architektur, Grundlagen – Konzepte – Praxis. 2. Aufl., Spektrum Akademischer Verlag, Heidelberg, 2009.

[Vit60] Vitruvius: The Ten Books on Architecture. Dover Publications, 1960.

Websites

www.ireb.de International Requirements Engineering Board e. V. (IREB)

www.isaqb.org International Software Architecture Qualification Board e. V. (iSAQB)

www.istqb.org International Software Testing Qualifications Board (ISTQB)

www.pmi.org Project Management Institute (PMI)

Standards und Normen

[DIN 55350-11, 1995-08, Nr. 5] DIN 55350-11, 1995-08, Nr. 5 – Begriffe zu Qualitätsmanagement und Statistik – Teil 11: Begriffe des Qualitätsmanagements.

[DIN 66272, 1994-10] DIN 66272, 1994-10 – Informationstechnik – Bewerten von Softwareprodukten – Qualitätsmerkmale und Leitfaden zu ihrer Verwendung.

[IEEE 610.12-1990] IEEE Standard Glossary of Software Engineering Terminology, *http://standards.ieee.org/findstds/standard/610.12-1990.html*

[IEEE 1471-2000] IEEE Recommended Practice for Architectural Description for Software-Intensive Systems, *http://standards.ieee.org/findstds/standard/1471-2000.html*

[ISO/IEC 42010:2007] ISO/IEC 42010:2007 – Systems and software engineering – Recommended practice for architectural description of software-intensive systems.

[ISO/IEC 9126] ISO/IEC 9126-1:2001 Software engineering – Product quality – Part 1: Quality model (identisch mit [DIN 66272, 1994-10], Bewerten von Softwareprodukten, Qualitätsmerkmale und Leitfaden zu ihrer Verwendung).
ISO/IEC TR 9126-2:2003 Software engineering – Product quality – Part 2: External metrics.
ISO/IEC TR 9126-3:2003 Software engineering – Product quality – Part 3: Internal metrics.

Index

R

S

T

U

V

W

Z

Ziffern

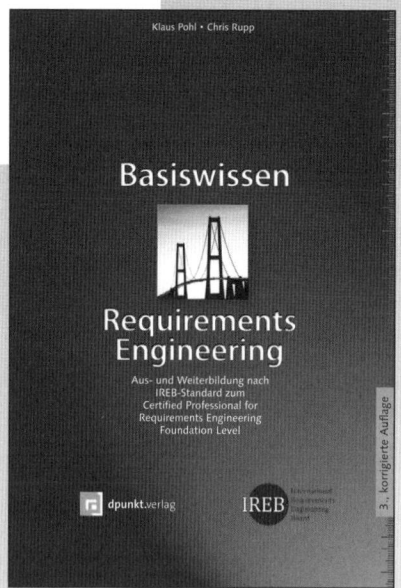

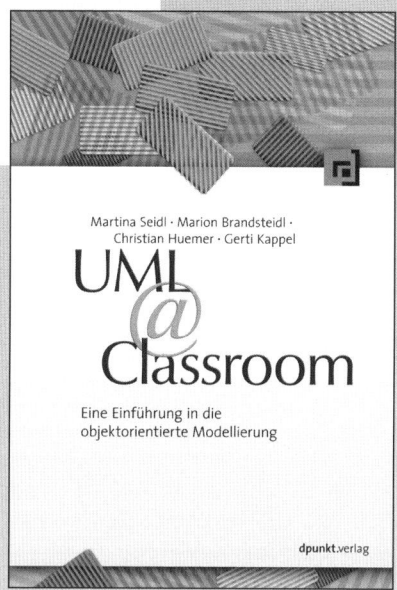